L'ÉGLISE ARMÉNIENNE DANS L'ÉGLISE UNIVERSELLE

De l'Évangélisation au Concile de Chalcédoine

Collection **Religions et Spiritualité**
dirigée par Richard Moreau
professeur honoraire à l'Université de Paris XII

La collection *Religions et Spiritualité* rassemble divers types d'ouvrages : des études et des débats sur les grandes questions fondamentales qui se posent à l'homme, des biographies, des textes inédits ou des réimpressions de livres anciens ou méconnus.

La collection est ouverte à toutes les grandes religions et au dialogue inter-religieux.

Déjà parus

Jean THIEBAUD, *Témoins de l'Évangile, Quinze siècles d'écrits spirituels d'auteurs comtois*. Préface de Mgr Lucien Daloz, archevêque de Besançon, 1999.

Jean THIEBAUD, présentation de : *Saint Coloban : Instructions, Lettres et Poèmes, suivis d'une notice sur le bienheureux Bernon, fondateur de Cluny, et d'une méditation de son disciple saint Odon*. Préface de Mgr Lucien DALOZ, archevêque de Besançon, 2000.

Dr. Francis WEILL, *Juifs et Chrétiens: requiem pour un divorce. Un regard juif sur le schisme judéo-chrétien antique et les relations judéo-chrétiennes aujourd'hui*.

Paul DUNEZ, *L'Affaire des Chartreux. La première enquête du XXème siècle*, 2001.

Jeanine BONNEFOY, *Catéchismes, expression du cléricalisme et du pouvoir occulte (1870-1890)*, 2001.

Pierre MIQUEL, *Les oppositions symboliques du langage mystique*, 2001.

Jeanine BONNEFOY, *Vers une religion laïque ?*, 2002.

© L'Harmattan, 2002
ISBN : 2-7475-2861-8

Albert KHAZINEDJIAN

L'ÉGLISE ARMÉNIENNE DANS L'ÉGLISE UNIVERSELLE

De l'Évangélisation au Concile de Chalcédoine

L'Harmattan	**L'Harmattan Hongrie**	**L'Harmattan Italia**
5-7, rue de l'École-Polytechnique	Hargita u. 3	Via Bava, 37
75005 Paris	1026 Budapest	10214 Torino
FRANCE	HONGRIE	ITALIE

A Maryse, mon épouse,

qui a su m'écouter,

m'encourager et me soutenir

SOMMAIRE

CHAPITRE PREMIER: Quelques repères **9**
Eglise catholique, Eglise orthodoxe, classification des Eglises, 9 - Buts de l'ouvrage, nom de l'Eglise arménienne, elle n'est ni monophysite ni grégorienne, apostolicité immédiate et apostolicité médiate, 11 - Connaissance par l'Arménie du message du Christ pendant le séjour terrestre de Jésus, apostolats de saint Thaddée et saint Barthélémy, les Juifs participent à la christianisation de l'Arménie, 14 - Les Arméniens à Jérusalem, le christianisme cimente l'unité des peuples d'Arménie, 20.

CHAPITRE II: Le christianisme religion d'Etat **23**
Paganisme universel, causes de la persécution des chrétiens, 23 - La Perse et Rome installent les Arsacides en Arménie, 26 - Assassinat du roi d'Arménie, Tiridate et Grégoire: éducations différentes, 30 - Tiridate et Grégoire rentrent chez eux, martyre de Grégoire, le roi persécute les chrétiens, 32 - Guérison et conversion de Tiridate III, Edchmiadzin, ordination de Grégoire, 36 - Les suffixes patronymiques, toponymie, baptême du roi et du peuple, la première basilique de la chrétienté, destruction des temples païens, 39 - Religieux chrétiens issus de l'ordre sacerdotal ancien, mots d'origine étrangère, mort de saint Grégoire l'Illuminateur, 45.

CHAPITRE III: Le concile de Nicée et l'Eglise arménienne **51**
Installation officielle du christianisme dans l'Empire romain, l'hérésie d'Arius, 51 - Le premier concile oecuménique, la profession de foi de l'Eglise arménienne, 53 - Concile, évêque, dogme, 56 - L'assassinat du roi Tiridate III, le martyre d'Aristakès 1°, 60 - Le catholicos Vrtanès 1° et le roi Khosrov Pokr, martyre du catholicos des Ibères et des Aghouans, les seigneurs et le christianisme, 61 - Origines de la féodalité arménienne, l'Ourartou, mère de l'Arménie, 64.

CHAPITRE IV: Pouvoir politique contre mansuétude spirituelle **69**
Entre temporel et spirituel, résurgences du paganisme, christianisation des Aghouans, 69 - Construction de Dvin, onction du roi Diran par le catholicos Vrtanès, le catholicos Houssig est consacré à Césarée, 71 - Révolte des Grands, le catholicos garant de l'Etat, assassinat du catholicos suivi du meurtre de Daniel, 74 - L'Eglise arménienne n'est pas uniquement une Eglise nationale, la descendance d'Aghpianos, 77 - Le roi Archac II, Nersès catholicos à vingt-sept ans, synode d'Achtichat, 80 - La Siounienne Parantzem, Constance donne au roi d'Arménie la fiancée de son frère en mariage, exil du patriarche, construction d'Archacavan, 84 - Archac veut installer un catholicos docile, lâcheté de Jovien, duplicité de Chahpour, 89.

CHAPITRE V: Monachisme et érémitisme dans les tourments de l'Histoire **93**
Débuts de la vie monastique en Orient, Eustathe et Basile de Césarée, Nersès jette les bases d'un monachisme orthodoxe, 93 - Arianisme et monachisme, Nersès organise la vie monastique, aspects du monachisme vécu par les moines, 97 - Monachisme base de la paix sociale, héroïsme de Parantzem, 103 - Exactions des Perses, martyre des chrétiens et des juifs, la reconquête, 106 - Bab tourmenté par les devs, Nersès tente de faire rentrer le roi dans la foi, Bab assassine le catholicos, meurtre du roi Bab, 109.

CHAPITRE VI: Autour du deuxième concile oecuménique **113**
La famille Aghpianos revient à la tête de l'Eglise, le roi Varaztad, meurtre de Mouchegh Mamikonian, 113 - Pontificat de Zaven 1°, régence de Manuel Mamikonian, Aspourakès 1°, 115 - Esprit Saint, Trinité, Constantinople devient le cinquième patriarcat, 120 - Manuel Mamikonian chasse les Perses d'Arménie, il partage le royaume entre ses deux pupilles, Khosrov III roi d'Arménie, 124 - Les intrigues de Théodose 1°, partage de l'Arménie entre Perses et Romains, Khosrov III réunit le pays, 128 - Election de Sahac 1°, avènement de Vramchabouh, 132.

CHAPITRE VII: L'invention de l'alphabet..........135

Les écritures, littérature et littérateurs arméniens avant l'invention de l'alphabet, **135** - Sahac, Mesrob décident de créer un alphabet pour propager et maintenir la foi, **137** - Les moines traducteurs, recherches de Mesrob, il invente aussi les caractères géorgiens et aghouans, **140** - L'opposition de Constantinople et Ctesiphon, formation des traducteurs et des lettrés, influence de la culture et des écrits arméniens sur l'Europe, **147** - Démarche du catholicos à Constantinople, la question de la secte gnostique, **152** - Le dernier roi arsacide d'Arménie est déposé, disgrâce du catholicos, Sahac rentre d'exil, on termine la traduction des livres saints, **156**.

CHAPITRE VIII: L'orthodoxie de l'Eglise arménienne soulignée par le concile d'Ephèse..........163

Avènement de Théodose II, les Empires d'Orient et d'Occident gouvernés par des femmes, saint Cyrille d'Alexandrie, les pélagiens, **163** - Le nestorianisme, le concile oecuménique d'Ephèse, la Vierge Marie Theotokos, **165** - Manoeuvres anti-cyrilliennes des nestoriens, conciles d'Achtichat, quelques principes de l'Eglise arménienne, **172** - La question disciplinaire du célibat dans le sacerdoce, manifestation de la Divinité du Fils de Dieu à travers sa Nativité, **180** - Clergé régulier et clergé séculier, projection dans le troisième millénaire, **184**.

CHAPITRE IX: Résistance au mazdéisme..........187

Vassac prince de Siounie marzpan, avènement de Yezdiguerd II, **187** - Héroïsme de Vartan Mamikonian, l'édit de 449, **189** - Synode d'Achtichat, colère de Yezdiguerd II, il convoque les nakhararq et les met en demeure d'apostasier, **192** - L'apostasie des Grands, l'insurrection, **196** - Le retour de Vartan Mamikonian, Marcien abandonne l'Arménie, la reconquête, trahison de Vassac de Siounie, **200** - Yezdiguerd II et son marzpan trompent les Arméniens, Vassac et les danouders félons passent à l'ennemi, **206** - La bataille d'Avarayr, ses conséquences, la résistance de l'Arménie, **207** - Martyre des ecclésiastiques, les Arméniens sauveurs de la civilisation occidentale, **211** - Nouveaux catholicos, sacrifice des femmes arméniennes, la victoire, **214**.

CHAPITRE X: La blessure de Chalcédoine..........217

Le concile de Chalcédoine, doit-on en parler? Les patriarcats, le temporel prend le pas sur le spirituel, **217** - L'Incarnation, le Siège d'Alexandrie arbitre dogmatique, Théodose II et Eutychès, le concile du patriarche Flavien, le concile du pape Dioscore, **219** - Le concile du pape Léon, l'avènement de Marcien, l'union Rome-Constantinople contre Alexandrie, **223** - Le Tomos de Léon, les difficultés sémantiques, la question des natures du Christ, **226** - Le pouvoir temporel brise l'unité de l'Eglise, le patriarche d'Antioche informe le catholicos arménien, **233**.

Au VI° siècle, le moine arménien, Denis le Petit est parti de la naissance du Christ pour fixer le calendrier. Telle est l'origine de ce que nous appelons l'ère chrétienne. (Mgr L.-M. Billé)

CHAPITRE I

Quelques repères

Les publications concernant l'Eglise arménienne apostolique, la première Eglise du monde, sont peu fréquentes ou confidentielles dans les pays occidentaux. Ce qui favorise la méconnaissance ou les fausses idées.

Eglise catholique, Eglise orthodoxe, classification des Eglises

La plupart des chrétiens, surtout dans nos contrées, font une dichotomie sommaire entre Eglises d'Occident et d'Orient. Pour eux l'Eglise romaine catholique et celles qui se sont séparées d'elle au XVI° siècle constituent les Eglises occidentales, tandis qu'ils ont tendance, en pensant oriental, à ranger dans l'Eglise byzantine **orthodoxe** toutes les Eglises anciennes qui ne sont ni **catholiques** ni **protestantes**. Ceux qui estiment être mieux informés distinguent, pour leur part, au sein de l'Eglise romaine catholique: l'Eglise latine et les Eglises d'Orient qui ont accepté l'autorité de Rome.

Cette vision simplificatrice pour ne pas dire simpliste a provoqué, pendant plus d'un millénaire et demi, l'incompréhension entre chrétiens. Elle est, elle fut commode mais n'a pas réussi à masquer la réalité qui est toute différente.

Quand il arrive que certains fidèles des Eglises occidentales, plus curieux, se renseignent sur la division des Eglises on leur déclare que le premier schisme remonte à 1054 entre Rome et Constantinople. On occulte de la sorte les trois cinquièmes de l'Eglise Universelle qu'on a décidé de négliger depuis 451 à Chalcédoine.

Pourtant jusqu'en 451 l'Eglise était une, catholique (*c'est-à-dire universelle*) et orthodoxe (*c'est-à-dire vraie*), bien que dirigée par cinq chefs spirituels:
- le patriarche de Jérusalem,
- le patriarche d'Antioche,

- le patriarche d'Alexandrie qu'on a appelé Pape en 431 au concile d'Ephèse[1]; mais il portait déjà ce titre au IV° siècle[2];
- l'évêque de Rome que l'on nomme Pape depuis l'an 400[3]; pour d'autres c'est à partir du VI° siècle qu'il reçut ce titre «*mais avec de nombreuses exceptions*»[4];
- le patriarche de Constantinople élevé à ce rang par le second concile oecuménique (*Constantinople 381*).

En 451, à Chalcédoine, l'Eglise universelle se scinda en deux:
- **d'une part l'Eglise d'Orient** composée par les Eglises arménienne (*et, avec elle, les Eglises géorgienne et aghouane sous sa juridiction*), égyptienne (*et, avec elle, l'Eglise éthiopienne*), syrienne ou syriaque (*et, avec elle, l'Eglise indienne*);
- **d'autre part l'Eglise d'Occident** comportant les Eglises byzantine et latine (*et les Eglises réformées séparées de celle-ci*).

Toute Eglise qui a accepté et appliqué les édits des trois premiers conciles oecuméniques est catholique et orthodoxe. Ces trois conciles se sont tenus à **Nicée** (*325*), **Constantinople** (*381*) et **Ephèse** (*431*).

Cette élémentaire mise au point peut servir de base aux retrouvailles de tous les chrétiens qui forment, dans la multiplicité des nations et des coutumes, une seule famille depuis la venue du Messie.

Ces trois conciles oecuméniques condamnèrent les hérésies d'Arius, de Macedonius, de Nestorius et, par anticipation, celle d'Eutychès. De toutes ces déviations principales une seule subsiste de nos jours, la troisième; il existe une Eglise nestorienne.

Voici pour un chrétien d'Orient la classification des Eglises:
- **les Eglises anciennes conservant hiérarchie et ritualisme;**
- **les Eglises issues de la Réforme du XVI° siècle**[5].

Les Eglises anciennes se subdivisent en:

* *Eglises non-chalcédoniennes*:

---

[1] *Le Lien*, n° spécial, p. 14, édité par l'archevêché de l'Eglise copte orthodoxe en France, 12/02/95.

[2] Claude TRESMONTANT, *Introduction à la théologie chrétienne*, Le Seuil, Paris, 1974; lettre d'Arius à Eusèbe de Nicomédie, p. 360.

[3] Eugène ALBERTINI, *L'Afrique du Nord Française dans l'Histoire*, p. 102 Archat, Lyon-Paris, 1937.

[4] Claude TRESMONTANT, p. 155; il cite A. Blaise, *Dictionnaire latin-français des auteurs chrétiens*, au mot «*papa*».

[5] Malachia ORMANIAN, *L'Eglise arménienne*, p. 76, Catholicossat arménien de Cilicie, Antelias-Liban, 1954.

~~ Eglise arménienne apostolique, universelle et orthodoxe,
~~ Eglise copte orthodoxe,
~~ Eglise éthiopienne (*ou abyssine*) orthodoxe,
~~ Eglise indienne orthodoxe (*Malabar*),
~~ Eglise syrienne ou syriaque orthodoxe.
* *Eglises chalcédoniennes*:
~~ Eglise byzantine orthodoxe (*grecque, roumaine, slave, etc*...),
~~ Eglise romaine catholique.
Parmi les Eglises anciennes on peut ajouter, pour être complet, bien qu'elle soit considérée comme hérétique par toutes les Eglises ci-dessus:
* *Eglise nestorienne assyro-chaldéenne* dite encore *Eglise d'Orient*[6].
- **Les Eglises issues de la Réforme du XVI° siècle**:
Les principaux promoteurs de cette Réforme furent, comme chacun sait, Calvin et Luther. Certaines de ces Eglises, notamment l'Eglise anglicane, ont conservé hiérarchie et ritualisme ce qui en fait un trait d'union entre Eglises anciennes et Eglises protestantes.
Pour en venir à notre sujet, l'Eglise arménienne, nous constaterons que son approche des conciles, de la hiérarchie, du rituel, sa définition des dogmes et des doctrines, son attitude apologétique sont identiques à celles de ses soeurs non-chalcédoniennes. Ces cinq Eglises composent un ensemble de 60.000.000 de chrétiens que l'Eglise arménienne représente à Jérusalem.

Buts de l'ouvrage, nom de l'Eglise arménienne, elle n'est ni monophysite ni grégorienne, apostolicité immédiate et apostolicité médiate

Ce travail n'est pas spécifiquement historique ni formellement théologique. C'est un exposé destiné à la découverte d'une Eglise dont la rigueur dogmatique et le libéralisme doctrinal sont trop peu connus. Originalité qui pourrait être le ferment de la cause sacrée des retrouvailles.
A l'orée d'un nouveau millénaire, après 2.000 ans d'existence, il est temps que les brebis éparpillées se rassemblent à nouveau dans l'unique troupeau derrière son Unique Pasteur Jésus-Christ. Que les frères qui, parfois, s'ignorent ou ne se reconnaissent plus aillent enfin les uns vers les autres. Que cet élan ne soit ni freiné ni brisé pour cause de

---

[6] Irénée-Henri DALMAIS, *Eglises Chrétiennes orientales*; in Dictionnaire des Religions p. 491, P.U.F., Paris, 1985.

prosélytisme plus ou moins camouflé. Que tout en se considérant membre de la même, de l'unique famille chaque Eglise puisse oeuvrer librement dans sa zone d'influence sans être soumise aux appétits de domination d'une autre. Comme à l'époque bénie de la pentarchie des premiers siècles. Alors, le mot oecuménisme ayant recouvré sa véritable valeur et la force du sens qui doit l'animer, les chrétiens pourront attendre la Parousie dans l'amour retrouvé.

La responsabilité des deux grandes Eglises latine et byzantine est engagée dans cette marche vers l'unité.

«*Les Eglises orthodoxe et catholique latine doivent donner aux communautés nationales non chalcédoniennes des gages de leur sincérité, quand elles prétendent renoncer aux intégrations ecclésiales absorbantes*»[7].

La question est souvent posée quant à la dénomination officielle de l'Eglise arménienne. La réponse se trouve dans le préambule du **Règlement de l'Eglise arménienne**.

«*La sainte Eglise arménienne apostolique universelle et orthodoxe est l'intégralité et l'union des croyants chrétiens qui sont fidèles aux très saintes traditions de l'Eglise arménienne, qui en acceptent la confession, l'enseignement, les mystères, les rites et se soumettent à l'autorité de sa hiérarchie. Le nom de l'Eglise arménienne universelle est:* **Sainte Eglise arménienne apostolique, universelle et orthodoxe**. *En résumé: Eglise arménienne apostolique*».

Le nom de l'Eglise arménienne est ainsi définitivement fixé par sa plus haute autorité. Faut-il ajouter que pour les fidèles de cette Eglise cela n'a jamais varié depuis la reconnaissance officielle du christianisme comme religion d'Etat par le roi Tiridate III en 301 et l'installation de son premier patriarche officiel saint Grégoire l'Illuminateur ?

Il est dit dans le même préambule du **Règlement de l'Eglise arménienne**: «*L'Eglise arménienne apostolique est l'une des Eglises orientales, orthodoxes et autocéphales historiques fondée par les disciples du Christ les apôtres saint Thaddée et saint Barthélémy par qui la véritable sainte Eglise, une, universelle et apostolique est la véritable manifestation du Christ. Elle fut officiellement installée et organisée par l'apostolat et l'initiative de saint Grégoire l'Illuminateur en l'an 301 et son Siège apostolique fut établi à sainte Edchmiadzin près de la capitale Vagharchapat*».

---

[7] Mgr Jean RUPP, *Explorations oecuméniques*, p. 185, Pastorelly, Monte-Carlo, 1967.

Il a semblé utile de clarifier ce point à cause de diverses appellations que des personnes ou des institutions crurent bon de l'affubler au cours des siècles. On la traita de monophysite; nous verrons qu'elle n'a jamais adhéré à l'hérésie d'Eutychès et l'a toujours condamnée. On lui octroya l'épithète grégorienne dans le dessein de gommer son apostolicité en situant son origine à l'installation officielle du christianisme d'Etat.
Sans entrer dans les détails il faut remarquer que depuis Catherine II au tsar Nicolas II (*en passant par Alexandre 1°, Nicolas 1°, Alexandre II et Alexandre III*), la Russie tenta d'englober l'Eglise arménienne dans l'Eglise russe orthodoxe en alternant une compréhension affectée avec des périodes de spoliations des biens du clergé et de pogroms.
«*Cette action ... se tourne particulièrement contre les Finlandais et les Baltes protestants, les Polonais catholiques et les Arméniens ...*»[8].
Il est évident que les persécutions raffermirent l'attachement des Arméniens à leur Eglise[9].
Le concept «*Eglise grégorienne*», approuvé par le tsar Nicolas 1° en 1836, est assez récent[10]. Cela faisait référence à saint Grégoire l'Illuminateur afin d'occulter l'évangélisation de l'Arménie par les apôtres. En arménien on traduisit grégorien par **loussavortchagan** (*illuminatorienne*). On parvint même à faire adopter le terme par des Arméniens peu au fait des finesses sémantiques, ignorant l'Histoire religieuse, croyant définir succinctement leur Eglise et tombant dans le piège de la duplicité qui, heureusement, n'est plus de mise aujourd'hui.
Une Eglise est dite apostolique quand elle a été fondée par au moins un des apôtres du Christ; ainsi se transmet et se perpétue l'union de chaque Eglise avec le Seigneur. L'apostolicité se communique de deux manières. La première peut être dite **immédiate** c'est-à-dire sans intermédiaire grâce à l'action d'évangélisation directe d'un apôtre. La seconde sera qualifiée de **médiate** ce qui signifie qu'une Eglise apostolique propage à son tour la Bonne Nouvelle dans une autre nation.
L'apostolicité de l'Eglise arménienne est **immédiate**. Elle a par la suite diffusé l'Evangile en Ibérie (*Géorgie*), en Aghouanie ou Albanie Caspienne (*Azerbaïdjan ex-soviétique*), et plus loin encore à l'Est et à l'Ouest.

---

[8] Hrand PASDERMADJIAN, *Histoire de l'Arménie*, p. 381, Librairie H. Samuelian, Paris, 1964.
[9] Hrand Pasdermadjian, p. 381.
[10] Entretiens avec Giovanni GUAITA, *Karékine 1° catholicos de tous les Arméniens*, p. 106, Nouvelle Cité, Montrouge, 1998.

L'origine apostolique des Eglises géorgienne et albano-caspienne, toutes deux soumises alors au catholicos de tous les Arméniens, est donc **médiate**. Ces exemples peuvent s'appliquer à toutes les Eglises d'Orient et d'Occident.
Prouver avec une exactitude scientifique l'origine apostolique immédiate des Eglises, de toutes les Eglises, relève de la gageure sur le plan historique. Toutefois si ces Eglises existent et prospèrent c'est que les apôtres ont accompli leur mission avec succès. Ils ont, dès le début, institué les premières communautés chrétiennes de façon nationale.

Connaissance par l'Arménie du message du Christ pendant le séjour terrestre de Jésus, apostolats de saint Thaddée et de saint Barthélémy, les Juifs participent à la christianisation de l'Arménie

L'Eglise arménienne est sans conteste une Eglise apostolique mais ne nous méprenons pas sur le sens de ses dénominations: universelle et orthodoxe. Cela ne veut pas dire qu'elle prétend représenter la chrétienté tout entière; elle n'a jamais eu une telle ambition. Elle s'est toujours considérée comme membre de l'Eglise universelle adhérant à l'orthodoxie instituée par les trois premiers conciles oecuméniques.
«Entrée dans la foi, la nation arménienne appartient «ipso facto» à la famille des croyants qui a nom l'Eglise Universelle (en grec Katholikè Ekklesia)»[11].
Ce sont donc les apôtres Thaddée et Barthélémy qui évangélisèrent le pays. Ils sont dits: *«Les premiers Illuminateurs de l'Arménie»*.
Si on suit la tradition syriaque la conversion de l'Arménie a été aussi confiée à un disciple du Christ, Thaddée Didymus, le frère jumeau de l'apôtre saint Thomas[12]. La similitude des noms entre l'apôtre et le disciple a créé une confusion.
Cette même tradition rapporte que le roi d'Arménie, Abgar, atteint de la lèpre, ayant appris les miracles de Jésus-Christ crut en Lui. Il lui délégua ses messagers pour l'inviter à Edesse afin de le guérir. Saint Philippe et saint André présentèrent les ambassadeurs à Jésus et, sur son ordre, Thomas leur fit savoir qu'il enverrait un disciple en Arménie. Après l'Ascension saint Thomas chargea son frère de cette mission. Thaddée Didymus baptisa, guérit le roi et convertit de nombreux Arméniens. Il fut martyrisé à Ardaze ajoute la même tradition[13].

---

[11] J. Rupp, p. 190.
[12] M. Ormanian, p. 4.
[13] François TOURNEBIZE, *Histoire politique et religieuse de l'Arménie*, p. 35-36, Librairie Picard & fils, Paris, 1910.

«Les apôtres Barthélémy et Jude, qui prêchaient l'Evangile dans la Grande Arménie, furent aussi arrêtés et mis à mort ... Après avoir rejeté comme dépourvues de preuves, les prétendues relations du Sauveur avec Abgar, ... faut-il contester aussi que tout au moins les provinces occidentales de l'Arménie furent évangélisées dès les temps apostoliques et que saint Thaddée, l'un des 72 disciples de Notre-Seigneur, subit le martyre à Schavarschan (district d'Ardaze) par l'ordre de Sanadroug, pendant que saint Bartholomée mourait pour la même cause à Nisibe (à Arépan[14] selon Moïse de Kh.) et saint Jude à Ormi ? Outre que ces faits se recommandent d'une immémoriale tradition, contre laquelle ne sauraient prévaloir de pures hypothèses, d'incontestables documents montrent, d'autre part, qu'au second siècle l'Eglise d'Arménie était déjà fondée»[15].

L'Evangile nous dit cependant: «*Il y avait quelques Grecs qui étaient montés pour adorer, à l'occasion de la fête. Ils s'adressèrent à Philippe qui était de Bethsaïda de Galilée et ils lui firent cette demande*: «*Seigneur nous voudrions voir Jésus.*» *Philippe alla le dire à André et ensemble ils allèrent le dire à Jésus*» *(Jean 12, 20-23)*.

On sait que le terme «*Grecs*» englobe des étrangers à la race juive. Ce sont des sympathisants ou des prosélytes venant d'une sphère imprégnée de civilisation grecque. Celle-ci s'était répandue en Arménie au II° siècle avant J.-C., sous le règne de Tigrane II le Grand. Il avait épousé Cléopâtre fille de Mithridate Eupator, roi du Pont. Elle introduisit la culture hellénique en Arménie[16]. Ce pays avait déjà été en contact avec la Grèce depuis le passage d'Alexandre le Grand.

La légende d'Abgar aurait-elle un fond de vérité ou aurait-elle été forgée de façon apocryphe par les Arméniens désirant exciper de leur antériorité dans le christianisme ? Cette légende, nous disent les auteurs, est d'origine syriaque et non arménienne. Le débat reste ouvert mais a-t-il vraiment de l'importance ?

Thaddée évangélisa la région d'Ardaze où il convertit au christianisme le neveu de Sanadroug et sa fille Sandouhté[17]. Sanadroug était le neveu d'Abgar. A la mort de celui-ci il se fit proclamer roi dans le district d'Ardaze puis il se rendit à Edesse. Il promit la vie sauve et la liberté de culte aux chrétiens de la ville. Dès qu'il entra dans Edesse il fit mettre à mort les fils d'Abgar et apostasia. Comme son neveu et sa fille Sandouhté

---

[14] Aujourd'hui Diarbekir.

[15] F. Tournebize, p. 48.

[16] René GROUSSET, *Histoire de l'Arménie*, p. 90, Payot, Paris, 1984.

[17] F. Tournebize, p. 35. Tournebize penche pour le disciple Thaddée Didymus. Il rejette la légende d'Abgar mais accepte la présence de Thaddée Didymus liée à la fameuse légende.

restaient fidèles au christianisme et protégeaient saint Thaddée, Sanadroug les fit martyriser tous trois[18].

Lorsque nous dirons Thaddée il s'agira de l'apôtre Jude-Thaddée et non plus du disciple Thaddée Didymus. Les Eglises s'accordent sur le fait que l'apôtre saint Jude-Thaddée atteignit l'Arménie en l'an 35, et qu'il fut martyrisé à Ardaze en 43.

Ardaze est devenu Magou ou Makou; là se situe le mausolée de l'apôtre Jude-Thaddée ou Judas-Thaddée. Et non pas celui du disciple Thaddée-Didymus dont la venue en Arménie ne saurait être écartée jusqu'à preuve du contraire.

«... on peut invoquer une seconde tradition, suivant laquelle l'évangélisation de l'Arménie serait l'oeuvre de l'apôtre Judas-Thadée, surnommé Lébée. Cette circonstance admise par les églises grecque et latine et reconnue par les écrivains arméniens comme plus conforme à la vérité historique, vient confirmer d'une manière générale la tradition, ainsi que l'authenticité du sanctuaire d'Ardaze»[19].

Situé au nord-est du lac de Van, Ardaze était un district du Vaspouragan dont la capitale, Van, se trouvait sur le lac du même nom. Au VIII° siècle avant J.-C. Van s'appelait Touchpa et le lac, la mer de Naïri[20]. Touchpa était la capitale de l'Ourartou qui deviendra l'Arménie.

La rareté des informations sur la vie des communautés chrétiennes en Arménie jusqu'au III° siècle tient à l'Histoire mouvementée du pays, aux invasions, aux luttes d'indépendance, aux conflits entre seigneurs, à l'absence d'écriture arménienne; l'alphabet n'ayant été inventé qu'en 404-406. Les témoignages furent transmis oralement ou par l'intermédiaire des auteurs syriaques, grecs ou latins qui, pour certains, les adaptaient à leur propre vision ou à celle de leurs Eglises respectives. Cet ensemble ne put être recueilli et propagé par les auteurs, écrivant en langue arménienne, qu'à partir du V° siècle grâce aux lettres inventées par saint Mesrob Machtots. Ces chroniqueurs (*Moïse de Khorène, Faustus de Byzance, ...*) nous apprennent que saint Jude-Thaddée fonda le Siège d'Ardaze; il y fut martyrisé en 43 en compagnie des premiers évêques, de gens du peuple, de centurions, de nobles et de soldats, tous chrétiens au nombre de mille[21]. Ormanian mentionne sept évêques qui succédèrent à saint Jude-Thaddée sur le Siège d'Ardaze.

---

[18] F. Tournebize, p. 36.
[19] M. Ormanian, p. 4.
[20] Boris PIOTROWSKI, *Ourartou*, Nagel, p. 51, 65, Paris, 1969.
[21] M. Ormanian, p. 7.

«*Zakaria pendant seize ans, Zémentos quatre, Atirnerseh quinze, Mousché trente, Schahen vingt-cinq, Schavarsch vingt et Ghévontios dix-sept. Ces dates nous mènent à la fin du deuxième siècle*»[22].
Faustus de Byzance le désigne comme «*Siège de saint Thaddée*»[23]. Le dernier titulaire, dont l'Histoire nous ait transmis le nom, est saint Mehroujan ou Meruzan[24]. Eusèbe[25] mentionne une lettre écrite, en 254, par le patriarche d'Alexandrie, Denis, à l'évêque d'Arménie, Mehroujan, au sujet de la pénitence des apostats repentants[26]. On perd toute trace de saint Mehroujan à partir de 260.
L'évangélisation de l'Arménie par l'apôtre Jude-Thaddée est formellement reconnue par les Eglises byzantine et romaine. Un exemple: au IX° siècle le patriarche de Constantinople, Photius, qualifiait le catholicos Zakaria 1° (*855-877*) de successeur de l'apôtre Thaddée et de saint Grégoire l'Illuminateur.
«*Il reconnaissait ainsi l'apostolicité de l'Eglise arménienne, voire sa suprématie sur tous les peuples du Nord*»[27].
En 44 saint Barthélémy parvenait à son tour en Arménie[28]. Le périmètre de sa prédication allait s'étendre du Vaspouragan, où était le Siège d'Ardaze, à la province de Siounie. Le nom de saint Barthélémy apôtre est donné par les Evangiles synoptiques et par les Actes des Apôtres. Les apôtres Jude-Thaddée et Barthélémy furent mis à mort sur ordre du roi Sanadroug[29].
D'après Ormanian la mission de saint Barthélémy dura seize ans (*de 44 à 60*)[30]. Il fut écorché vif et crucifié dans le Vaspouragan. Son martyre eut lieu à Albac ou Albacus ou Albanus[31], toujours dans le Vaspouragan, où se situe son mausolée. Albac est aujourd'hui Cachkalé ou Bachkalé dans le sud-est de la Turquie depuis l'invasion de l'Arménie.
«*Une très ancienne tradition commune aux catholiques et aux non-chalcédoniens, considère les apôtres Barthélémy et Thaddée comme les*

---

[22] M. Ormanian, p. 6.
[23] FAUSTUS de Byzance, III, 1, 12, 14; IV, 3: l'authenticité du texte est défendue par Schmid, *Zeitschr. f. armen. Philol.* (1901), 1, 67, et Gelzer, *Realencycl.*, II, 74; in Tournebize, p. 412.
[24] M. Ormanian, p. 7; F. Tournebize, p. 48.
[25] Eusèbe, *Hist. Eccl.*, VI, XLVI; Moïse de Khorène, II, 34, 66; in F. Tournebize, p. 48.
[26] *L'Eglise arménienne* pub. off. du Catholicossat des Arm. à Antelias, 1936, Paris, 1998.
[27] R. Grousset, p. 383.
[28] M. Ormanian, p. 5.
[29] F. Tournebize, p. 36.
[30] M. Ormanian, p. 5.
[31] M. Ormanian, p. 4; Tournebize, p. 413.

premiers missionnaires d'Arménie. Rien ne s'oppose à la vérité de cette tradition»[32].

Un second Siège fut établi dans la province de Siounie avec saint Eustathius qui dut y prêcher à la suite de saint Barthélémy. Eustathius eut huit successeurs.

«Ces évêques sont Kumsi, Babylas, Mousché, qui passa ensuite au siège d'Ardaze, Movsès (Moïse) de Taron, Sahak (Isaac) de Taron, Zirvandat, Stépanos (Etienne) et Hovhannès (Jean). Avec ce dernier nous arrivons au premier quart du troisième siècle»[33].

Dans sa mission Barthélémy s'appuya sur les Juifs vivant dans le pays[34].

«... en Arménie, comme dans tous les pays du Proche-Orient, il y eut de tout temps des colonies juives qui furent dissoutes parmi les natifs du pays»[35].

Des Juifs, détachés de la déportation à Babylone, se trouvaient en Arménie. Mais la plupart y avaient été installés par Tigrane le Grand à partir du II° siècle avant J.-C. principalement dans deux grandes villes d'Arménie, Van et Artaxata[36]. Il admirait la foi et la vitalité des fils d'Israël et désirait que son peuple s'en inspirât.

«Il semble par contre qu'une partie importante de la population des villes, surtout au Sud de Taurus, particulièrement la bourgeoisie, les commerçants et les artisans étaient représentés par des éléments étrangers (surtout des Grecs, mais aussi des Juifs et des Syriens)»[37].

Nous connaissons Van, présentons rapidement Artaxata. Elle fut la capitale du royaume à partir de la dynastie des Artaxiades (*Ardachessian*). Tigrane, tout en conservant cette dernière comme capitale de l'Arménie, avait fait de Tigranocerte celle de son Empire. Sise près de la rive gauche du fleuve Araxe et de l'antique Erevan Artaxata fut construite d'après les plans de Hannibal réfugié à la cour d'Arménie[38].

Les Juifs, les Grecs, les Syriens, les Arabes, les Parthes, les Assyriens, les Gordyens (*Kurdes*) jouissaient des mêmes droits que les Arméniens; s'ils

---

32 J. Rupp, p. 189.

33 M. Ormanian, p. 6.

34 Vartan BAGHDASSARIAN, *Le christianisme en Arménie aux I°-III° s. et les origines des premières communautés chrétiennes dans la province de Sunik*, p. 22-29, en arménien, Edchmiadzin, Août 1983.

35 *L'Eglise arménienne*, publ. off. du catholicossat des Arméniens à Antelias, p. 8.

36 H. Pasdermadjian, p. 41.

37 H. Pasdermadjian, p. 41.

38 H. Pasdermadjian, p. 32.

en avaient la capacité ils accédaient, comme ceux-ci, aux plus hautes fonctions administratives et militaires.

«*Il est historiquement prouvé que des communautés juives existaient en Arménie, et c'est justement en leur sein que les apôtres et les missionnaires trouvèrent les premiers foyers pour la prédication chrétienne*»[39].

Une famille juive, selon les sources arméniennes, donnera même l'une des dynasties les plus importantes du pays: les Bagratouni ou Pagratouni ou Bagratides ou Pagratides.

«*D'après les traditions arméniennes, les Pagratides étaient d'origine juive. On dit que leur chef, Sempad, aurait été mené captif en Arménie par Nabuchodonosor. Environ cinq siècles après, Vagharschag*[40]*, le premier roi arsacide d'Arménie, conféra à un descendant de Sempad, à Pakarad*[41]*, la dignité d'Asbed (commandant des cavaliers) et la charge de thakatir, c'est-à-dire le privilège de couronner le roi, à son avènement. Ces deux titres furent héréditaires dans la famille des Pagratides. A ce rang éminent répondaient déjà une fortune et une puissance qui grandirent de génération en génération*»[42].

Le fait qu'un monothéiste puisse tenir la couronne sur la tête d'un roi païen est déjà caractéristique de la tolérance qui régnait à la cour d'Arménie.

Saint Barthélémy rencontra ses compatriotes qui, eux, parlaient arménien. Ils avaient conservé leur attachement à la Loi, au Talmud et fréquentaient librement leurs synagogues dans une Arménie païenne. L'apôtre leur apprit la Venue du Messie, les baptisa, et les Juifs devenus chrétiens répandirent dans le pays la nouvelle religion[43].

L'historien Eusèbe rapporte que le disciple Thaddée à son arrivée logea chez son compatriote Tobie, Juif de Jérusalem. Ce Tobie, membre de la famille Bagratouni, nous dit Moïse de Khorène, resta fidèle à sa religion jusqu'à sa conversion au christianisme[44].

Les Syriens et d'autres peuples vivant en Arménie furent aussi convertis par les apôtres.

---

[39] Entr. avec G. Guaïta, *Karékine 1° catholicos de tous les Arméniens*, p. 105.

[40] ou Valarsace.

[41] Pakarad ou Bagarat a donné son nom aux Bagratouni.

[42] F. Tournebize, p. 104; Jacques de MORGAN, *Histoire du peuple arménien*, p. 129, Publication de l'Académie de Marseille, 1981.

[43] V. Baghdassarian,. n° 8, p. 23.

[44] F. Tournebize, p. 408.

Après tout Syriens et Juifs, qui savaient l'arménien, n'avaient-ils pas pour langue maternelle commune l'araméen ?

Les Arméniens à Jérusalem, le christianisme cimente l'unité des peuples d'Arménie

On voyageait beaucoup à l'époque. C'est ainsi que de nombreux Juifs d'Arménie et leurs concitoyens arméniens, sympathisants ou prosélytes, allaient à Jérusalem en pèlerinage. Le texte des Actes des Apôtres énumère les noms des étrangers se trouvant à Jérusalem le jour de Pentecôte qui entendirent les apôtres prêcher dans leurs langues respectives: «*Parthes, Mèdes et Elamites, habitants de la Mésopotamie, de la Judée, de la Cappadoce, ...*» (*Actes des Apôtres 2, 9*).
Corrigeant ce passage Tertullien, Père de l'Eglise berbère d'Afrique, remplace Judée par Arménie. Il se base sur le fait que la Judée n'est pas un pays étranger et que l'Arménie se situe géographiquement entre la Mésopotamie et la Cappadoce et non la Judée. Il rectifie ainsi: «*Parthi, Medii, Elamitas et qui inhabitant Mesopotamiam, **Armeniam**, Cappadociam, ...*». Saint Augustin, autre Père de l'Eglise berbère d'Afrique, adhère au point de vue logique de Tertullien[45].
«*Si l'Asie Mineure et la Mésopotamie avaient envoyé des pèlerins juifs, des Arméniens curieux n'auraient-ils pu partir pour la ville de David afin d'assister à la fête universellement connue ?*»[46].
A la suite de la mission des apôtres Jude-Thaddée et Barthélémy, venus de Jérusalem, Arméniens et immigrés syriens, arabes, parthes, juifs, assyriens, gordyens allaient se fondre en une seule nation chrétienne.
Il a fallu laisser de côté les détails de noms, de dates, de récits plus ou moins légendaires pour insister sur l'essentiel: la fondation de l'Eglise arménienne par les apôtres saint Jude-Thaddée et saint Barthélémy et, peut-être aussi, saint Thaddée Didymus l'un des 72 disciples du Christ. Les textes en parlent si souvent qu'on ne peut tout-à-fait ignorer ce troisième évangélisateur de l'Arménie.
Nous espérons, au fil des pages, montrer sous un jour nouveau une Eglise méconnue dont la vision de l'oecuménisme, originale et inédite, peut contribuer au rapprochement sincère des tous les chrétiens.

---

[45] M. Ormanian, p. 7.

[46] *L'Eglise arménienne*, publication officielle du catholicossat des Arméniens à Antelias (*Liban*), p. 8.

En 1970 le pape Paul VI restitua au catholicos de tous les Arméniens, Vazken 1° en visite à Rome, des reliques de saint Barthélémy apôtre de l'Arménie. Il confirmait ainsi l'origine apostolique directe et l'autocéphalie de l'Eglise arménienne. Le pape fit ce jour-là un second geste significatif; il passa son propre anneau pontifical au doigt du catholicos en signe de fraternité et d'égalité entre les successeurs des apôtres.

En 2000 le pape Jean-Paul II rendit au catholicos de tous les Arméniens, Karékine II venu le rencontrer au Vatican, des reliques de saint Grégoire l'Illuminateur.

Nous laisserons la conclusion de ce chapitre à Malachia Ormanian.

«*L'origine apostolique de l'église arménienne constitue donc un fait irrécusable dans l'histoire ecclésiastique. Et si la tradition et les sources historiques, qui la consacrent, peuvent donner lieu à des observations critiques, celles-ci ne sont pas plus fortes que les difficultés suscitées à propos des origines des autres églises apostoliques, lesquelles sont universellement admises comme telles*»[47].

---

[47] M. Ormanian, p. 5.

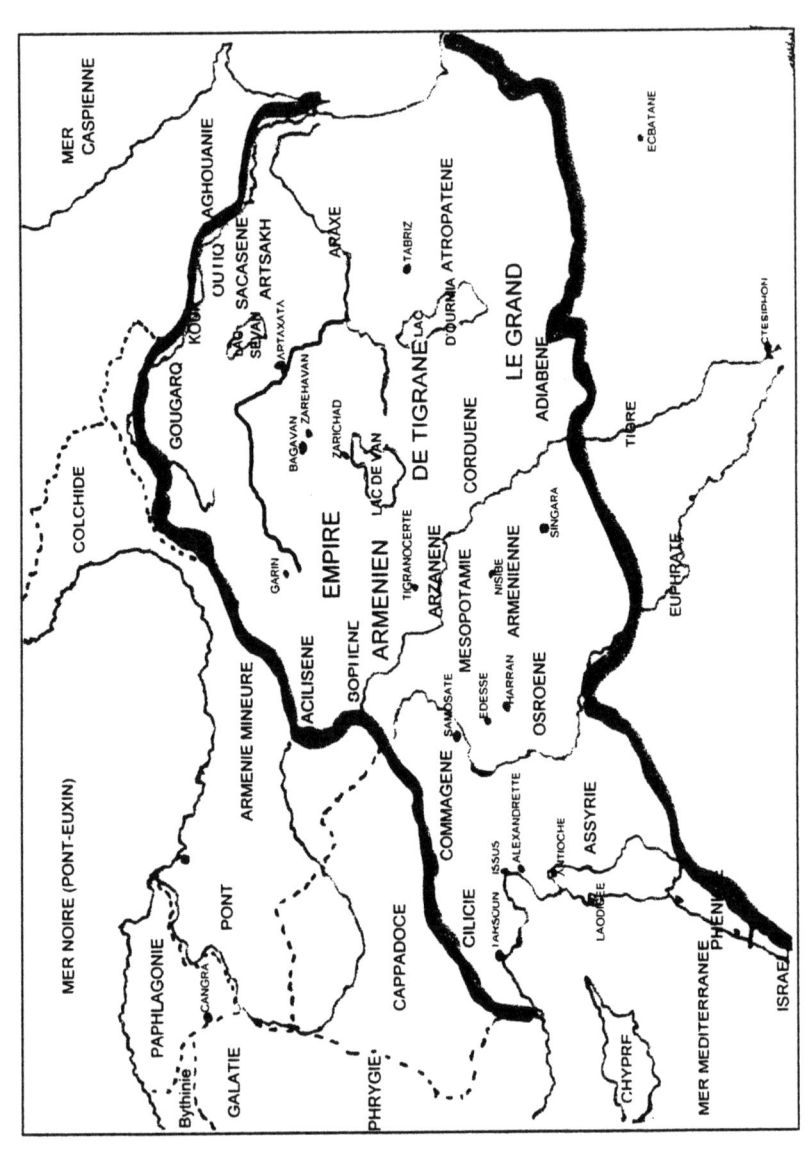

J'ai d'autres brebis qui ne sont pas de cet enclos et celles-là aussi, il faut que je les mène; elles écouteront ma voix, et il y aura un seul troupeau et un seul berger (Saint Jean, **10**, 16)

CHAPITRE II

Le christianisme religion d'Etat

Paganisme universel, causes de la persécution des chrétiens

Nous venons d'établir l'origine apostolique immédiate de l'Eglise arménienne. La liste de ses martyrs du 1° au IV° siècle est tellement longue que nous n'en imposerons pas l'énumération exhaustive au lecteur; ils sont commémorés par les martyrologes de toutes les Eglises. Les monarchies païennes au sein ou en dehors de l'Empire romain, Rome elle-même, avaient de tout temps accepté les dieux quelles que soient leurs origines. Leurs cultes ne dérangeaient en rien l'équilibre des Etats; et leurs adeptes vénéraient aussi bien leurs divinités que celles des autres peuples sans que cela gênât leurs propres croyances ou superstitions. L'homme avait imaginé et s'était forgé des idoles à son reflet renfermant ses propres défauts, pulsions et vices. Il justifiait ainsi et expliquait ce qu'il ne pouvait concevoir.

Rome adopta des divinités issues de toutes ses possessions. L'Arménie avait introduit dans son panthéon des dieux et déesses sémites, indiens, perses, grecs ... Cette «*tolérance*» renforçait la cohésion sociale.

Les empereurs romains autorisèrent même le monothéisme juif tant qu'il ne chercha pas à convertir les cadres de l'Empire. Le judaïsme, pourtant, allait à l'encontre de tout ce qui était honoré dans les autres nations. C'était une religion révélée de Dieu, d'un Dieu qui avait créé l'homme à son image et non l'inverse.

La Torah et tous les livres de l'Ancien Testament sont emplis de ce Dieu Unique qui a fait le ciel et la terre, de la Parole créatrice de Dieu transmise aux prophètes, et de l'Esprit de Dieu qui descend sur l'homme pour le rendre sage et intelligent[48].

---

[48] Claude TRESMONTANT, *Introduction à la théologie chrétienne*, p. 89, Le Seuil, Paris, 1974.

Mais tout ceci ne concernait que le peuple d'Israël sans se répandre, à quelques petites exceptions près, chez les Gentils.

Voilà que de Galilée un certain Jésus de Nazareth, de la descendance de David, avait surgi au sein de la nation juive; précédé et annoncé par Jean-Baptiste. Le Verbe de Dieu avait pris chair éclairant et révélant tout le sens de la Sainte Trinité contenue dans «*Le Souffle de Dieu*»[49]. Il s'était fait homme pour aller au bout du sacrifice. Choisissant ses apôtres et ses disciples parmi les humbles, il les élevait jusqu'à lui.

Alors que le Père avait retenu le bras d'Abraham prêt à immoler son fils, il faisait mourir le sien sur la croix afin de sauver l'humanité, toute l'humanité. Le troisième jour le Verbe fait chair ressuscitait d'entre les morts.

A Pentecôte l'Esprit Saint, sous forme de langues de feu, descendait sur les apôtres. Par sa puissance vivificatrice il les rendait courageux et prêts à parcourir le monde pour y proclamer la Bonne Nouvelle de la Venue du Messie.

Répandue à l'est par les apôtres saint Thaddée et saint Barthélémy, en Arménie, et l'apôtre saint Pierre, en Syrie (*Antioche*)[50], la nouvelle religion touchait et convertissait, à l'ouest, la grande majorité des diasporas syrienne et juive autour de la Méditerranée. Tout comme les Juifs aidèrent à la conversion de l'Arménie, Syriens et Juifs d'Afrique agirent de même parmi les Berbères dont une partie était déjà judaïsée[51].

Peu à peu les apôtres et leurs disciples se mirent à prêcher en latin, langue internationale de l'époque, afin de toucher en Occident ceux qui ne s'exprimaient pas en araméen ou en grec. Ils leur faisaient découvrir la Présence d'un Dieu Unique en Trois Personnes qui rendait obsolètes toutes les idoles.

Pour la première fois des citoyens de Rome, des Gentils entendaient parler d'un Dieu de bonté et de miséricorde. Des princes du sang, des aristocrates, des patriciens, des généraux, des centurions demandaient le baptême, se mettaient en toute humilité au même rang que les plébéiens, les pauvres, les déshérités, les esclaves. Le système social bâti sur la pyramide des pouvoirs, sur la morgue et les divisions de classes était en passe de s'effondrer. L'Empire romain vacillait sur ses bases. Cette instabilité, inacceptable pour une ploutocratie, conduisit les empereurs à déclencher des persécutions d'une ampleur jamais égalée jusque là.

---

[49] C'est ainsi que l'Eglise arménienne désigne l'Ancien Testament.

[50] Saint Paul, *Ga*, *2*, *11*.

[51] E. Albertini, p. 116.

Les souverains arméniens firent de même soit pour complaire à Rome soit pour renforcer leur autorité. Certains de leurs proches étaient entrés dans le troupeau du Christ. Au premier siècle le roi d'Arménie Sanadroug, ses successeurs Vagharchac (*Valarsace*), Khosrov (*Chosroës*) et leurs descendants se distinguèrent par leur férocité[52]. Un nombre important de martyres leur est attribué.

Pour gagner les faveurs de leur roi mais aussi par conviction, dévotion aux divinités tutélaires ou désir de maintenir un ordre établi, des seigneurs dans leurs fiefs, des satrapes dans leurs circonscriptions firent assaut de cruauté, allant jusqu'à sacrifier leurs propres enfants qui refusaient d'apostasier.

«*Il est donc très probable qu'il y avait des chrétiens en Arménie au début du troisième siècle; et, puisque par la lettre de Tertullien à Scapula (Bardenhewer p. 160), écrite vers l'an 212, nous connaissons les persécutions exercées contre les chrétiens en Cappadoce, ne sommes-nous pas fondés à supposer que des chrétiens arméniens purent aussi être tourmentés dans le même temps, soit par un Sanadrough, soit par quelque autre prince indigène ? Que le fils de Sanadrough, Valarsace, ait été cruel pour les chrétiens, cela est vraisemblable. Au témoignage de Moïse (II, 66)*[53], *ce prince était fort dévot au dieu national Amanor*[54]; *et il avait élevé près du temple de Pacavan*[55] *un bâtiment, destiné à héberger des pèlerins pour la fête de Navassart*[56]»[57].

Le roi d'Arménie Tiridate III les imita en faisant pourchasser et torturer les chrétiens de son royaume.

---

[52] F. Tournebize, p. 419.

[53] Moïse, pour Moïse de Khorène.

[54] Amanor était le dieu du jour de l'an et de l'hospitalité, J. de Morgan, p. 306. Amanor était aussi dénommé Vanatour (*dieu du jour de l'an, du temps et des saisons*) ou Amenaber (*celui qui fait fructifier la terre*), Agathange, ch. CXIX, p. 435, tr. V. LANGLOIS, coll. *Historiens arméniens*, I, p. 168; in Avetis AHARONIAN, *Les anciennes croyances arméniennes*, p. 10, Parenthèses, Marseille, 1980.

[55] Pacavan ou Bagavan (*ville de Baga* = *dieu en vieux perse, R. Grousset, p. 118*).

[56] Navassart correspond au mois d'Août de l'ancien calendrier arménien. A Navassart on fêtait Anahit (*l'Anahita des Perses*), déesse de la fécondité et de la sagesse, encore appelée «*la mère d'or*» (*vosqemayr*) elle était la patronne de l'Arménie païenne; in J. de Morgan, p. 306; R. Grousset, p. 119. A Navassart on célébrait Vardavar (*porte-roses*) avec des processions, danses et aspersions mutuelles d'eau; in R. Grousset, p. 119. L'Eglise a fait coïncider Vardavar avec la Transfiguration.

[57] F. Tournebize, p. 419.

Mais si le nombre des martyrs augmentait, celui des fidèles du Christ s'accroissait davantage encore. Après avoir commis bon nombre d'exactions et de crimes, Tiridate fut le premier à se rendre compte de l'inanité de la répression. Ce changement se fit grâce à l'influence de saint Grégoire l'Illuminateur.

Aussi nous semble-t-il utile de situer les événements historiques assez sombres entourant l'avènement de Tiridate III et présidant à l'entrée en scène de saint Grégoire le Parthe (*sourp Grigor Bartev*).

La Perse et Rome installent les Arsacides en Arménie

Il nous faut rappeler le passage d'Alexandre le Grand qui partagea l'Arménie en deux royaumes (*Arménie à l'est, Sophene à l'ouest*)[58].
Et l'existence de Tigrane II le Grand. Au II° siècle avant Jésus-Christ il réunit l'Arménie et la Sophene, conquit la Cilicie, les deux Azerbaïdjan, la Géorgie, la Mésopotamie, la Syrie, la Phénicie et une grande partie d'Israël. Il dominait toute l'Asie Antérieure. Tigrane se trouva ainsi à la tête d'un Empire capable de tenir tête à Rome. A cause de la trahison de son fils il fut vaincu par Pompée mais conserva l'Arménie, une partie de la Géorgie et de l'Azerbaïdjan à sa dynastie des Ardachessian (*Artaxiades*). La lignée s'éteignit à la suite de la déloyauté et des exactions entreprises par Marc-Antoine à son égard[59]. Le général romain était sous l'influence de sa cruelle maîtresse Cléopâtre. Elle fit torturer les princes et princesses d'Arménie pour leur faire avouer les emplacements de leurs trésors. Elle ordonna l'exécution du roi d'Arménie Ardavast III afin de le remplacer par son fils Alexandre, qu'elle avait eu de Marc-Antoine[60].
Une période d'anarchie et de troubles s'ensuivit, soigneusement entretenue par l'empereur romain Tibère qui fit et défit les rois d'Arménie[61]. Le roi parthe de Perse Artaban III entra dans le jeu; il plaça son fils aîné Arsace (*Archac*) sur le trône d'Arménie. Tibère fit empoisonner ce dernier pour le remplacer par Mithridate le frère de Pharasmane, roi d'Ibérie (*Géorgie*), en l'an 35[62]. L'affrontement entre les deux Empires, romain et parthe de Perse, se faisait par Arménie

---

58 Appien, *Syr.*, 55; in R. Grousset, p. 79, 80. La Sophene correspond au district de Kharpout.
59 R. Grousset, p. 98; Strabon, XI, 13, 2; in R. Grousset, p. 103.
60 Tacite, *Annales*, II, 3; Josèphe, *Antiq.*, XV, 105, *Inscription d'Ancyre*, 27; in R. Grousset, p. 103.
61 Tacite, *Annales*, II, 4 et 68; in R. Grousset, p. 105.
62 R. Grousset, p. 105.

interposée. C'est dire l'importance de cet Etat-tampon et les malheurs qui pouvaient découler d'une telle condition si le pays était mal ou non gouverné. Artaban envoya un autre de ses fils en Arménie.

«*Les armées des Césars, comme celles des rois des rois, imposaient pour un temps leurs volontés à la cour d'Arménie, et le trône était donné soit aux partisans des Romains, soit à ceux des Perses, suivant les besoins du jour. Puis survenaient des périodes de calme durant lesquelles Perses et Romains, trop occupés par ailleurs, négligeaient l'Arménie, qui secouait le joug et, le plus souvent, restait indécise sur le parti qu'elle devait prendre*»[63].

L'indécision tenait au manque de chef, eu égard à la valse des monarques imposée par les deux Puissances, à l'indocilité des seigneurs uniquement soucieux de leurs apanages, et refusant de se soumettre à leur souverain.

Tibère, Caligula et Claude, - le plus habile qui confirma Mithridate roi d'Arménie et installa ses légionnaires à Garni -, tentèrent de faire de l'Arménie un protectorat romain sous mandat ibérien. Mais Pharasmane, le roi d'Ibérie, décida de mettre son fils, Rhadamiste, sur le trône de son frère Mithridate. Celui-ci demanda l'aide du commandant de la garnison de Garni, le Romain Coelius Pollon. Ce dernier, stipendié par Rhadamiste, l'aida à étouffer son oncle. Aussitôt Rome apporta son soutien au nouveau roi[64].

Cette période d'instabilité dura jusqu'en 53 date à laquelle le roi de Perse Vologèse 1° installa son frère Tiridate 1° sur le trône arménien. On imagine que ce ne fut pas du goût de Rome. Elle donna les provinces arméniennes de l'ouest à des dynastes syriens et juifs. Les légions romaines marchèrent sur l'Arménie par la Cappadoce alors que les Ibères l'attaquaient par le nord[65].

Ces opérations coûtaient cher pour des résultats peu intéressants. En 63 la paix fut conclue entre Tiridate 1° et le général romain Corbulon. En 66 Tiridate 1° se rendit à Rome où il accepta la suzeraineté de Néron qui le couronna roi d'Arménie[66].

---

[63] J. de Morgan, p. 90.
[64] Em. Egli., *Feldzüge in Armenien von 41 bis 63 n. Chr.*, in Max BÜDINGER, *Untersuchungen zur römische Kaisersgeschichte*, I, p. 267-362, Leipzig, 1868; in R. Grousset, p. 106.
[65] P. Asdourian, *Beziehung zwischen Armenien und Rom von 190 v. Chr. bis 428 n. Chr.*, p. 88-98; in R. Grousset, p. 107. René Grousset estime que l'immigration juive dans les villes d'Arménie occidentale remonte à cette époque.
[66] Suétone, *Néron*, XIII; Dion Cassius, LXIII, 1-7; Pline l'Ancien, *Histoire Naturelle*, XXXIII, 54; in R. Grousset, p. 108.

Les Parthes d'Iran tenaient à une Arménie-tampon et indépendante à condition qu'elle fût gouvernée par l'un des leurs. L'origine du souverain était indifférente à Rome pourvu que l'autonomie de l'Arménie prît une forme de protectorat.

Si la Mésopotamie était composée de peuples peu belliqueux et faciles à dominer, il n'en était pas de même pour l'Arménie.

«*A l'encontre de la plupart des pays avoisinants, l'Arménie était habitée par une race de guerriers. Ce n'était donc pas sa faiblesse qui la désignait pour être un terrain de contestations, mais sa position*»[67].

Une série de sept souverains arsacides succédera à Tiridate 1° pendant les règnes de Néron jusqu'à Hadrien, en passant par Trajan. Tous ces monarques défendirent leur royaume, en bons Arméniens qu'ils étaient devenus, contre Rome et leurs parents arsacides perses.

En 217 le dixième roi arsacide, neuvième en ligne directe, Tiridate II (*ou Khosrov 1°*) accéda au pouvoir.

Des événements en Iran allaient conduire le roi d'Arménie à se tourner définitivement vers l'Occident. En 224 une révolution chassa les Parthes du gouvernement de la Perse. Un de leurs vice-rois, Ardashir ou Ardéchir ou Artakchater ou Ardachêr, que nous nous contenterons d'appeler Artaxerxès, se dressa contre le roi des rois Artaban. Artaxerxès se fit proclamer roi en 223-224. Il vainquit et tua Artaban en 227-228, et comme il était de la lignée du prince Sassan sa dynastie fut baptisée sassanide[68].

L'Arménie était la seule monarchie assez puissante pour s'opposer à la Perse. Son roi faisait partie de la famille des Arsacides, honnie maintenant en Iran, il avait accueilli les fils d'Artaban et il regardait plutôt vers Rome. Voilà pour les Sassanides de bonnes raisons pour envahir l'Arménie et chasser les Romains d'Asie.

L'immense armée de l'empereur Alexandre-Sévère et du roi Tiridate II fut dispersée par les Perses en Mésopotamie[69].

Artaxerxès rêvait de reconstituer l'Empire de Darius, de chasser les dieux grecs qui avaient envahi le panthéon perse, de supprimer les moeurs occidentales que les Arsacides avaient laissées s'implanter dans le pays (*la langue grecque avait été en usage à la cour des Arsacides*), de revenir aux antiques coutumes et à la vieille religion du soleil et du feu.

---

[67] CHAPOT, *La frontière de l'Euphrate, de Pompée à la conquête arabe*, p. 380, Paris, 1907; in H. Pasdermadjian, p. 90.
[68] J. de Morgan, p. 96, 97; F. Tournebize, p. 801; H. Pasdermadjian, p. 95.
[69] F. Tournebize, p. 801.

Artaxerxès descendait de grands prêtres mazdéens. Il régna de 224 à 241. Ses héritiers dirigeront l'Empire perse jusqu'à l'arrivée des Arabes en 640. Pendant quatre siècles l'Iran connut un luxe et un développement inconnus en Occident. Le calife de Bagdad maintint cette munificence en se considérant comme le continuateur des Sassanides. Il adopta même leurs institutions[70].

A l'inverse des Parthes, qui menaient une politique libérale pour les peuples de leur Empire leur laissant une grande marge de manoeuvre, les Sassanides optèrent pour une démarche autocratique et centralisatrice. Tout devait plier devant le roi des rois, et à tous on devait imposer la religion du soleil et du feu. Pendant des siècles ils tenteront, sans succès, de contraindre l'Arménie à adopter le mazdéisme au cours de sanglants affrontements[71].

Le pusillanime Alexandre-Sévère se servait des Arméniens pour consolider ses possessions face aux Perses. Ses maladresses, ses atermoiements confinant à la duplicité, aggraveront le conflit entre Sassanides d'Iran et Arsacides d'Arménie.

Tiridate II chercha à former une coalition avec les peuples menacés par les visées hégémoniques sassanides. Il s'allia aux Aghouans, aux Ibériens (*Géorgiens*), aux rudes Alains des steppes de l'Ukraine. Cherchant à prendre les Perses à revers il gagna même la confiance des monarques Kouchan, régnant sur l'Afghanistan et le Pendjab[72].

«*L'idée d'écraser la jeune puissance sassanide sous la coalition des Arméniens, appuyés sur leurs voisins du Nord, et de l'empire indo-afghan des Kouchân est une conception grandiose qui fait le plus grand honneur au monarque arméno-arsacide qui l'a envisagée*»[73].

Malheureusement ce projet remarquable de Tiridate II ne put se réaliser à cause de la rapide riposte du roi de Perse, Chahpour 1°. Il envahit l'Afghanistan et l'Inde jusqu'à Pechawar[74]. Ayant assuré ses arrières, Chahpour 1° se retourna contre Tiridate II, abandonné par ses inconsistants alliés Ibériens, Aghouans et Alains. Quoi qu'en disent

---

[70] J. de Morgan, p. 97; F. Tournebize, p. 801; H. Pasdermadjian, p. 95, 96.

[71] A. Christensen, *L'Iran sous les Sassanides*, Copenhague 1936; Rawlinson, *The Seventh Great Oriental Monarchy* (*Sassanian Empire*), London, 1870; in H. Pasdermadjian, p. 96.

[72] Moïse de Khorène, II, ch. 72, p. 117; LAVALLEE-POUSSIN, *L'Inde au temps des Mauryas* ...; in R. Grousset, p. 114.

[73] R. Grousset, p. 114.

[74] Ghirshman, *Fouilles à Bégram* (*Afghanistan*), communication à l'Académie des Inscriptions et à la Société Asiatique le 12/12/1944; in R. Grousset, p. 114.

Agathange et Moïse de Khorène, Tiridate, après quelques petites victoires, se replia sur l'Arménie[75].

Assassinat du roi d'Arménie, Tiridate et Grégoire: éducations différentes

Le roi des rois décida d'éliminer physiquement Tiridate.
En plus de la famille du roi Artaban déchu le roi d'Arménie avait accueilli un parent, le seigneur Anac[76]. Un Parthe donc un Arsacide lui aussi[77]. Or Anac, qui prétendait fuir les Sassanides, avait, comme l'on dit aujourd'hui, un contrat de la part des nouveaux maîtres de l'Iran sur la tête du roi d'Arménie. Vers 238 au cours d'une chasse il assassina Tiridate II. Anac fut appréhendé par les seigneurs de la suite royale et noyé dans l'Araxe. Ils exterminèrent aussi sa famille sauf ses deux fils que leur nourrice Sophie parvint à sauver[78].
Profitant de la désorganisation provoquée par ce crime les Perses envahirent l'Arménie. D'après Agathange un des fils en bas âge de Tiridate II fut confié par ses gouverneurs aux Romains en déroute. D'autres sources nous apprennent que c'est un grand seigneur Ardavast Mantagouni qui sauva le prince et sa soeur[79].
En 252 Chahpouhr avait conquis le pays. En 260 il installa à sa tête une de ses créatures, Ardavast. On estime que celui-ci aurait été un des oncles du futur Tiridate III[80].
Que devinrent les rejetons d'Anac ? Nous avons vu que leur nourrice chrétienne Sophie les avait emmenés à Césarée, en Cappadoce, chez son frère chrétien lui aussi. Le cadet des garçons se nommait Grégoire il était

---

[75] Agathange, ch. I, traduit par V. Langlois, *Historiens arméniens*, T. 1°, p. 117. Moïse de Khorène, II, 71-73; in J. de Morgan, p. 99.

[76] De la famille des Sourène; Moïse de Khorène, p. 118; sur les Sourène, Christensen, p. 98; in R. Grousset, p. 114.

[77] F. Tournebize, p. 49.

[78] F. Tournebize doute de la date de 238, Gordien et les Arméniens ayant vaincu les Perses en 242, les armées arméniennes n'auraient pas résisté sans leur roi. Pour lui, Tiridate fut assassiné en 244 quand l'empereur romain, Philippe l'Arabe, après fait mettre à mort Gordien, abandonna aux Perses la Mésopotamie et l'Arménie; F. Tournebize, p. 802; il cite, à l'appui, Gutschmid, *Kl. Schr.*, III, p. 405, Gelzer, *Hantess Amsoreah* (*Revue mensuelle*), p. 42, 1897. M. Ormanian, p. 9, fixe la date du régicide à 240; voir encore F. Tournebize, p. 50; J. de Morgan, p. 102.

[79] Agathange, ch. III, § 16; in R. Grousset, p. 115; F. Tournebize, p. 50.

[80] Zonaras, XII, 19; Zozime, III, 32; Trebellius Pollion, *Valérien* 6; in R. Grousset, p. 115; F. Tournebize, p.431, 802.

âgé de deux ans, il fut baptisé et élevé chrétiennement. On ne sait pas ce qu'il advint de l'aîné.

Agathange et Moïse de Khorène nous disent que l'apostolat de Grégoire commença en 286[81]. Si Tiridate II avait été tué en 238, Grégoire aurait eu cinquante ans en 286. Tournebize, qui estime que le roi a été assassiné en 244, rajeunit Grégoire de six ans. Toutefois si on se réfère aux «*illustres arménisants*», dont nous parle François Tournebize, Grégoire avait deux ans en 244, ce qui lui aurait fait commencer son apostolat à vingt-huit ans s'il l'a débuté en 270, et à trente-huit ans si l'on retient 280[82]. Pour Jacques de Morgan Grégoire serait né en 257[83]. Cette date remettrait toutes les autres en question et reporterait la mort violente de Tiridate II à 259, en se basant toujours sur l'âge de deux ans de Grégoire. Chahpouhr envahit l'Arménie en 252, bien après le régicide, et il fit prisonnier l'empereur romain Valérien en 260[84]. Les dates retenues par René Grousset et François Tournebize paraissent plus conformes à la vérité historique. La chronologie se recoupe avec les dates de l'Histoire romaine dont les chroniqueurs étaient contemporains des événements. Alors que pour l'Histoire arménienne de cette période il faut se référer aux auteurs écrivant en arménien; ce qui n'a pu se faire qu'à partir du V° siècle.

L'âge auquel Grégoire entama sa mission est-il après tout si important au regard de la vérité indubitable ci-dessus établie ? Ce qui compte pour tous est: **l'oeuvre de Grégoire en Arménie et la proclamation officielle du christianisme religion d'Etat en ce pays, pour la première fois au monde.**

Arrivé à l'âge adulte Grégoire épousa une princesse arménienne chrétienne. Elle lui donna deux enfants puis ils se séparèrent d'un commun accord pour embrasser l'état monastique[85].

Pendant que Grégoire vivait intensément sa foi n'ayant pour objectif que son retour en Arménie pour y consolider le christianisme, le prince Tiridate recevait à Rome une éducation soignée. En même temps que ses vertus guerrières il développait ses qualités intellectuelles. Son protecteur romain, le comte Licinius y veillait particulièrement[86].

---

[81] R. Grousset, p. 122; F. Tournebize, p. 50.

[82] F. Tournebize, p. 50, qui ajoute que cet apostolat commença vers 270-280 «*selon d'illustres arménisants*»; F. Tournebize, p. 430.

[83] J. de Morgan, p. 102.

[84] R. Grousset, p. 115.

[85] J. de Morgan, p. 102; F. Tournebize, p. 56.

[86] J.-P. Mahé, *Du mazdéisme au christianisme*, in Trésors de l'Arménie ancienne, p. 257.

Le prince était doté d'une force herculéenne. Agathange nous rapporte que: «*son souffle rompait les digues des fleuves et arrêtait le tourbillon des eaux*»[87].

Hardi et victorieux dans les combats, il ne brillait pas moins par sa culture et parlait couramment grec et latin. Il se distingua notamment à la guerre contre les Goths. Le roi des Goths avait provoqué l'empereur romain en combat singulier. Cela se passant en 275 il semblerait qu'il s'agît de l'empereur Tacite, alors âgé de soixante-quinze ans, qui ne régnerait que quelques mois avant d'être assassiné par ses soldats. Pour Moïse de Khorène, qui écrivait des siècles après ces événements, il est question de Probus et non de Tacite. Probus, jeune et fort, était le successeur immédiat de Tacite. Toujours est-il que l'empereur tremblant de peur ne savait quel parti prendre. Le général Licinius lui proposa de faire combattre à sa place son protégé Tiridate. On le revêtit des insignes impériaux, il vainquit le Goth et le traîna aux pieds de l'empereur. Celui-ci, certains disent Tacite plutôt que Probus, couronna l'Arménien du diadème, le recouvrit du manteau de pourpre et le renvoya dans son pays avec une armée[88].

On estime que ce serait plutôt Probus cette fois qui aurait fourni les troupes à Tiridate, ce qui excuse l'anachronisme de Moïse[89]. Ainsi l'empereur faisait d'une pierre deux coups. Il se débarrassait d'un robuste guerrier, excellent tacticien que les légions romaines auraient pu lui substituer selon les usages de l'époque, tout en opposant aux Sassanides un chef authentique.

Rome ne pouvait accepter la mainmise de la Perse sur l'Arménie ce qui lui aurait coupé les voies commerciales vers la Mer Noire, la Caspienne et l'Orient.

Tiridate et Grégoire rentrent chez eux, martyre de Grégoire, le roi persécute les chrétiens

Rentré au pays avec les légions romaines Tiridate mobilisa aussitôt ses propres escadrons. En 283 l'empereur Carus allait rétablir la situation en prenant Ctésiphon, capitale de l'Empire perse sur le Tigre[90]. En 284 Dioclétien succédait à Numérien, second fils de Carus. Organisateur né, énergique et intelligent il remit de l'ordre dans l'administration de

---

[87] J. de Morgan, p. 102.

[88] F. Tournebize, p. 434-435.

[89] Moïse de Khorène; Oukhtanès; Vartan; in F. Tournebize, p. 435.

[90] R. Grousset, p. 115. Marcus Aurelius Carus devint empereur (*282-283*) après le meurtre de Probus par les légions; il fut à son tour assassiné par le préfet du prétoire Aper.

l'Empire et, soutenant Tiridate, il obligea les Sassanides à lui céder l'Arménie.

Tiridate avait grandement contribué à reconquérir son apanage en chassant les Perses d'Arménie. Dioclétien lui rendit, en 287, le trône de ses pères[91].

Grigor Bartev (*Grégoire le Parthe*) était lui aussi rentré en Arménie avec l'intention d'expier la mauvaise action de son père[92]. Nous sommes en 287 à Eriza. Tiridate III fête la restauration de sa dynastie et ses victoires. Rapportant ses succès à la protection d'Anahit il a réuni sa cour et son peuple en liesse autour de lui[93]. Les réjouissances battent leur plein, les soldats paradent, les athlètes exhibent leurs muscles et luttent dans les arènes, les cavaliers caracolent sur leurs montures[94]. Enfin le moment solennel arrive. Les seigneurs, les satrapes, les officiers doivent offrir, les uns après les autres, une couronne de fleurs à la statue en or massif d'Anahit. Vient le tour de Grégoire. Sans se laisser impressionner par le faste de la cour et la majesté de Tiridate il refuse de se courber devant cette idole de métal. Médusé le roi entend un de ses meilleurs officiers confesser sa foi en un seul Dieu et en Son Fils Unique Jésus-Christ incarné pour le salut de l'humanité[95].

Une rumeur traverse la foule, un événement grave est en train de se dérouler au pied du trône; un des féaux serviteurs du monarque se dresse contre sa volonté et commet un acte d'impiété. Un lourd silence s'établit lentement dans l'assistance qui vient se presser autour des protagonistes. Etonné et choqué le roi, dans sa grande dévotion aux divinités de son panthéon, inquiet de leur colère, redoutant leur vengeance devant ce qu'il considère comme étant un comportement blasphématoire, tente

---

[91] Asdourian, *Die polit. Beziech. zwischen Rom und Arm.*, p. 131-135; in R. Grousset, p. 115.
[92] F. Tournebize, p. 50.
[93] F. Tournebize, p. 51.
Eriza ou Erez, une des villes principales de l'Arménie, aujourd'hui Erzindjan.
On associait souvent au culte d'Anahit, la déesse-mère de l'Arménie païenne, celui de Vahagn, le dieu des guerriers, et de son amante Asdghiq, divinité de l'amour, de la volupté et de la maternité. Anahit et Vahagn étaient les enfants d'Aramazd, le Zeus arménien.
[94] Les Arméniens eurent de tout temps la meilleure cavalerie de l'époque. Ils la louaient aux armées étrangères, parthe notamment. La fameuse tactique de «*la flèche du Parthe*» était en réalité une trouvaille arménienne. Ils tenaient la science de l'équitation de leurs ancêtres hourrites qui introduisirent, au XVIII° siècle avant J.-C., le cheval en Mésopotamie. Le premier traité d'élevage connu fut rédigé par le Hourrite Kukuli, vers 1280 av. J.-C., intitulé: «*Soins et dressage des chevaux de combat*». Il a été retrouvé dans la capitale hittite Hattusa; Schmökel, *Le monde d'Ur, Assur et Babylone*, Paris, 1957.
[95] F. Tournebize, p. 51.

d'infléchir, dans un premier temps, par la douceur et la persuasion Grégoire le Parthe.

Celui-ci maintient son attitude. Irrité Tiridate III le fait torturer pendant vingt-cinq jours[96]. Il ordonne aux bourreaux de moduler les souffrances afin de ne pas tuer Grégoire mais de prolonger son calvaire. On le déchire avec des griffes de fer, on verse du plomb fondu dans ses plaies, on lui arrache les ongles, on transperce son corps avec des pointes d'acier. Loin de se plier aux exigences royales alors que les douleurs ont dépassé le seuil de la perception Grigor Bartev promet aux adorateurs d'idoles, aux tortionnaires la damnation éternelle[97].

Le prince Ardavast Mantagouni qui avait enquêté sur Grégoire, ce Parthe venu de Cappadoce et découvert qu'il s'agissait du fils du régicide Anac, suggère au roi de le faire exécuter[98]. Le roi fait enchaîner son cousin, l'expédie au château d'Artachat et jeter dans un cul de basse fosse appelé Khor Virap (*fosse profonde*)[99].

La distance d'Erez à Artachat, au pied de l'Ararat, est d'environ cinq cents kilomètres à vol d'oiseau. Même si les supplices n'avaient pas été infligés à Grégoire uniquement à Erez, même s'ils avaient débuté ou continué à Artachat, le trajet en chariot, compte tenu de l'état des routes de l'époque et du franchissement des montagnes, devait être un tourment supplémentaire pour le corps ensanglanté du malheureux.

Le Khor Virap était peuplé de serpents venimeux et de scorpions[100]. Nul n'avait pu survivre dans l'obscurité au milieu de la puanteur et du venin des reptiles et des arachnides. Pourtant, là, pendant une quinzaine d'années, couvert de plaies et d'ulcères, sans être mordu ou piqué par les serpents ou les scorpions, Grégoire fut nourri par une veuve, probablement chrétienne en tout cas compatissante, dénommée Anna. Elle lui jetait chaque jour un morceau de pain[101].

«*Il survécut à cette longue épreuve, et l'histoire voit dans cette circonstance un témoignage éclatant de l'intervention providentielle*»[102].

---

96 J.-P. Mahé, p. 257.

97 Agathange, trad. Langlois, I, p. 26 et suiv.; Samueljan, *Bekehrung, des Armenien durch den heiligen Greg. Illum. nach national-historischen Quellen* bearbeitet von P. Malachias Samueljan, mekhitariste p. 19-45, Vienne, 1844; in F. Tournebize, p. 51.

98 F. Tournebize, p. 51.

99 Agathange, V, par. 22, XI, par. 54, p. 126-133; in R. Grousset, p. 122.

100 J.-P. Mahé., p. 257; F. Tournebize, p. 451.

101 F. Tournebize, p. 51; Marr, *version arabe*, p. 70, 72, 90 et 102; in F. Tournebize, p. 451.

102 M. Ormanian, p. 9.

Tiridate continuait à pourchasser le chrétien à travers l'Arménie. Il publiait édit sur édit pour exterminer les fidèles de la nouvelle religion.
A cette époque une communauté de vierges chrétiennes sous la conduite de l'abbesse Gayaneh se réfugia en Arménie. Quand elles vivaient à Rome, Dioclétien après avoir vu un portrait d'une des moniales, Hripssimeh, aurait ressenti une vive passion pour elle. Il l'aurait même demandée en mariage disent certains auteurs.
Hripssimeh: «*était une noble vierge d'une éclatante beauté, qui s'était consacrée à Dieu dans le monastère St Paul à Rome, sous la direction de l'abbesse Gaiane*»[103].
Les religieuses se seraient enfuies pour éloigner leur soeur des avances de l'empereur. La rencontre avec Dioclétien nous paraît peu crédible. On peut aussi se demander pourquoi les jeunes filles auraient entrepris un périple si dangereux pour aboutir en Arménie. A moins qu'elles n'aient décidé de mettre le plus de distance possible entre elles et Rome en direction d'une contrée où existait déjà une communauté chrétienne. Pays qui, bien que protectorat romain, se situait hors de l'Empire. Remarquons que les grands déplacements ne rebutaient pas les gens d'alors.
La version la plus plausible semble être celle du patriarche de Constantinople Malachia Ormanian: «*La croyance générale est qu'elles venaient de Rome, à travers la Palestine et la Mésopotamie: mais rien n'empêche de croire qu'elles venaient plutôt directement des provinces limitrophes et très probablement de Midzbin (Nisibin), si l'on s'en rapporte aux actes du martyre de sainte Phébronie*»[104].
Toujours est-il que les malheureuses vierges étaient confrontées cette fois à la concupiscence de Tiridate. Il perdit la tête devant la surnaturelle beauté de Hripssimeh. Il offrit asile à la communauté près de sa capitale, Vagharchapat, espérant ainsi obtenir les faveurs de la moniale. Il aurait même tenté de la violer[105]. En vain. Il ne savait rien de l'amour de Dieu qui refoule les pulsions de la chair et exalte l'esprit pour sanctifier l'âme. Dans sa rage il fit mettre à mort l'abbesse Gayaneh et ses trente-cinq soeurs pour effrayer Hripssimeh et l'amener à se soumettre. Mais elle résista. Il lui fit couper la langue et arracher ses chairs lambeau par lambeau pour les faire brûler vifs rapporte Agathange. Cet horrible forfait rendit le roi dément. L'image de la sainte et de ses trente-six compagnes le hantait, le faisant passer de la fureur à l'abattement. Il

---

[103] F. Tournebize, p. 51; Eusèbe, *Histoire ecclésiastique*, VIII, 6; *V. Const.*, II, 53; in F. Tournebize, p. 52.
[104] Ormanian, p. 10. Sainte Phébronie ou sainte Fébronie est une sainte de l'Eglise de Mésopotamie du III° siècle. Elle est vénérée dans l'Eglise arménienne.
[105] J.-P. Mahé, p. 257.

cherchait l'oubli dans de grandes chasses. Galopant à bride abattue il courrait avec hargne le gibier des réserves royales. Au cours de l'une d'elles son état s'aggrava et il se prit pour un loup, d'autres disent pour un sanglier[106].

Il fut «*changé en sanglier sauvage qui se vautre dans les roseaux*»[107]. Les crises se faisant de plus en plus rapprochées il errait en hurlant dans les forêts bordant sa capitale.

«*Tiridate est alors châtié par une crise de lycanthropie (transformation en sanglier, varaz), visiblement renouvelée de celle du Nabuchodonosor biblique*»[108].

En haillons, les yeux hagards, les cheveux et la barbe en désordre il se roulait dans la poussière et la fange. Il avait abandonné son palais et la société.

«*Il fut probablement atteint de lycanthropie, c'est-à-dire qu'il s'imagina être changé en bête de somme ...*»[109].

L'évêque arabe Georges, qui a écrit une «*Vie de Grégoire*», ne mentionne point cette transformation en sanglier[110].

Guérison et conversion de Tiridate III, Edchmiadzin, ordination de Grégoire

Comme c'est souvent le cas, la solution, l'apaisement allaient venir de l'amour d'une femme. Qu'elle soit maternelle, conjugale ou fraternelle la tendresse féminine est indispensable à l'homme.

On se souvient que Tiridate avait été sauvé par le prince Ardavast Mantagouni en même temps que sa soeur Khosrovidouhte[111]. La tradition arménienne nous apprend qu'elle avait été convertie au christianisme par une de ses dames d'honneur, la princesse Amadouni. Tournebize nous dit qu'elle était encore païenne[112]. On peut estimer qu'elle suivait les préceptes du christianisme bien qu'elle ne soit pas encore baptisée.

Elle s'adressa aux médecins qui furent incapables de guérir son frère. Une nuit elle entendit une voix en songe affirmant que seul Grégoire

---

[106] Agathange, ch. VII, p. 150; in F. Tournebize, p. 52.

[107] J.-P. Mahé, p. 257.

[108] R. Grousset, p. 122. Agathange, XX, § 89; CI, § 110, CV, § 123; in R. Grousset, p. 122.

[109] F. Tournebize, p. 52. Il rapporte lui aussi la transformation en sanglier (*varaz*), p. 454. Malachia Ormanian parle tout simplement des: «*accès de lycanthropie*», p. 10.

[110] F. Tournebize, p. 455.

[111] Biographie universelle, T. 6, p. 107, Furne et Cie, Paris, 1838.

[112] F. Tournebize, p. 52.

pourrait sauver le roi. A son réveil, étonnée que Bartev soit encore en vie, elle expédie le satrape Oda au château d'Artachat[113]. Oda trouve le prisonnier vivant et le ramène à la cour. Khosrovidouhte supplie alors son frère de se soumettre aux prières de Grégoire pour le guérir de sa folie.
En réalité Tiridate se prenait pour un loup comme cela arrive dans les affections psychotiques sur un esprit fortement perturbé. Grégoire intercède auprès de Dieu pour le rétablissement du monarque et de quelques personnes de son entourage, soumises elles aussi aux tracasseries du Malin, et tous recouvrent la santé. Devant ces miracles Tiridate III, toujours fonceur et direct, décrète le christianisme religion d'Etat.
«*La date traditionnellement acceptée jusqu'ici pour la conversion de l'Arménie était l'an 301. Elle vient d'être reportée à 288 par un ingénieux calcul du regretté Adontz*»[114].
Tournebize place la conversion de Tiridate entre 290 et 295[115]. Mais l'immense majorité, d'un commun accord, retient 301 comme l'année d'adoption du christianisme-religion d'Etat par le roi Tiridate III. Douze ans plus tard, en 313, Constantin allait permettre, par le décret de Milan, la liberté de culte aux chrétiens de l'Empire romain. Il ne se convertirait lui-même qu'en 323 et ne serait baptisé que sur son lit de mort en 337. Faire de l'Arménie un royaume officiellement chrétien était prendre le risque d'une brouille avec Rome et d'une rupture définitive avec la Perse sassanide. A ceci s'ajoutait le mécontentement d'une bonne partie de l'opinion publique arménienne. Surtout les prêtres païens, de nombreux seigneurs, adeptes des divinités tutélaires de l'Arménie.
«*Ce n'était pas une mince affaire pour un peuple que de prendre l'immense décision de suivre le premier, en tant que nation, un idéal absolument opposé à celui du reste du monde en ce début du IV° siècle. Mais cette décision une fois prise, il était inévitable que le christianisme devait signifier plus pour les Arméniens que pour les pays qui ne s'y sont convertis que plus tard, à une époque où la doctrine du Christ dominait déjà le monde civilisé*»[116].
En effet dès 303 la persécution de Dioclétien contre les chrétiens allait se déchaîner, notamment en Cappadoce.

---

[113] Sozomene et Agathange, ch. VII; in F. Tournebize, p. 52.

[114] Adontz, *Les vestiges d'un ancien culte en Arménie*, Mélanges Franz Cumont, 1936, p. 513; in R. Grousset, p. 122.

[115] F. Tournebize, p. 429.

[116] J. Burtt, *The people of Ararat*, p. 29, London, 1926; trad. H. Pasdermadjian, p. 104.

Pour un incrédule il semble difficile d'imaginer qu'un monarque, zélateur dévot d'Anahit et de sa cohorte d'idoles, haïssant les chrétiens, ait pu du jour au lendemain adorer ce qu'il avait brûlé. Il est vrai cependant que les épreuves devant le conduire à ce changement radical l'avaient mûri et préparé.

Certains pensent que Tiridate promulgua le christianisme religion d'Etat par intelligence politique. Estimant à l'évidence qu'elle gagnerait inéluctablement du terrain il aurait espéré ainsi conserver l'identité arménienne en la soustrayant à l'influence de la Perse. Mais voilà mettre son royaume à contre-courant, comme le remarque Burtt, était une entreprise périlleuse. Tiridate nous a démontré qu'il n'avait peur de rien, qu'il était un souverain audacieux et intelligent. Tout cela est du domaine des suppositions. Pourquoi éluder l'action de l'Esprit Saint et le choix par le Seigneur de ce peuple et de cette contrée au carrefour de l'Orient et de l'Occident ? Les chemins de la Providence sont mystérieux pour celui qui ne sait pas voir.

Conversion n'est pas suffisante si elle n'est pas suivie de baptême. On s'aperçut qu'il n'y avait plus ni prêtres ni évêques en Arménie. Le dernier patriarche, titulaire du Siège de saint Thaddée à Ardaze, saint Mehroujan, avait disparu depuis 260. Il devenait crucial de reconstituer le clergé. Le roi exigeait que l'Eglise fût rétablie sous la direction de Grégoire. Celui-ci n'avait reçu aucun Ordre. Il se tourna tout naturellement vers ses maîtres de Cappadoce.

Avant d'entreprendre le voyage à Césarée pour son ordination Grégoire eut une vision: le Christ dessinait sur le sol à l'aide d'un marteau d'or les contours d'une église et ordonnait à Grégoire de fonder à cet endroit le Siège de l'Eglise arménienne[117]. Il mit immédiatement le roi au courant de son rêve. Ils accoururent à l'endroit indiqué par le Seigneur, près de la capitale Vagharchapat, et y découvrirent le plan parmi les ruines d'un temple mazdéen (*on a retrouvé l'atech-gah, sorte d'autel mazdéen*)[118]. Grégoire n'étant pas encore prêtre ils dressèrent une croix pour indiquer l'emplacement. Sur les conseils de son cousin, le roi repentant fit élever deux chapelles consacrées l'une à sainte Hripssimeh, l'autre à sainte Gayaneh et à leurs compagnes sur les lieux des martyres[119].

---

[117] Agathange, ch. CII et suiv., ch. CXX; Ter-Mikelian, *Die Arm. Kirche*, p. 10; in F. Tournebize, p. 147.
[118] J. Rupp, p. 190.
[119] F. Tournebize, p. 417.

Enfin accompagné d'une escorte royale Grégoire le Parthe se rendit à Césarée dont l'archevêque Léonce lui conféra les ordres mineurs, la prêtrise et l'ordonna évêque[120].

«*Il est à présumer que la conversion de Tiridate et le sacre de Grégoire eurent lieu avant la persécution de Dioclétien, et par conséquent avant l'année 303. Le voyage de Grégoire à Césarée, fait avec un pompeux appareil, ne pouvait guère trouver place, pendant que sévissait une cruelle persécution en Cappadoce, 303-305. Il était également bien difficile d'effectuer ce voyage en 296-297, alors que les Romains et les Arméniens étaient aux prises avec les Perse*»[121].

Les suffixes patronymiques, toponymie, baptême du roi et du peuple, la première basilique de la chrétienté, destruction des temples païens

Le «*pompeux appareil*» accompagnant Grégoire était composé par les chefs des plus grandes familles arméniennes[122].

Il nous semble utile d'énumérer les noms de ces seigneurs dont les lignées existaient depuis la plus haute Antiquité. Ils nous fournissent de précieuses indications historiques et géographiques.

En tête de la suite venait le prince d'Ankgh, dont les terres se situaient aux alentours du lac de Van, là où saint Barthélémy avait commencé l'évangélisation de l'Arménie[123]. Puis le margrave de l'Arzanene (*ou Aghtzniq, au pied du Taurus, au sud de Bitlis*). Le chef de la maison des Bagratouni, qui avait le privilège de couronner le roi, ce qui lui conférait le commandement de la cavalerie (*Asbed*)[124]. Ardavast Mantagouni, qui sauva Tiridate et sa soeur Khosrovidouhte et dénonça Grégoire. Le prince de Corduene (*ou Gordouq ou Kordjek ou Kordjaïk, sur le Tigre au nord du Kurdistan iraqien*). Le prince de Sophanene (*ou Dzopk, située à l'est de la Sophene, région de Kharpout*). Le prince de Gogarene, second margrave (*bdeachkh*)[125]. Le danouder (*chef de maison*) Rechtouni (*grand fief de la région de Van*). Le prince de Mogsoène (*ou Mog, entre le lac de Van au nord et le Kurdistan iranien au sud*). Le

---

[120] J. de Morgan, p. 103.

[121] F. Tournebize, p. 429.

[122] R. Grousset, p. 124.

[123] Markwart, *Süd Armenien*, p. 41, 45; Honigmann, *Ostgrenze des Byzantinischen Reiches*, 1935, p. 69; in R. Grousset, p. 123. F. Tournebize, p. 413.

[124] Moïse de Khorène, II, 7-8; Marquart, *Osteuropäische und Ostasiatische Streifzüge*, p. 391-465, Leipzig, 1903, corrigée et traduite par le Père Hapozian, Mekhitariste, Vienne, 1913; in R. Grousset, p. 123.

[125] Gogarene ou Gougarq (*marches de Géorgie*); R. Grousset, p. 123.

danouder de Siounie (*ou Siouni ou Suni ou Suniq ou Siouniq, le sud de l'Arménie actuelle*). Le prince de l'Outiq (*Bas-Karabagh*). le prince du Zaravant et de Khoy (*extrême-est du Vaspouragan et nord de l'Azerbaïdjan iranien*). Le seigneur de Malkaz, commandant les gardes du palais. Enfin le danouder Ardzrouni du Vaspouragan qui avait le droit de porter les aigles devant le roi[126]. Ces noms nous indiquent la signification des suffixes patronymiques et une toponymie.

La majorité des noms de la noblesse se termine par **ouni**. Rares sont ceux qui finissent par le **ian** traditionnel.

Ceci mérite une rapide explication. **Ian** est le génitif pluriel iranien qui veut dire **de la famille de**. Le génitif pluriel arménien est **entz** ou **iantz**. Les suffixes **ouni** ou **ani** marquent la possession. Exemples:

* Ardzr-**ouni** (*contraction d'Ardziv-ouni = celui qui possède l'aigle*); les membres de cette famille avaient le privilège de porter les aigles royales.
* Bagrat-**ouni** = celui qui possède Bagrat (*ou Bagarad*), nom de la capitale du fief, etc.

On trouve aussi le suffixe **tsi** qui désigne le lieu de naissance ou d'origine, et n'est pas forcément un titre de noblesse. Exemples:

* Grigor Narega-**tsi** = Grégoire de Narègue (*Narègue était le nom du district, près de Van, où se situait le monastère du saint*). Le nom de famille de Grégoire de Narègue est Antseva-**tsi** (*la noble famille des Antsevatsi*).
* Movses Khorena-**tsi** (*Moïse de Khorène*).
* Khatchadour Darona-**tsi** (*Khatchadur de Daron*) etc. ..

Certains nobles ne portent pas le nom de leur province, leurs patronymes se terminent comme ceux du peuple par **ian**, **entz** ou **iantz**. Exemples:

* Mamikon-**ian** = de la famille de Mam-Koun (*prince chinois devenu arménien au III° siècle*)[127]. Mamikonian aurait pu aussi s'écrire Mamikon-**entz** ou Mamikon-**iantz**.

Ayant reçu l'ordination épiscopale à Césarée du Cappadoce, Grégoire rentra en Arménie en 302.

Il semble nécessaire de faire table rase une fois pour toutes des allégations consistant à subordonner le Siège de Sainte-Edchmiadzin à celui de Césarée, et de là au Siège de Rome.

Parce que située dans l'Empire romain il aurait fallu que Césarée fût soumise à l'évêque de Rome ou à celui de Constantinople, la nouvelle Rome, au gré des luttes d'influence entre les capitales de l'Empire. Cette

---

[126] Moïse de Khorène, II, 7. Thomas Ardzrouni, *L'Histoire des Ardzrouni*; in F. Tournebize, p. 110.
[127] Moïse de Khorène, II, ch. 78; in R. Grousset, p. 127.

dernière s'attribuera le diocèse de Cappadoce en 381. Tout ceci sous l'emprise du pouvoir temporel.

Et puisque Grégoire, **onzième chef de l'Eglise arménienne et premier occupant institutionnel du Siège de saint Thaddée**, était allé à Césarée chacun aurait voulu s'attacher l'Eglise arménienne.

«*Lorsque les autorités politiques s'immiscèrent à fond dans les questions religieuses, le principe de l'égalité et de l'amour chrétiens toucha à sa fin, les ambitions de toutes sortes qui les supplantèrent, allaient bannir la paix et la bonne intelligence à l'intérieur de l'Eglise chrétienne*»[128]. Au début du IV° siècle, imprégné de mansuétude apostolique, nul n'aurait imaginé que cette ordination de Grégoire par Léonce pût créer un quelconque assujettissement. Il est heureux de constater que personne ne soutient plus ces hypothèses fallacieuses qui furent si longtemps néfastes à la bonne entente entre chrétiens.

Sur le chemin du retour Grégoire baptisa les princes de sa suite et de nombreuses personnes dans la source du Paradis des Frênes (*Hatsiats Trakht*)[129].

Puis il s'arrêta à Bagavan sur l'Euphrate. C'était une cité symbolique où s'élevait le temple d'Amanor, dieu du nouvel an et de l'hospitalité, haut-lieu du paganisme. A la fête de Navassart, à l'époque païenne, on y hébergeait les pèlerins[130]. Bagavan se situait au sud-est de Garin[131]. Le roi, sa cour, une partie de l'armée et du peuple vinrent à sa rencontre. A Bagavan Grégoire baptisa dans le fleuve Tiridate III, la reine Achkene et tous les présents[132].

Dans cet Euphrate l'Arménie recevait son baptême. Dans cet Euphrate qui rougira plus de seize siècles plus tard du sang du peuple arménien victime du premier génocide du XX° siècle. Ayant reçu dans cet Euphrate la vie spirituelle la majeure partie de la nation arménienne allait y perdre son existence matérielle.

Grégoire le Parthe patriarche de l'Eglise, Tiridate l'Arsacide roi chrétien désormais n'avaient plus qu'un but: la conversion totale de l'Arménie au christianisme.

---

[128] *L'Eglise arménienne*, publication officielle du catholicossat des Arméniens (*de la Grande Maison de Cilicie*) à Antelias-Liban, p. 11, 12.

[129] F. Tournebize, p. 579.

[130] Agathange, 623; Moïse de Khorène, II, 66; in F. Tournebize, p. 767.

[131] Garin est devenus Théodosiopolis sous domination byzantine, Kali-Kala après l'invasion des Turcs seldjoukides, enfin Erzeroum sous occupation turque ottomane.

[132] Agathange, ch. CXVII, § 149; in R. Grousset, p. 125; F. Tournebize, p. 579.

Grigor Bartev rentrait de Césarée accompagné d'une douzaine d'évêques, Grecs pour la plupart[133]. Ils instruisirent des missionnaires, ordonnèrent des prêtres dont une partie fut occupée à évangéliser et à gérer, en plus de l'Arménie, les paroisses d'Ibérie (*Géorgie*), d'Aghouanie (*Albanie Caspienne devenue l'Azerbaïdjan ex-soviétique*) et d'Atropatène (*Azerbaïdjan iranien*).

Dès cette époque la sphère d'influence du patriarche de l'Eglise arménienne s'étendait hors des frontières du pays. Son autorité spirituelle allait beaucoup plus loin que le pouvoir temporel du chef de l'Etat. Ce qui est toujours le cas aujourd'hui.

Maintenant il fallait des lieux de culte. Le patriarche et le souverain firent construire, en 303, à l'endroit où le Christ était descendu, et qu'ils avaient marqué d'une croix, la première basilique de la chrétienté. Vagharchapat devint Edchmiadzin; ce qui se traduit par:

Edch: descente;

Mia (*ou Mea*): l'Unique;

Dzin: Né (*ou Fils*);

c'est-à-dire, **Descente de l'Unique ou le Fils Unique est descendu**.

La basilique fut reprise au V° siècle et subit des modifications jusqu'au XVII°, mais les oeuvres vives et les structures de base sont les mêmes qu'au temps de Grégoire et de Tiridate.

Au VII° siècle les chapelles élevées sur les lieux des martyres des vierges furent remaniées. Dans les années 1960-70 des fouilles furent entreprises dans le sous-sol de l'église Sainte-Hripssimeh, à la demande du catholicos Vazken 1°. Elles mirent au jour de nombreux ossements de jeunes filles dont l'origine, fixée par les méthodes scientifiques modernes, remonte au III° siècle. Ce sont les restes de Hripssimeh, Gayaneh et de leurs trente-cinq compagnes. L'archéologie confirme ainsi la tradition historique.

De même qu'Edchmiadzin, les églises Sainte-Hripssimeh et Sainte-Gayaneh furent édifiées sur l'emplacement de temples païens. Grégoire et Tiridate avaient décidé d'un commun accord de transformer en églises les lieux voués au culte des faux-dieux. La divinité païenne n'a pas droit dans la langue arménienne à l'appellation dieu. On la qualifie de faux-dieu ou non-dieu (*tchastvadz*). Seul le Père peut être nommé Dieu (*ASTVADZ*).

On brisa les idoles, on détruisit leurs sanctuaires. On aurait pu penser que ces démolitions transformeraient le pays en champ de ruines. Ce ne fut pas le cas. Ces bâtiments étaient construits sur de profondes et solides fondations afin de les préserver des tremblements de terre si fréquents en

---

[133] F. Tournebize, p. 427.

Arménie. On en conserva les soubassements pour y élever des églises avec les matériaux récupérés la plupart du temps.
La main d'oeuvre existait, elle était largement qualifiée. Cela créa sans doute un «*boom économique*», gage de prospérité. Tous les temples païens ne furent pas abattus, on en conserva qui avaient une forme basilicale ou barlongue pour servir d'église sur le champ[134].
A partir de cette période va naître une architecture ecclésiale typiquement arménienne qui influencera, quand elle ne sera pas carrément copiée, l'art roman, apparu en Occident au IX° siècle seulement, et même l'art gothique né au XII° siècle.
«*Rares sont les peuples qui peuvent s'enorgueillir d'une architecture portée à un tel degré de raffinement depuis la conception architectonique, la technique de la construction, les effets de masse, l'harmonie des volumes, la fonctionnalité des éléments porteurs jusqu'aux effets de plastique secondaire*»[135].
L'unique édifice, datant du 1° siècle av. J.-C., à n'être pas détruit ou transformé en église fut le temple de Garni. Il servait de résidence d'été à la princesse Khosrovidouhte. En 325 Tiridate III en aurait fait la sépulture de sa soeur[136]. Ce fut probablement la raison de la conservation du seul temple gréco-romain rescapé en Arménie. Détruit par un séisme en 1679 il fut entièrement reconstruit au XVII° siècle[137].
Le site de Garni existait bien avant que le pays ne se soit appelé Arménie. Les Ourartéens le connaissaient déjà et en avaient fait probablement un emplacement fortifié. Les Romains y avaient maintenu une garnison lorsqu'ils décidèrent de faire disparaître l'Arménie pour la fusionner avec la Géorgie.
Cette campagne de démolition-reconstruction ne se déroula pas toujours très bien. On l'a souvent reprochée au patriarche et au roi; pouvaient-ils laisser subsister le paganisme à côté du christianisme religion d'Etat ?
Près d'Achtichat se dressait un bâtiment dédié à trois faux-dieux: Anahit, son frère Vahagn et l'amante de celui-ci Asdghiq[138].
Raser le temple pour le remplacer par l'église ne fut pas chose aisée. Le grand prêtre de la région, Artzan, et son fils Demetrius rassemblèrent

---

[134] Edouard UTUDJIAN, *Mission techn. en Arm.*, Le monde souterrain, p. 121, Paris, 1962.

[135] E. Utudjian, p. 121.

[136] Félix I. Ter-MARTIROSSOV, *Le temple et la forteresse de Garni*, Trésors de l'Arménie ancienne, p. 190-191. L'auteur nous dit que Garni se disait Garniani en ourartéen au VII° s. av. J.-C. et Gorneae en latin (*Tacite, Annales, XII, 44-48*).

[137] Sirarpie DER NERSSESSIAN, *L'Art arménien*, p. 19, Flammarion, Paris, 1977.

[138] F. Tournebize, p. 53; J. de Morgan, p. 103; Agathange, ch. CXIV, par. 141, 142; CXV, §143, 144; in R. Grousset, p. 124.

leurs serviteurs et leurs paysans[139]. Ils furent aussi aidés par quelques féodaux qui y trouvaient leur compte. Ils défendirent âprement leurs immenses biens contre les armées du roi conduites par les princes d'Ankgh, les chefs des maisons Antsevatsi et Ardzrouni. La bataille rangée, véritable guerre de position et de siège, fut sanglante[140]. Les trois princes triomphèrent mais à quel prix ?

Les deux régions qui résistèrent le plus vaillamment et le plus rudement furent celles du Daron et de Palou, entre Mouch et Kharpout. Heureusement que d'autres districts, déjà touchés par le christianisme, entrèrent pacifiquement dans le giron de l'Eglise[141]. Les luttes meurtrières de cette véritable guerre civile où coulait le sang arménien meurtrissaient douloureusement le coeur de Grégoire[142].

Dans le bourg de Kisané, nous dit Zenob de Glak, des armées de démons défendaient les statues des idoles en métal précieux aux pieds desquelles les prêtres se faisaient tuer plutôt que de laisser les soldats royaux traverser la «*porte des démons*».

A cet endroit, poursuit Zenob, le nombre des démons était aussi élevé que dans les abîmes. Ils hurlaient: «*Quoique vous nous chassiez d'ici, il n'y aura jamais de repos pour ceux qui voudront y habiter*» [143].

Et Jacques de Morgan d'ajouter: «... *et malheureusement la prophétie des démons de Kisané s'est réalisée: car jamais l'Arménie n'a encore trouvé le repos*».

Les démons en question n'étaient rien d'autre que les prêtres païens et leurs combattants, et s'ils défendaient avec tant de vigueur leurs temples c'est qu'ils renfermaient d'énormes trésors.

Quant à la prophétie qui semble avoir impressionné l'historien, s'il est vrai que l'Arménie est une terre troublée et martyre elle le doit à sa position géographique, à la croisée des religions et des civilisations. Et aussi à sa foi chrétienne qui l'a isolée au sein des païens puis des musulmans.

Tous, y compris même les chrétiens, firent de ce pays le champ clos de leurs querelles, et en massacrèrent allègrement les populations.

---

[139] H. Pasdermadjian, p. 102; J. de Morgan, p. 103.

[140] R. Grousset, p. 124; Zenob de Glak, *Histoire du district de Daron*, trad. V. Langlois, p. 350; in J. de Morgan, p. 103.

[141] J. de Morgan, p. 103.

[142] F. Tournebize, p. 53.

[143] Zenob de Glak, *Histoire du district de Daron*, trad. V. Langlois, p. 350; in J. de Morgan, p. 103.

Religieux chrétiens issus de l'ordre sacerdotal ancien, mots d'origine étrangère, mort de saint Grégoire l'Illuminateur

La rapide expansion du christianisme en Arménie ne peut aucunement s'expliquer par l'usage de la force. La coercition entraîne plutôt résistance et opposition farouches. Quelles sont donc les raisons de cette prompte diffusion ? La première est l'implantation préexistante, depuis près de trois siècles déjà, de la nouvelle religion. La seconde tient à la façon avec laquelle le patriarche et le roi aidèrent les nécessiteux et surent intégrer les élites. Grégoire faisait distribuer aux pauvres les richesses des temples[144]. Les prêtres païens devenus chrétiens conservaient leurs biens et leurs avantages[145]. Autour des nouvelles églises s'élevaient des monastères dont les supérieurs, installés par le patriarche, étaient Grecs ou Syriens. Grégoire appliqua la même politique à l'Ibérie et à l'Aghouanie, converties par les missionnaires venus d'Arménie, et dont les catholicos dépendaient du patriarche arménien[146].

Soutenu par Tiridate III, Grégoire fonda des écoles pour enseigner aux enfants les langues grecque et syriaque afin qu'ils puissent lire les Saintes Ecritures et adhèrent à la nouvelle foi[147]. L'alphabet arménien n'existait pas encore. Agathange déclare que Grégoire Bartev prêchait, lui, en arménien[148]. Dans ces séminaires on prépara aussi à la vie religieuse chrétienne les enfants des prêtres païens. Ils occuperont ainsi les couvents élevés sur les emplacements des temples, et en garderont les richesses dans leurs familles[149]. Ces dispositions préservèrent la paix civile.

Dans les églises d'Achtichat et de Bagavan Grégoire déposa les reliques de saint Athanagène et de saint Jean-Baptiste. On célébrait à Achtichat le 7 sahmi (*16 Octobre*) Anahit, Vahagn et Asdghiq[150].

Ces réjouissances furent remplacées par un pèlerinage annuel le 16 Octobre, qu'on déplacera par la suite au deuxième dimanche après la Pentecôte[151]. Les fêtes de saint Jean-Baptiste et de saint Athanagène,

---

[144] J.-P. Mahé, p. 259.

[145] J. de Morgan, p. 104.

[146] F. Tournebize, p. 58.

[147] F. Tournebize, p. 459.

[148] Agathange, n. 158, et éd. de Venise, 1862, ch. 123, p. 636; in F. Tournebize, p. 427.

[149] Faustus, V, 31, *Canons de saint Sahak*; in F. Tournebize, p. 460.

[150] F. Tournebize, p. 148.

[151] Agathange; in Langlois, I, 175; Faustus, III, 3, p. 211; in F. Tournebize, p. 53.

évêque martyr de Sébaste que Grégoire vénérait, prirent la place des festivités vouées à Aramazd le 1° Navassart (*11 Août*) à Bagavan[152].

Les églises remplacèrent les temples païens dont les domaines furent rendus comme promis aux prêtres convertis ou à leurs enfants entrés dans les monastères.

Chez les seigneurs la nouvelle foi était peu ancrée et encore mal connue. Ils secondaient bien Grégoire dans sa tâche mais se livraient à des débordements au service de leur cupidité personnelle. Ils s'appropriaient et se partageaient parfois l'or accumulé dans les temples. Le prince de Siounie chercha à faire avouer à un prêtre païen l'endroit où se trouvait son trésor, qu'il savait caché dans un souterrain. Il le fit torturer afin qu'il lui indique l'entrée du tunnel secret. Le serviteur des faux-dieux mourut sous les tourments sans parler[153]. Cette fortune gît sans doute encore dans un endroit à découvrir.

Ces actes répréhensibles furent peu nombreux grâce à la volonté du roi de conserver le pays en paix. A cet effet il n'hésita pas à doter richement le nouveau clergé. D'après Zenob de Glak celui-ci reçut 12.298 maisons dans de nombreux villages; à charge pour lui de mobiliser 5.470 cavaliers et 3.807 fantassins. Le roi céda à chaque paroisse quatre champs dans les campagnes et sept domaines dans les villes[154]. En contrepartie de ces avantages le clergé devait fournir 9.000 hommes en temps de guerre.

«*Comme ces transferts de propriété, lésant les intérêts héréditaires des castes sacerdotales des anciens cultes, risquaient d'entraîner d'interminables vendettas, le roi recourut à une mesure particulièrement audacieuse. Il ordonna de «rassembler en masse les familles des prêtres païens, agents de l'abomination, ainsi que leurs enfants, de les répartir en groupes en des endroits appropriés et de leur attribuer des rations alimentaires». Après quoi il fait ordonner leurs héritiers comme prêtres de Jésus-Christ ...*»[155].

Tiridate laissa à la société aristocratique ses anciens titres, gages de la continuité du pouvoir. Ainsi les Mamikonian conservèrent la fonction héréditaire du généralat en chef (*Sbarabed*). Les Bagratouni restèrent commandants de la cavalerie royale (*Asbed*), etc...

A côté des nobles il y avait la caste des grands mages avec ses droits, mais aussi ses devoirs de protection et d'aide aux pauvres du royaume, se

---

[152] F. Tournebize, p. 148.

[153] Zenob de Glak; in J. de Morgan, p. 104.

[154] J. de Morgan, p. 104; R. Grousset, p. 125.

[155] Agathange, 838-840, *traduction anglaise* R.W. Thomson, Albany 1870, p. 337-375; in J.-P. Mahé, p. 259.

transmettant de père en fils[156]. Grégoire et sa famille, les Bartev, occupèrent la place de ces grands mages avec les mêmes privilèges et obligations.

Tout en poursuivant l'instruction du clergé et du peuple le patriarche eut aussi à coeur d'organiser les circonscriptions religieuses. Il fonda près de quatre cents diocèses sur un immense territoire englobant l'Arménie, la Géorgie, l'Aghouanie et l'Atropatène[157]. Certains ont contesté le nombre de ces diocèses cité par Moïse de Khorène et Agathange. Au début du découpage de ces quatre pays il n'y avait sans doute pas assez d'évêques ou de chorévêques ou de locum tenens pour gérer tous les thèmes. On aura pu atteindre ce chiffre progressivement. N'oublions pas non plus que les divisions administratives civiles et militaires romaines ou byzantines: diocèses, thèmes, exarchats, éparchies n'existèrent pas dans le royaume d'Arménie. Mais les Eglises, elles, s'en inspirèrent. L'Eglise romaine mit les diocèses dans les provinces ecclésiastiques et l'Eglise byzantine plaça les éparchies dans les exarchats. L'Eglise arménienne institua donc, la première de manière institutionnelle, le système de districts (*vidjaqs*) à l'intérieur des diocèses (*tems*). On peut imaginer qu'il n'y avait peut-être pas quatre cents diocèses mais quatre cents vidjaqs compris dans un nombre plus réduit de tems. Mais ce n'est qu'une hypothèse parmi d'autres.

Les néophytes étaient éduqués par des religieux grecs et syriens. Les premiers étaient originaires de la Cappadoce hellénisée, les seconds de Mésopotamie et s'exprimaient en araméen et en iranien. Le vocabulaire de l'Eglise arménienne s'imprégna de mots grecs, syriaques et persans comme l'a constaté Meillet. Prenons quelques exemples en nous conformant à la méthodologie de Meillet:
- en arménien deux mots désignent le curé du clergé séculier: **qahana** et (*y*)**eretz**; le premier vient de l'araméen, le second du grec **presbyteros**;
- (*y*)**egeghetsi** vient du grec **ekklesia** ainsi que **hethanos** (*païen*)[158];
- le premier rang dans la prêtrise du clergé régulier est celui d'abbé, qui se traduit en arménien par **apegha** (*origine araméenne*); avec une licence en théologie l'abbé devient **vartabed** (*archimandrite*), terme d'origine iranienne. Les deux derniers jours de la semaine, mots araméens, se disent **ourpath** pour vendredi et **chapath** pour samedi[159]. **Markaré**: prophète; **hrechdag**: ange; **bahk**: jeûne, carême; **Garabed**:

---

[156] J.-P. Mahé, p. 260.
[157] M. Ormanian, p. 14.
[158] Meillet, à **ege***lec***'i**, *Revue Et. arm.*, T. 9, 1, p. 132-133-134, 1924; in R. Grousset, p. 126.
[159] J.-P. Mahé, p. 258.

Précurseur, synonyme de saint Jean-Baptiste; **Avedaran**: Evangile, ... proviennent du perse[160]. On pourrait ainsi multiplier les exemples prouvant les liens pluriséculaires entre Eglises grecque, syriaque et arménienne. Mais aussi les relations linguistiques entre Arménie et Iran. L'Eglise arménienne, déçue au cours des siècles par les visées hégémoniques des empereurs byzantins alors qu'elle avait un penchant pour l'Eglise grecque, s'entendit mieux avec sa soeur syrienne. Celle-ci ne chercha jamais à lui imposer sa suprématie et se mit à plusieurs reprises sous la protection des Arméniens demandant souvent à leurs catholicos une ligne de conduite.

Progressivement prêtres et prélats arméniens s'ajoutèrent aux évêques grecs et syriens, en Arménie et dans les contrées avoisinantes.

Toujours est-il que l'adoption du christianisme comme religion d'Etat par le roi Tiridate III, si elle isola l'Arménie au sein des idolâtres, permit aux diverses ethnies vivant dans le pays, Parthes, Assyriens, Arabes, Juifs, Grecs, Kurdes, Syriens et même quelques Romains de fusionner en un seul peuple: la nation arménienne. Cette véritable révolution engendra des résistances, surtout chez les nantis, qui trouvaient leur compte dans les anciennes croyances. Ils ne pouvaient voir que d'un mauvais oeil les germes de liberté et de fraternité prônés par le christianisme. Les féodaux décelaient dans ce grand changement l'occasion de renverser la monarchie à leur profit avec l'aide des Sassanides. Mais rien ne freina la propagation de la nouvelle foi grâce à l'ardeur missionnaire de saint Grégoire l'Illuminateur et son désir de répandre le christianisme hors des frontières de l'Arménie. Grégoire gouverna l'Eglise pendant un quart de siècle. Tiridate maintint l'ordre et la paix. Le patriarche et le monarque, tous deux d'origine parthe arsacide, ne pouvaient plus s'appuyer sur la Perse sassanide et mazdéenne face à l'Empire romain, tout aussi agressif à leur égard, en raison de l'adoption de la nouvelle religion. Grâce à l'union de l'autel et du trône le royaume put résister à l'Iran et à Rome.

Les empereurs Galerius, son neveu Maximin Daia un ivrogne débauché, et Licinius Licinianus persécutèrent partout les chrétiens. Maximin déclara la guerre à l'Arménie en 311 à cause de l'adoption du christianisme comme religion d'Etat[161]. Licinius envahit l'Arménie occidentale et entra à Sébaste. Ses légions martyrisèrent l'évêque de la ville, l'Arménien saint Blaise, et le dépecèrent avec des peignes de fer en

---

[160] R. Grousset, p. 125-126.
[161] M. Ormanian, p. 11. Eusèbe, *H. eccl.*, IX, 8; in F. Tournebize, fixe l'agress. à 312, p. 54.

316[162]. Licinius Licinianus était le beau-frère de Constantin qui avait déjà publié son édit de Milan mais n'avait pas encore conquis tout le pouvoir. Avec Constantin l'Arménie pouvait espérer l'appui du persécuteur d'hier et tourner définitivement le dos à l'Orient. Les relations entre Tiridate et Constantin semblent avoir été bonnes[163]. Les chrétiens arméniens célébraient enfin ouvertement leur culte à travers l'Empire romain. Dans les catacombes de Rome on a découvert une inscription datant de 381 qui cite les noms d'un couple d'Arméniens originaire sans aucun doute de Cappadoce:

«*Quintille et Yperechie «civem armeniacum Cappadocem»*[164].

Grégoire forma ses fils, Vrtanès et Aristakès. Il leur conféra l'ordination sacerdotale. Il fit d'Aristakès son suffragant en 318[165]. Après avoir confirmé son peuple dans le christianisme Grégoire céda le Siège de saint Thaddée à son fils cadet Aristakès parce qu'il était célibataire. Grégoire se retira au mont Sebouh, à Manayark, dans la grotte Mané pour y vivre en ermite[166].

Aristakès représenta l'Eglise arménienne au premier concile oecuménique tenu à Nicée, en 325, où: «*Son nom figure sous la forme d'Aristanès ou d'Aristakios*». Il était alors déjà pontife[167].

Agathange écrit: «*Aristakès, illuminé des rayons de cette foi ... apporta en Arménie le dogme établi par le concile*».

St Grégoire fut informé par son fils du «*dogme établi par le concile*» et ajouta une formule prononcée à chaque messe après la récitation du Symbole athanasien. Le saint anachorète Grégoire l'Illuminateur s'éteignit en 325-326 dans sa grotte de Mané. Des bergers y découvrirent son corps et murèrent la grotte, par respect et dévotion, afin qu'elle ne soit pas souillée. La dépouille du saint patriarche fut mise au jour au V° siècle par l'ermite Carnig. Elle fut transférée à Thordan, sépulture de plusieurs catholicos et du roi Tiridate III[168]. Canonisé par l'Eglise universelle le premier patriarche officiel et institutionnel de l'Arménie est pour l'éternité sourp Grigor Loussavoritch (*saint Grégoire l'Illuminateur*).

---

[162] Pierre PIERRARD, *Larousse des prénoms et des saints*, p. 47, Paris, 1976.

[163] Pendant la messe l'Eglise arménienne cite Constantin parmi les rois aimant Dieu.

[164] de Rubeis, *Inscrip. christ.*, T. I, p. 155; in F. Tournebize, p. 58.

[165] J. de Morgan, p. 105.

[166] R. Grousset, p. 125.

[167] Gelzer-Hingenfeld, *Patrum Nicaenorum nomina*, Leipzig, 1898; in R. Grousset, p. 125; F. Tournebize, p. 55-56.

[168] F. Tournebize, p. 59 et p. 464; Faustus de Byzance, III, 14..; in F. Tournebize, p. 447.

Comme c'était la coutume pour les saints, ses reliques furent dispersées. Ses bras restèrent dans l'Eglise arménienne, sa tête fut transportée à Naples dont il est le patron avec saint Janvier[169].

Le qualificatif d'illuminateur trouve son origine dans les vieilles croyances que l'Eglise a su intégrer. Avant le christianisme l'Arménien vénérait la lumière du soleil sans accepter, toutefois, le mazdéisme perse à l'époque du paganisme comme à celle du christianisme. La lumière solaire, qui rend le jour radieux, devint le bienfait que le Seigneur dispense à la terre.

Dans la liturgie de l'Eglise figurent des cantiques évoquant la Lumière divine. Au cours des offices, dans les monastères, on chante: «*Louysse zwart*» (*Lumière sereine, Lumière de joie*).

A chaque messe, après mâtines, pendant que l'officiant se prépare dans la sacristie, les choeurs entonnent une hymne dont la première strophe dit:

> «*Mystère profond, insondable et éternel*
> *Qui a orné de la Puissance Suprême*
> *L'Equitable et inabordable Lumière,*
> *Glorieuse munificence des choeurs de feu*»[170].

Après tout que peut utiliser de plus beau et de plus sublime l'imagination humaine que la lumière du soleil pour vénérer le Dieu Unique en Trois Personnes?

---

[169] Chnhork KALOUSTIAN, *Saints d'origine arménienne: biographie de saint Grégoire l'Illuminateur*, p. 6-11, Istanbul, 1982.
[170] T. D. A.

Rappelez en votre mémoire, la comparaison ne vous sera pas injurieuse, rappelez ce grand et premier concile où les Pères qui le composaient étaient remarquables chacun par quelques membres mutilés, ou par les cicatrices qui leur étaient restées des fureurs de la persécution; ils semblaient tenir de leurs plaies le droit de s'asseoir dans cette assemblée générale de l'Eglise. (J. de La Bruyère)

CHAPITRE III

Le concile de Nicée et l'Eglise arménienne

Installation officielle du christianisme dans l'Empire romain, l'hérésie d'Arius

Grâce à saint Grégoire l'Illuminateur l'Etat arménien avait adopté le christianisme comme son unique religion officielle. Les Arméniens entraient de plain-pied dans la vie chrétienne avant même qu'elle ne se développât autour d'eux. Maintenant que Constantin avait emboîté le pas au roi Tiridate III d'Arménie, l'orthodoxie chrétienne s'exprimait librement dans l'Empire romain et, avec elle, son adversaire l'hérésie. Il y eut des déviations dès les débuts. Elles furent condamnées par des conciles topiques et clandestins d'Antioche à Arles. Il aurait été difficile de réunir les évêques en assemblée générale avant la prise du contrôle de l'Empire par Constantin. Celui-ci ne se convertit qu'en 323, dix ans après la promulgation de son décret de Milan. L'Eglise s'installait officiellement d'Edchmiadzin en Ibérie et en Aghouanie, de Jérusalem à Antioche et en Inde, d'Alexandrie en Ethiopie, de Césarée à Constantinople et en Grèce, de Carthage à Rome et en Europe.

En 318-320 un prêtre d'Alexandrie Arius soutint la théorie selon laquelle le Père aurait créé le Fils à partir de rien. De même que l'Esprit qui, il fut un temps, n'aurait pas existé. Arius s'opposait à l'enseignement d'Alexandre, patriarche d'Alexandrie, qui insistait sur l'unité du Père, du Fils et du Saint-Esprit. Arius était byzantin, il avait été formé à Antioche et était en charge d'une paroisse du port d'Alexandrie.

On voyageait beaucoup à l'époque d'un foyer du christianisme à l'autre. Surtout en Orient, où les exégèses et les spéculations allaient leur train. Les pérégrinations d'Arius l'avaient mis en contact avec des modes de pensées différents, notamment les philosophies platonicienne et néoplatonicienne.

En Syrie il avait été disciple, en 260, de Paul de Samosate, évêque d'Antioche. Ce prélat prétendait déjà que Jésus était fils de Dieu par adoption et non pas par nature. Il niait de ce fait la Divinité de Jésus-Christ et, par voie de conséquence, l'existence de la Trinité. Paul de Samosate fut condamné par le concile d'Antioche autour de 270.

Origène d'Alexandrie et d'autres eurent aussi une grande influence sur les idées d'Arius. Ils insistaient sur la gradation entre le Père et le Fils, subordonnant le second au premier; ce qui créait des voies parallèles et étrangères à l'enseignement de la Bible.

Au III° siècle Plotin et son école avaient conçu, par une spéculation métaphysique, une doctrine du salut selon laquelle l'homme retournerait à Dieu en se convertissant par étapes[171]. Ces déviations soutenues par des penseurs apparemment respectables pénétraient dans les milieux chrétiens. Héritiers des pensées de Platon, ces théoriciens n'arrivaient pas à concevoir que la Parole (*ou le Verbe ou le Logos*) de Dieu n'est pas autre que Dieu. Il est vrai que la voie philosophique est peu capable de conduire l'homme à la vraie connaissance de Dieu et à pénétrer le sens de la Révélation.

«*Toutes les religions et les sectes du monde ont eu la raison naturelle pour guide. Les seuls Chrétiens ont été astreins à prendre leurs règles hors d'eux-mêmes, et à s'informer de celles que Jésus-Christ a laissées aux anciens pour être transmises aux fidèles*»[172].

En suivant cette «*raison naturelle*», somme toute païenne, Arius s'exilait de lui-même hors de l'orthodoxie chrétienne. Sa théorie philosophique se trouve résumée dans un de ses «*poèmes théologiques*». Il écrit: «*Dieu ne fut pas toujours père. Mais il fut un temps où Dieu était seul, et il n'était pas encore père. Ce n'est qu'ultérieurement qu'il devint père.*
Le fils n'a pas toujours existé.
Car tous les êtres sont venus à l'être à partir du non-être. Tous les êtres sont créés et ont été faits»[173].

Donc pour Arius le Père seul est éternel.

En disant que «*le fils n'a pas toujours existé*», il professe que le Fils est engendré par Dieu à partir du «*non-être*», c'est-à-dire de rien. Il nie la Divinité de Jésus-Christ et se situe dans la droite ligne des néoplatoniciens qui estiment que le Père est «*pure intelligence*» et que le Fils est le démiurge.

---

[171] André MOTTE, Dictionnaire des Religions, p. 1328, P.U.F., Paris, 1984.
[172] Blaise PASCAL, *Pensées, fragments polémiques*, p. 328, Classiques Français, 1995.
[173] Traduit par Claude Tresmontant, p. 365.

«*Tiré du néant, le Fils est la première, mais la plus excellente des créatures; il fut l'instrument du Père pour la création du monde. Il s'est incarné en Jésus-Christ et, dans l'homme assumé par lui, tient la place de l'âme*»[174].

L'arianisme, thèse émise par un membre de son clergé, ne pouvait être toléré par le patriarche d'Alexandrie, le futur saint Alexandre. Il n'y avait pas plus grande hérésie que de vouloir faire du Logos de Dieu une substance différente du Père. En 319-320 Alexandre attire l'attention de tous les évêques sur cette déviation. Il fallait que l'Eglise tout entière se mobilisât pour condamner Arius et rétablir la vérité en formulant le dogme. En 325, à la demande d'Alexandre et de son secrétaire, le diacre Athanase, Constantin invite les évêques du monde entier à Nicée.

Le premier concile oecuménique, la profession de foi de l'Eglise arménienne

Le premier concile oecuménique allait se tenir en Asie. Géographiquement Nicée est située entre Nicomédie et Brousse. Depuis l'invasion turque de l'Empire byzantin, Nicée est devenue Isnik et l'antique Nicomédie, Ismidt. Qui d'autre que l'empereur romain était-il capable de réunir en un concile de cette importance les représentants du christianisme d'Orient et d'Occident ?

Cependant cette convocation de l'assemblée générale de l'Eglise universelle par le pouvoir temporel créait un précédent que les successeurs de Constantin utiliseront pour asservir l'Eglise à leurs courtes vues politiques. Cela favorisera les déviations et deviendra la cause principale des schismes à venir. L'évêque de Rome mettra de longues années à se défaire de cette tutelle, les patriarches d'Edchmiadzin et d'Antioche, le pape d'Alexandrie et leurs fidèles seront accusés de tous les maux, rejetés, persécutés parce qu'ils refuseront de plier devant la volonté des basileus. Quant à l'évêque de Constantinople, devenu patriarche en 381, il subira l'emprise de l'empereur jusqu'à la prise de la ville par les Turcs en 1453.

Toujours est-il que le concile commença ses travaux à la fin du printemps 325. Il réunit 300 évêques[175]. Parmi eux des partisans d'Arius[176].

---

[174] Edouard COTHENET, Dictionnaire des Religions, à *Arianisme*, p. 94.

[175] Yves CONGAR, Dictionnaire des Religions, à *Concile*, p. 303.

[176] C. Tresmontant, p. 367.

Le catholicos Aristakès 1°, successeur de saint Grégoire l'Illuminateur, y assistait ainsi que le futur saint Athanase qui deviendra évêque d'Alexandrie en 328. Fervent défenseur du monothéisme en Trois Personnes, Athanase contribua grandement à faire condamner l'arianisme et son promoteur Arius. Il fut le rédacteur de la Profession de foi de Nicée puisqu'on la qualifie, dans l'Eglise arménienne, de symbole athanasien. Devenu patriarche d'Alexandrie Athanase écrivait: «*La triade universellement célébrée, vénérée, adorée, est unique, indissociable et sans figure. Elle est conjointe sans mélange, de même que l'unité est distinguée sans séparation. C'est pourquoi dans la vision du prophète Isaïe (6, 3) les animaux profèrent trois fois la glorification, en disant: «saint, saint, saint». Ils désignent par là les trois hypostases parfaites, de même qu'en disant «le Seigneur», ils manifestent qu'unique est la substance* (ousia)»[177].

A Nicée on établit définitivement le dogme de **l'homoousie**, c'est-à-dire la consubstantialité du Père et du Fils. En langage clair: **le Fils est de la même Essence que le Père. Il est de tout temps consubstantiel au Père.**

Le premier concile oecuménique, en affirmant la vérité, montrait une fois pour toutes que l'orthodoxie chrétienne n'a rien de commun avec la philosophie. La Révélation n'a que faire des spéculations.

«*Jésus-Christ est Dieu et homme. Les Ariens, ne pouvant allier ces choses qu'ils croient incompatibles, disent qu'il est homme: en cela ils sont catholiques. Mais ils nient qu'il soit Dieu: en cela ils sont hérétiques. Ils prétendent que nous nions son humanité: en cela ils sont ignorants*»[178].

C'est le dogme de Nicée que saint Aristakès apporta en Arménie, comme le souligne Agathange. Depuis, dans les églises arméniennes du monde entier, on prononce, à chaque messe après la lecture de l'Evangile, la profession de foi athanasienne de Nicée.

«*Je crois en un seul Dieu, Père tout-puissant, créateur du ciel et de la terre, de toutes choses visibles et invisibles. Et en un seul Seigneur Jésus-Christ, Fils de Dieu, né unique de Dieu le Père, c'est-à-dire de l'Essence du Père. Dieu de Dieu, lumière de lumière, vrai Dieu de vrai Dieu, né vraiment et non créé. Lui-même consubstantiel au Père par qui ont été faites toutes choses dans le ciel et sur la terre, visibles et invisibles.*

---

[177] Traduction de Claude Tresmontant, p. 375.

[178] B. Pascal, p. 320.

Qui par amour pour nous les hommes et pour notre salut est descendu des cieux, s'est incarné, s'est fait homme, est né parfaitement de Marie la Sainte Vierge par le Saint-Esprit. D'elle il prit corps, âme et esprit et tout ce qui est en l'homme véritablement et non imaginairement.
Martyrisé, crucifié, enseveli, ressuscité le troisième jour, monté aux cieux avec le même corps, assis à la droite du Père. Il viendra avec le même corps et dans la gloire du Père juger les vivants et les morts; son règne n'aura pas de fin.
Et je crois à l'Esprit Saint non créé et parfait qui a parlé à travers les lois, et les prophètes, et l'Evangile, qui est descendu dans le Jourdain, a prêché par les apôtres et a habité parmi les saints.
Et je crois à une seule, universelle et apostolique sainte Eglise, à un seul baptême, à la pénitence, à l'expiation, et à la rémission des péchés, à la résurrection des morts, au jugement éternel des âmes et des corps, au royaume des cieux et à la vie éternelle».
Le diacre ajoute: «*Quant à ceux qui disent qu'il fut un temps où le Fils n'était pas ou qu'il fut un temps où le Saint-Esprit n'était pas ou qu'ils ont été créés de rien ou qui disent que le Fils de Dieu et le Saint-Esprit sont issus du néant ou qu'ils sont d'une essence différente ou encore qu'ils sont mutables et altérables, ceux-là sont anathématisés par la sainte Eglise catholique et apostolique».*
Aristakès soumit ce texte à son père saint Grégoire l'Illuminateur peu avant sa mort. Le saint ermite ajouta la formule suivante que l'officiant prononce à chaque messe à la fin de la lecture du symbole de Nicée: «*Quant à nous, nous glorifions Celui qui a été avant toute éternité en nous prosternant devant la Sainte Trinité et l'Unique Divinité du Père et du Fils et de l'Esprit Saint, maintenant et toujours et d'éternité en éternité, amen»*[179].
Nous avons parlé de conciles, d'évêques, de dogmes; en a-t-on vraiment pénétré le sens ?
L'Eglise arménienne définit ces notions de base le plus simplement possible. Le fidèle ne doit pas se perdre dans les méandres d'une théologie de spécialistes.
La théologie c'est l'école; elle semble annexée par des savants. Ils se comprennent entre eux, échangent leurs points de vue mais oublient de mettre la théologie à la portée de tous. Celui qui lit la Bible en alimentant sa réflexion par des questions accomplit une démarche théologique.

---

[179] Traduction de l'auteur.

C'est pourquoi l'Eglise arménienne s'est efforcée d'apporter des réponses à ses ouailles en s'inspirant des évolutions des mentalités et des cultures auxquelles elles sont soumises en Occident ou en Orient. A travers un enseignement rythmé par les circonstances, les pogroms, les invasions, les génocides. Mais ses commentaires ne subissent pas de modifications quant au fond quelle que soit la zone géographique dans laquelle vivent les fidèles.

Concile, évêque, dogme

Pour un occidental le mot **concile** vient du latin **concilium** (*assemblée*). Il est l'équivalent du grec **sunodos** qui peut se traduire par réunion. En arménien concile se dit: **joghov** et synode: **siounhot** ou **temagan joghov** (*assemblée diocésaine*).

Un concile ou un synode réunissent donc les évêques au sein d'une nation ou de plusieurs pays. Ils délibèrent sur les questions essentielles qui nécessitent des éclaircissements ou demandent des réponses, et décident collégialement. Quand un concile rassemble les évêques de toutes les Eglises il devient oecuménique. Voilà encore un adjectif qui vient du grec. L'oecuménisme recouvre le «*monde entier*» ou la «*terre habitée*». «*Cette Bonne Nouvelle du Royaume sera proclamée dans le monde entier; tous les païens auront là un témoignage. Et alors viendra la fin*»[180].

Reprenant le psaume **19**, 5: «*Leur retentissement parcourt toute la terre. Leurs accents vont aux extrémités du monde, ...*», Saint Paul écrit: «*Par toute la terre a retenti leur voix et jusqu'aux extrémités du monde leurs paroles*»[181].

Concile oecuménique se dit en arménien **diezeragan joghov** (*assemblée universelle*); le concile oecuménique est donc un concept planétaire.

Pour l'Eglise arménienne est oecuménique tout concile qui réunit les représentants de toutes les Eglises ou qui a l'assentiment des Eglises qui n'ont pu être présentes mais ont été dûment informées du cours des travaux, des dispositions et des décisions de l'assemblée. S'il manque à ce concile l'accord d'une seule Eglise il perd ipso facto son caractère d'oecuménicité, et ses décrets et formulations deviennent caducs.

Le concile oecuménique: «*n'est pas une «conférence», c'est une réunion d'Eglise liturgiquement célébrée*»[182].

---

[180] Evangile de saint Matthieu, **24**, 14.

[181] Saint Paul, *Ro.*, **10**, 18.

[182] Y. Congar, Dictionnaire des Religions, à *Concile*, p. 303.

Jésus-Christ, chef de l'Eglise, a transmis son autorité sur toute la terre habitée aux évêques, successeurs des apôtres. Les papes et patriarches, qui sont des évêques, ont été choisis par leurs pairs pour gérer leur zone d'influence, pour faire respecter le dogme édicté par le concile oecuménique et non pour le formuler eux-mêmes. Lorsqu'une question cruciale, une hérésie apparaissent les évêques du monde entier, avec voix délibérative et non consultative et encore moins en invités muets, se réunissent en assemblée générale. Ils ont le privilège d'édicter le dogme.
«Les églises anciennes ont recouru à l'autorité des conciles oecuméniques, toutes les fois qu'il s'est agi de trancher une difficulté soulevée à propos d'un dogme»[183].
Il est arrivé que pour conserver à des conciles leur qualificatif d'oecuménique, d'autres membres de la même Eglise universelle se sont unis pour accuser les absents d'hérésie. A tort. Ceci pour des motifs de domination temporelle. Force est de constater que les décisions et décrets de conciles, convoqués sur la base de telles manoeuvres, perdent toute leur valeur.
En ce qui concerne le concile de Nicée et les deux suivants ces machinations n'existaient pas encore; l'Eglise universelle s'exprimait d'une seule voix. Arius fut condamné à l'unanimité moins deux[184]. Il n'avait pas réussi à entraîner derrière lui l'ensemble d'une Eglise. Son hérésie ne pouvait ébranler l'orthodoxie et ne méritait même pas qu'on la confondît avec une quelconque exégèse théologique.
L'origine du mot évêque est grecque, comme beaucoup d'autres en langage ecclésiastique. En grec on dit **episkopos** (*qu'on peut traduire par observateur*), en latin **episcopus**, en arménien (y)**ebiskobos**. L'évêque, nous l'avons vu, est le successeur des apôtres, sa crosse symbolise le berger.
Dans son épître aux chrétiens «... *qui vivent en étrangers dans la dispersion, dans le Pont, la Galatie, la Cappadoce, l'Asie et la Bithynie*»[185], l'apôtre saint Pierre écrit: «*Car vous étiez égarés comme des brebis mais maintenant vous vous êtes tournés vers le berger et le gardien de vos âmes*»[186].
Jésus-Christ est le berger, le gardien qui veille, qui voit, qui sonde l'âme (*l'être vivant au sens de la Bible*).

---

[183] M. Ormanian, p. 77.
[184] Y. Congar, Dictionnaire des Religions, à *Concile*, p. 303.
[185] Saint Pierre, *1° épître*, 1, 1.
[186] Saint Pierre, *1° épître*, 2, 25.

«*Et quand paraîtra le souverain berger, vous recevrez la couronne de gloire qui ne se flétrit pas*»[187].

Les Actes des Apôtres nous rapportent les adieux de saint Paul aux anciens d'Ephèse, il leur dit: «*Prenez soin de vous-mêmes et de tout le troupeau dont l'Esprit Saint vous a établis les gardiens, paissez l'Eglise de Dieu qu'il s'est acquise par son propre sang*»[188].

Le gardien, qui prend soin du troupeau, qui le mène paître, qui l'observe, le surveille est l'**episkopos**, l'évêque, le représentant du Christ sur terre. Dans l'Eglise arménienne, comme dans toutes les Eglises anciennes, l'évêque confère le sacrement des ordres, dirige le diocèse, veille au respect des dogmes.

«*Le dogme est une proposition tirée des livres saints et énoncé en une formule claire et nette. Elle doit être acceptée par les fidèles d'une église donnée, sous peine de s'éloigner du giron de cette église*»[189].

Ce qui revient à dire que sans dogmes il n'y a pas d'Eglise.

«*Le dogme c'est l'enseignement de l'église ... Les dogmes appartiennent à la religion*»[190].

Le chrétien doit accepter le dogme sans discussion ni hésitation. Seuls les conciles oecuméniques ont le droit de formuler le dogme. Il est donc indispensable que les pères conciliaires fassent preuve de prudence et de circonspection dans l'énoncé des définitions dogmatiques. Car il ne s'agit pas d'un oukase mais de la mise en évidence de la Vérité qui s'impose à tous de façon indiscutable. Alors pourquoi formuler la Vérité qui est dans le dogme puisqu'elle doit s'imposer d'elle-même ? Le dogme existe depuis toujours dans les livres saints. Il devrait apparaître, dès la lecture, aux yeux du fidèle. L'Eglise pour sa part ne cherche pas, dans un premier temps, à expliquer l'évidence.

Si Arius s'était imprégné de la Bible avec la foi orthodoxe, au lieu de se perdre dans les philosophies plus ou moins métaphysiques, serait-il tombé dans l'impiété ? S'il s'était simplement pénétré du passage des Actes des Apôtres, cité plus haut: «... *paissez l'Eglise de Dieu qu'il s'est acquise par son propre sang*», se serait-il livré aux spéculations qui le conduisirent à renier la vraie religion ? Et encore il s'agissait d'un prêtre formé; que dire, dès lors, du chrétien de base ?

---

[187] Saint Pierre, *1° épître*, **5**, 4.

[188] Actes des apôtres **20**, 28.

[189] M. Ormanian, p. 76.

[190] M. Ormanian, p. 77.

Les entorses à l'orthodoxie proviennent donc d'une mauvaise ou d'une partielle lecture des livres saints. Ces erreurs toutefois, ces fautes, sont nécessaires pour sortir l'Eglise de la routine, pour la réveiller et la conduire à exprimer la droite et saine opinion: «*Tout d'abord lorsque vous vous réunissez en assemblée, il y a parmi vous des divisions, me dit-on, et je crois que c'est en partie vrai: il faut même qu'il y ait des scissions parmi vous afin qu'on voie ceux d'entre vous qui résistent à cette épreuve*»[191].

Ces divisions, ces scissions conduisent l'Eglise à se réunir en concile oecuménique afin de condamner l'hérésie et de formuler le dogme, qui est de toute éternité, comme on extrait un diamant de sa gangue.

«*On sait que l'autorité des conciles oecuméniques dans la formulation des dogmes, dérive en premier lieu de la promesse de l'assistance divine; c'est-à-dire qu'elle est basée sur l'appui spirituel promis à l'église. D'autre part elle résulte aussi de la force dialectique, puisée dans la généralité et dans la proximité des traditions. C'est pourquoi, dans les conciles oecuméniques, c'est moins le nombre des individus qui fait autorité que celui des églises qui y sont représentées. Il s'ensuit donc que les membres d'un concile qui n'appartiennent qu'à une seule église, seraient-ils au nombre de mille, ne peuvent représenter que la tradition de cette église*»[192].

Pour qu'il y ait une proximité des traditions il faut que les témoins soient en vie. Il n'en reste évidemment plus au bout de quelques siècles. De ce fait, pour corroborer les témoignages connus et rendre la tradition tangible, il est impératif de réunir et d'examiner les héritages de chacune des Eglises, de toutes les Eglises, du monde.

«*Naturellement la tradition n'est pas l'addition d'une pétrification des coutumes, de formalités engourdies, mais le renouvellement vivifiant d'une existence ardente par la rencontre de la volonté de Dieu et du message du Christ, animés par le souffle de nos pères, qui s'est développée dans l'Histoire mais n'est pas limitée à l'Histoire*»[193].

Les divisions actuelles ne sont que des séparations de façade provoquées par les ambitions terrestres.

L'Eglise universelle reste une dans son attachement à Jésus-Christ et à travers la propagation de son enseignement.

Faudra-t-il encore deux millénaires pour que la ré - union du troupeau puisse se faire ?

---

[191] Saint Paul, *I Co.*, 11, 18-19.

[192] M. Ormanian, p. 77.

[193] Karékine 1°, *Enyclique du 18 Juin 1995*, T. D. A.

L'assassinat du roi Tiridate III, le martyre d'Aristakès 1°

Après le concile de Nicée Aristakès 1° dut gérer l'héritage de son père dans des conditions difficiles. Le paganisme conservait ses hauts lieux de résistance animés par des féodaux et des grands prêtres païens cherchant à reprendre à l'Eglise terres et châteaux. S'opposant à l'évangélisation de leurs provinces ils se dressaient même contre le pouvoir royal.
La conversion de Constantin aurait pu affermir le trône de Tiridate III. Il n'en fut rien. Les féodaux voulant profiter de l'opposition des Perses à la nouvelle religion s'allièrent avec le souverain iranien. La fidélité du roi au christianisme lui valut l'hostilité d'une bonne partie de sa noblesse. Notamment les satrapes du Daron, de la Siounie, du Vaspouragan. Il fut assassiné par les seigneurs de son entourage, avec la complicité de son chambellan, alors qu'il chassait au sud d'Eriza[194]. Cela se situait autour de 330[195]. Tiridate III fut enterré à Thordan. Son parent et ami saint Grégoire l'Illuminateur y sera transporté après la découverte de sa dépouille dans la grotte Mané.
Les régicides cherchaient à briser l'union de l'autel et du trône. Il fallait à cet effet se débarrasser aussi d'Aristakès. Le catholicos avait reçu en héritage de son père le domaine d'Achtichat. Tiridate III avait offert cette hoirie à saint Grégoire. Là vivait la première communauté chrétienne d'Arménie depuis l'époque de la prédication apostolique[196]. La première église bâtie sur le sol arménien aurait été l'église d'Achtichat[197].
De même que son père et le roi, Aristakès résidait souvent en Arménie occidentale entre Achtichat, Eriza et Ani-Thordan. Entre la Sophene (*Petit-Dzopk*) et la Sophanene (*Grand Dzopk, à l'est de la Sophene*).
Archelaüs le satrape du Grand Dzopk se vautrait dans la débauche. Le catholicos Aristakès eut le courage de lui reprocher son immoralité et sa dépravation. Ne supportant pas les remontrances du patriarche le petit tyran le fit massacrer[198]. Ceci se passait vers 333[199].
Aristakès 1° fut enseveli non pas à Thordan mais à Thil sur la rive droite d'un affluent de l'Euphrate au nord-ouest d'Eriza, au nord d'Ani-

---

[194] R. Grousset, p. 127.
[195] R. Grousset, p. 128; pour F. Tournebize, Tiridate fut empoisonné ap. 315 et av. 329, p. 59.
[196] G. Guaïta, *Karékine 1°, catholicos de tous les Arméniens*, p. 105.
[197] F. Tournebize, p. 460.
[198] F. Tournebize, p. 449; M. Ormanian, p. 16.
[199] R. Grousset, p. 128; F. Tournebize situe le martyre à 327, p. 464.

Kamakh, au pied du mont Kohanam (*ou Sebouh*)[200], près de la grotte dans laquelle son père s'était retiré pour y vivre en ermite.
Les ennemis de la foi ne purent pas, et ne pourront plus extirper le christianisme d'Arménie. Il allait, peu à peu, marquer pour toujours l'Arménien et sa terre de son sceau indélébile.

Le catholicos Vrtanès 1° et le roi Khosrov Pokr, martyre du catholicos des Ibères et des Aghouans, les seigneurs et le christianisme

Khosrov II «*Pokr*»[201] succéda à son père Tiridate III. Vrtanès 1° monta sur le Siège de saint Thaddée, à la place de son frère cadet. Entre le roi et le catholicos l'entente fut parfaite. Certains historiens, influencés par Moïse de Khorène, reprochent à Khosrov d'avoir manqué du courage et de l'audace de son père. Il est vrai qu'il devait faire face aux rébellions internes et aux attaques des Sassanides d'Iran. La Perse ne désarmait pas, voulant à tout prix dominer l'Arménie et lui imposer le mazdéisme. Cela lui semblait d'autant plus aisé que l'Empire romain commençait à se fissurer. Devant les menaces des Sassanides, Khosrov II «*le Petit*», sans combattre, restitua aux Perses l'Atropatène (*aujourd'hui Azerbaïdjan iranien*). Rome avait cédé cette province à Tiridate III pour le remercier de son aide[202]. N'incriminons pas le petit roi. Ayant pris la mesure de sa faiblesse il préférait sans doute épargner l'effusion du sang de ses sujets. Les féodaux profitaient de cette impéritie, dictée par les événements, pour se faire mutuellement la guerre et augmenter leurs patrimoines. Les Manavazian, seigneurs de Manazkert, et les Ordouni, seigneurs d'Ordorou, ravagèrent une partie du pays dans leur conflit. Le roi et le catholicos Vrtanès 1° tentèrent en vain de faire entendre raison aux belliqueux protagonistes. La charité chrétienne et l'amour du prochain n'entraient pas dans leurs préoccupations immédiates. Khosrov II dut faire appel au féal Vatché Mamikonian qui extermina les deux familles ennemies, les Manavazian et les Ordouni. Une partie de leurs terres fut donnée aux évêques de Manazkert et de Basean[203]. D'autres satrapes s'entre-déchiraient ou s'alliaient aux Perses contre Khosrov. Les Bznouni ouvrirent aux Sassanides l'accès du Vaspouragan. Leur fief, le Bznouniq,

---

[200] F. Tournebize, p. 447.

[201] Pokr = Petit dans le même sens que le Bref pour Pépin.

[202] Gibbon, II, p. 158, *The Decline and Fall of the Roman Empire*, London, 1910; in H. Pasdermadjian, p. 105.

[203] Faustus, III, 4; in R. Grousset, p. 129.

se situait au nord-ouest du lac de Van[204]. Comment le souverain aurait-il pu tenir tête à l'immense Empire iranien quand il ne pouvait pas unir ses forces et que ses preux se dressaient contre lui en prenant le parti de l'ennemi ?

Le catholicos Vrtanès, pour sa part, oeuvrait à maintenir et répandre la foi chrétienne en Arménie, en Ibérie, en Aghouanie. Les Eglises naissantes de ces deux contrées faisaient partie de l'Eglise arménienne. Dans son âge avancé Vrtanès avait engendré des jumeaux: Krikoris et Houssig[205]. Krikoris resta célibataire. Son père l'ordonna, à seize ans, exarque ou catholicos des Ibères et des Aghouans[206].

Sous l'égide du catholicos Vrtanès le jeune exarque de Géorgie et d'Azerbaïdjan y organisa l'évangélisation. A ces deux pays Moïse de Khorène et la version arabe d'Agathange ajoutent le pays des Alains (*Ukraine*). Le catholicos Krikoris alla prêcher la Bonne Nouvelle même en dehors de l'Aghouanie, à l'est de la mer Caspienne, au pays des Massagètes, peuple scythe pillard mal dégrossi. Le petit-fils de saint Grégoire l'Illuminateur exhorta le féroce roi des Massagètes Sanesan à ne plus se livrer au pillage mais à apprendre à son peuple les vertus agricoles, l'artisanat et à accepter l'Evangile. Furieux, Sanesan fit attacher Krikoris à la queue d'un cheval impétueux lancé au galop. Le catholicos d'Aghouanie et d'Ibérie fut mis en pièces[207].

L'autre fils, Houssig, succédera à son père.

«*Le catholicos Verthanès et le roi Khosroès paraissent avoir exactement suivi la direction politique et religieuse, inaugurée par Grégoire et Tiridate. Si leurs actes ont moins d'éclat, ils ne furent pourtant pas sans mérites. Khosroès le Petit (Pokr) dont Moïse de Khorène parle avec dédain, est appelé un héros par Faustus (III, 3, 4, 7, 11)*»[208].

Les seigneurs arméniens n'avaient rien à envier, en matière d'arrogance et de cruauté, au roi des Massagètes. Bien qu'apparemment convertis et même baptisés ils ne parvenaient pas à assimiler les préceptes d'amour et de charité du christianisme.

Parmi les féaux du roi il y avait de véritables brutes. L'un d'eux, Manadjihr Rechtouni, avait aidé le roi à mater une révolte. Il s'acharna sur les paysans travaillant sur les terres du vaincu. L'évêque Jacques de Nisibe (*Hagop Medzpna*) intercéda pour les malheureuses victimes.

---

[204] R. Grousset, p. 129.

[205] Faustus, III, 5; in F. Tournebize, p. 444.

[206] Faustus, III, 5; in F. Tournebize, p. 466.

[207] F. Tournebize, p. 356, 357.

[208] F. Tournebize, p. 467.

En réponse aux exhortations du prélat, Manadjihr fit jeter les captifs dans le lac de Van en s'esclaffant: «*Tu vois que je tiens compte de ton intercession, puisque les prisonniers sont maintenant délivrés de leurs fers et nagent dans la mer*»[209].
Après quoi il chassa l'évêque de ses terres.

Les Ibères et les Aghouans, fédérés par le terrible Sanesan et soutenus par les Perses, se révoltèrent à leur tour contre l'Arménie. Ils voulaient stopper l'installation du christianisme dans leurs contrées. Khosrov Pokr fit de nouveau appel à son général en chef, Vatché Mamikonian, et à un grand seigneur, Vahan Amadouni. Ils écrasèrent les envahisseurs, leurs alliés sassanides et tuèrent le féroce Sanesan[210].

Vrtanès 1° suivait l'armée. Avant chaque bataille il célébrait la messe et distribuait aux soldats le Corps et le Sang de Jésus-Christ[211].

Les familles sacerdotales païennes restaient attachées à leur idolâtrie qui leur garantissait d'énormes revenus et des privilèges dont elles ne voulaient pas se dépouiller au profit de l'Eglise. Ces clans, soutenus par une noblesse turbulente surtout les épouses des dignitaires avec la reine à leur tête, avaient formé une ligue antichrétienne[212]. Les grandes dames refusaient les préceptes de modestie, d'humilité, de contrition prônés par le christianisme. Elles ne supportaient pas les remarques et les admonestations du catholicos et des évêques. Le rang, la noblesse n'impressionnaient pas Vrtanès qui multipliait courageusement ses remontrances.

Son ennemie la plus acharnée était la reine. Un jour qu'elle séjournait dans ses domaines du Sassoun, au pied du Taurus, à Sim, Vrtanès fustigea avec véhémence sa mauvaise conduite. Elle lâcha sur lui ses paysans de Sim[213]. Le Sassoun est une région voisine du Daron, province la plus rebelle à la pénétration de la nouvelle religion. Le catholicos ne dut son salut qu'à sa fuite. Ce qui ne l'empêcha pas de poursuivre son action en tentant de mettre les seigneurs dans le droit chemin, en les invitant à plus de bonté et de justice envers leurs gens. Vrtanès mourut en 241, à l'âge de quatre-vingts ans[214].

---

[209] Faustus, III, 10; in F. Tournebize, p. 458; et Faustus, III, 10; Moïse de Khorène, III, 7; in R. Grousset, p. 129.

[210] H. Pasdermadjian, p. 105; R. Grousset, p. 129.

[211] Faustus, III, 11; in F. Tournebize, p. 581.

[212] Agathange, n. 131, *texte grec*, p. 116 et n. 21b du *texte arabe*; *texte arménien*, C, 119; in F. Tournebize, p. 462.

[213] M. Ormanian, p. 16.

[214] M. Ormanian, p. 172.

Il fut enseveli à Thordan. La ville se situait sur la rive occidentale de l'Euphrate entre Sivas (*Sébaste*) et Garin (*Erzeroum*). Dans cette région se trouvait le mont Sebouh où s'était retiré saint Grégoire l'Illuminateur pour y terminer sa vie en ermite[215].

Origines de la féodalité arménienne, l'Ourartou, mère de l'Arménie

Nous avons déploré et constaté la faiblesse mais aussi la force que représentait le régime féodal pour l'Arménie. Il se maintiendra longtemps engendrant les heurs et malheurs de la nation. D'autres pays en Europe ont connu ce système bien après l'Arménie. S'il n'a pas toujours été bénéfique il n'en a pas mis pour autant leur existence en péril. Tout simplement à cause ou grâce à la géographie et même à la géopolitique.

L'Arménie est depuis toujours environnée de forces hostiles acharnées à sa conquête et à sa destruction. Sans pouvoir jamais compter sur un ou des alliés. Elle n'a jamais bénéficié d'une aide quelconque. Elle n'a cherché à nuire à personne et encore moins à ses voisins. Ceux-ci, quelles que soient leur nationalité ou leur religion, ont toujours travaillé à sa perte. Seule, abandonnée de tous, l'Arménie a difficilement pu survivre. Voilà pourquoi sa superficie historique s'est réduite à moins de 30.000 km². Dans ces conditions l'activité d'une féodalité turbulente, peu encline à délaisser ses avantages particuliers au profit du bien général, prenait toute sa cruciale ampleur. Mais ces seigneurs, grâce à leur courage et à leurs aptitudes guerrières, permirent aussi la sauvegarde de l'Arménie.

Particularité au Proche et au Moyen Orient, la féodalité arménienne trouve ses racines chez les Hourrites. Détachés de la grande migration indo-germanique vers le Pendjab, ceux-ci s'établirent sur les plateaux du nord-ouest de la Perse. Ils en descendirent au XVIII° siècle avant J.-C. et se dirigèrent vers le cours supérieur de l'Euphrate en cohortes militaires bien ordonnées, dirigées par leurs dynastes indo-aryens. Leur suprématie guerrière se fondait sur deux éléments: le cheval, animal inconnu jusque là en Mésopotamie, et leurs princes égaux entre eux. Lorsque l'un de ceux-ci savait s'imposer il faisait ses vassaux des autres seigneurs, et les Hourrites devenaient invincibles. Descendant le long de l'Euphrate, ils édifièrent de nombreuses principautés jusqu'au sud d'Israël.

---

215 Faustus, III, 11, 12; in F. Tournebize, p. 447.

«D'une race inconnue, parlant une langue quelque peu apparentée à celle des Ourartéens d'Arménie ... ils marquent le Proche-Orient occidental de leur empreinte, avec leurs conceptions chevaleresques, leurs dieux et leur art qui lui donnent une tournure nouvelle ...» (H. Schmökel, *Le monde d'Ur, Assur et Babylone*).

Au XV° siècle avant J.-C. Chaouchatar réunit ces Etats et fonde le royaume du Mitanni qui tient l'Assyrie et tout le cours supérieur du Tigre sous sa domination. Le Mitanni se situait entre deux affluents de l'Euphrate: le Khabour et le Belikh. Dès que la fermeté de la monarchie fit défaut le Mitanni, devenu entre-temps Hanigalbat, se scinda en plusieurs petits Etats. Ils s'éparpillèrent entre les lacs d'Ourmia et de Van. On les appela les principautés Naïri. Elles furent constamment en lutte contre les Hittites et les Assyriens. Il y eut des périodes de paix et de guerres. Plusieurs reines hittites furent d'origine hourrite. Les principautés Naïri se maintinrent grâce à une cohésion exigée par un intérêt commun de défense et à l'alliance d'un peuple sémite, apparu là aux XIV°-XIII° siècles avant J.-C., les Araméens.

Au IX° siècle avant J.-C. le roi Aramé unit les états Naïri pour constituer le royaume d'Ourartou entre les lacs de Van et d'Ourmia. Il fait de Van, appelée alors Touchpa, sa capitale sur le lac, nommé à l'époque mer de Naïri. Comment la nation hourrite, le Mitanni, Hanigalbat et les principautés Naïri étaient-ils devenus l'Ourartou ?

«Cependant nous savons qu'il [l'état d'Ourartou] *est né de la fusion de tribus hourrites habitant les montagnes de l'Arménie, aux environ du lac de Van, où les conditions géographiques étaient particulièrement favorables aux deux entreprises liées que sont l'agriculture et l'engrangement des récoltes»*[216].

Dès le XIII° siècle avant J.-C., les Assyriens avaient baptisé les hauts plateaux arméniens du nom d'Ourouatri (*région de montagnes*)[217]. Les échanges avec les Chaldéens, Araméens, Kassites, et même avec les ennemis hittites et assyriens modifièrent la langue, les coutumes et le panthéon des Hourrites qui devinrent les Ourartéens: «*Les affinités entre le monde hourrite et le monde ourartéen sont claires*»[218].

Toujours est-il que «... *le pays ourartéen a vu éclore un puissant royaume entre 900 et 600 avant J.-C.*»[219].

---

[216] B. Piotrowski, p. 43.

[217] B. Piotrowski, p. 45.

[218] René LEBRUN, Dictionnaire des Religions, à *Ourartou*, p. 1.245.

[219] R. Lebrun, p. 1.245.

Au IX°-VIII° siècles avant J.-C. le roi Menoua fit venir l'eau des montagnes jusqu'à sa capitale Touchpa à travers un aqueduc de 80 kms qui existe encore aujourd'hui sous le nom de «*canal de Sémiramis*»[220]. Il sert aux paysans kurdes à arroser leurs maigres cultures et à abreuver leurs chèvres. Pourquoi ce nom de Sémiramis donné par Moïse de Khorène à cet aqueduc et aux ruines de Touchpa ? Sans doute parce que Sémiramis symbolise l'Assyrie qui avait envahi l'Ourartou. Elle fut vaincue et repoussée par Menoua aux abords de Touchpa[221]. Comme la réputation de la reine avait passé les siècles, contrairement à celle du roi d'Ourartou, elle bénéficia de cette faveur de l'historien.

«*La région de Van jouissait d'une situation géographique et stratégique favorables et elle fut naturellement choisie dès les temps les plus anciens comme centre d'un état politiquement unifié*»[222].

Le Mitanni, puis l'Ourartou furent des Etats tampons. Le premier entre Hittites et Assyriens, le second servit de champ de bataille aux Phrygiens, Cimmériens, Mèdes, Elamites, Scythes. Au VI° siècle avant J.-C. l'Ourartou devint l'Arménie.

«*Mais la postérité malmena le souvenir d'Ourartou. L'Ancien Testament a conservé son nom sous la forme altérée d'Ararat «qui devint «Armenia» dans la traduction latine. Lorsque les scribes massorétiques épelaient les textes de la Bible, ils ajoutaient la voyelle «a» aux mots qu'ils ne connaissaient pas, si bien qu'Urartu «devint «Ararat»; et ce n'est qu'au cours de ces toutes dernières années que les manuscrits de Koumran sur les bords de la Mer Morte nous ont donné une forme du nom avec la semi-voyelle* w *dans la première syllabe*»[223].

La féodalité arménienne ne fut rien d'autre que l'héritière, la continuatrice de la tradition hourrite. Tigrane II le Grand engloba les principautés hourrites, Naïri, le royaume d'Ourartou et la Cilicie dans l'Empire arménien qu'il fonda au II° siècle avant J.-C. Il imposa aux monarques vaincus les mêmes règles que ses ancêtres hourrites en leur laissant une grande liberté dans la gestion de leurs Etats pourvu qu'ils accomplissent leur service à la cour, lui rendent hommage, fournissent des troupes et paient tribut. Ce système féodal facilita le gouvernement de ses immenses possessions.

---

[220] B. Piotrowski, p. 16.
[221] B. Piotrowski, p. 16.
[222] B. Piotrowski, p. 52.
[223] B. Piotrowski, p. 15.

L'aristocratie arménienne se subdivisait en haute noblesse et simples gentilshommes. Le seigneur ou maître de maison se disait **Der** ou **Danouder**.

La petite noblesse se composait de Sebouh (*pair ou gentilhomme*). Le nom générique de la noblesse était **Azad** *(libre)*[224]. Les princes du sang étaient les **nakhararq**; le titre fut ensuite élargi aux seigneurs en récompense de leurs services.

«*Les nakhararq (ceux qui marchent devant) sont les personnages politiques les plus importants après le roi; vassaux, gouverneurs de province, ils conduisent leurs propres troupes à l'appel du roi; dans les interrègnes, ils défendent les frontières; ils ont coussin à la table royale*»[225].

Au IV° siècle il y avait, en Arménie, autour de 170 familles de haute lignée qu'on évaluait à 4.000 personnes. Leurs vassaux, les «*sebouh*», comptaient 4 à 5.000 membres, nous apprennent Moïse de Khorène et Faustus[226]. Ces seigneurs régnaient, le mot n'est pas exagéré, sur des provinces très étendues. Depuis le XVIII° siècle avant J.-C. cette société fonctionnait très convenablement si le roi était puissant et respectable. Il disposait alors d'autant de corps d'armée qu'il y avait de «*Danouder*» pour les commander. Avec ces divisions d'élite l'Arménie pouvait tenir tête à n'importe quel ennemi fût-il dix fois supérieur en nombre. Mais si le souverain s'avérait trop doux, trop faible, trop injuste ou incapable de s'imposer chacun des seigneurs reprenait sa liberté. Ils guerroyaient pour leur propre compte contre leur roi, leurs égaux, leurs vassaux en ouvrant, si leurs intérêts l'exigeaient, la porte à l'ennemi extérieur.

Pour tout être humain l'avantage particulier prime l'intérêt général.

Des historiens ont déploré cette disposition à l'infidélité de la noblesse arménienne. Celle-ci et les contemporains auraient été bien surpris de cette accusation. Tout cela était naturel pour l'époque; nul ne se sentait coupable de trahison. Les grands n'hésitèrent jamais à verser leur sang pour conserver leurs apanages sans éprouver de la sollicitude pour le reste du pays quand le souverain était médiocre, ni à bouter l'envahisseur hors d'Arménie si le roi avait su s'imposer. Ce comportement rythma la grandeur et la décadence du Mitanni, de Hanigalbat, des principautés Naïri, de l'Ourartou et de l'Arménie.

---

[224] F. Tournebize, p. 71.

[225] F. Tournebize, p. 471.

[226] F. Tournebize, p. 72.

Le christianisme parvint à donner forme au concept de nation. S'il isola l'Arménie au sein de peuples de religions différentes de la sienne, il donna aux Arméniens le sentiment d'appartenir à une même entité. Cela ne se fit pas sans mal. Les aristocrates, l'entourage des rois, les rois eux-mêmes parfois se rebellèrent contre la morale chrétienne qui bridait leurs mauvais penchants. Grâce aux catholicos, et à l'exemple qu'ils donnèrent, le christianisme devint une réalité concrète. Issus du sang le plus noble, les patriarches d'Arménie illustrèrent par leur conduite les devoirs de la noblesse qui sont le service et la protection des opprimés, de l'Eglise, du pays. Mettant leurs vies et leurs comportements en accord avec leurs paroles ils firent apprécier aux grands l'honneur de combattre pour la croix et pour la nation. Ils donnèrent sans cesse l'exemple de la vertu, de la foi, du courage. Le sacrifice de leurs propres existences pour l'amour du Christ suscita l'admiration des rudes nakhararq. Devant le roi et les princes, les catholicos, les évêques, les prêtres se firent les défenseurs du peuple. Face, bien souvent, à l'impéritie de la royauté ils maintinrent l'unité du pays en fusionnant l'Eglise avec la nation, la nation avec l'Eglise. Par la prédication évangélique, en se dépouillant de leurs propres richesses en faveur des pauvres, en donnant la parole à ces derniers, ils contribuèrent à la protection des petits, des exclus. Ils se firent devant Dieu les intercesseurs de tous: rois, seigneurs, peuple. Cette rigueur morale et la piété pastorale contribuèrent à l'implantation du christianisme en Arménie et dans les pays avoisinants. La population, consciente de ces bienfaits, exigea que les catholicos soient choisis dans la famille ou les proches de saint Grégoire Bartev l'Illuminateur, modèle pour le clergé. C'est une des raisons qui empêcha le célibat des patriarches jusqu'au V° siècle.

Sans l'aide d'aucune nation, l'Eglise arménienne s'enracina dans le pays par ses propres moyens. L'Arménie combattit pour le christianisme, ignorée de tous, abandonnée de tous, tout au long de l'Histoire.

Touchée directement par la foi du Christ, se sacrifiant sans cesse pour elle et pour l'Occident, l'Eglise arménienne a de tout temps été attentive à ses soeurs chrétiennes en dépit de l'ingratitude de certaines d'entre elles. Respectueuse de leur autorité, consciente que toutes les Eglises appartiennent au même corps, n'ayant jamais cherché à dominer elle a souffert des visées hégémoniques des autres. Elle espère qu'ayant extirpé d'elles-mêmes ces tendances pernicieuses les grandes, «*par le nombre*», Eglises auront assez d'humilité pour aller vers leur soeur martyre avec amour et charité. Afin que, toutes ensemble, elles reforment l'unique troupeau derrière son unique episkopos: Notre-Seigneur Jésus-Christ.

Les patriarches, au risque d'attirer sur eux-mêmes la colère du pouvoir civil, durent déployer tout leur courage pastoral pour combattre les abus et les iniquités morales de cette société, que le christianisme n'avait pas encore suffisamment policée. (M. Ormanian)

CHAPITRE IV

Pouvoir politique contre mansuétude spirituelle

L'union de l'autel et du trône ne fut pas sans nuages. Certains rois voyaient avec défiance s'installer une dynastie parallèle à la leur, détentrice d'une autorité bien plus puissante puisque spirituelle. Ils auraient voulu éloigner la famille de saint Grégoire Bartev l'Illuminateur du Siège patriarcal. Mais le soutien populaire à cette lignée les en dissuadait.

Entre temporel et spirituel, résurgences du paganisme, christianisation des Aghouans

Certains souverains préférèrent consolider l'entente entre l'Eglise et la monarchie. Les rois devaient désormais leur pouvoir aux catholicos. Sans l'onction de ceux-ci ils ne pouvaient plus être couronnés[227]. D'où le dessein de certains d'entre eux de placer une personnalité de leur choix sur le Siège pontifical. Les Perses s'en inspireront quand ils voudront soumettre l'Arménie. Ces tentatives aboutiront, parfois, à l'installation d'antipatriarches et se solderont toujours par des échecs.

«... *des conflits entre la puissance royale et l'Eglise arménienne qui, en raison du fait que la dignité de Catholicos se transmettait de père en fils, en raison aussi de ses dotations et de ses richesses, ne représentait plus seulement une puissance spirituelle mais aussi une puissance temporelle se dressant, presque indépendante, à côté de la puissance royale et s'opposant parfois à elle.*
C'est de ce côté que l'Eglise arménienne diffère déjà de l'Eglise byzantine, qui ne fut qu'un instrument docile entre les mains du souverain, dont elle est la servante, et s'apparente plutôt à l'Eglise occidentale marquée par la ferme et hautaine intransigeance des pontifes romains»[228].

---

[227] F. Tournebize, p. 73.
[228] H. Pasdermadjian, p. 105.

La puissance des catholicos ne pouvait se comparer au pouvoir temporel des papes romains. Pour les patriarches de l'Eglise arménienne il fallait, avant tout, répandre et consolider le christianisme en Arménie, en Géorgie et en Azerbaïdjan. S'ils jouèrent un rôle politique ce fut pour garantir et maintenir l'unité et l'intégrité de la nation, jamais pour des motifs d'autorité temporelle ou d'ingérence dans les affaires de l'Etat. Les catholicos se devaient de conserver leur indépendance pour la sauvegarde du christianisme.

Aucun patriarche arménien ne fit preuve de l'arrogance d'un Grégoire VII humiliant l'empereur Henri IV à Canossa en 1077. Les catholicos imposèrent aux souverains l'onction du Saint-Chrême au moment du couronnement pour leur permettre, grâce à cette sanctification, de dominer les aristocrates et le peuple. Ils se gardèrent aussi d'intervenir dans les affaires de l'Ibérie et de l'Aghouanie. Ils laissèrent les exarques de ces deux pays en diriger les Eglises à leur guise pourvu que ce soit dans l'orthodoxie. Ils leur permirent même de se prévaloir du titre de catholicos. Pour reprendre la comparaison avec l'Eglise d'Occident, ce serait comme si le pape de Rome avait délégué ses pouvoirs à l'évêque-primat ou au patriarche ou à l'exarque ou au président de la Conférence épiscopale des pays sous sa juridiction.

Mais arrêtons de rêver. Le partage du pouvoir dans la gestion de l'Eglise latine est inconcevable pour des esprits imprégnés par les conceptions centripète et centralisatrice héritées de l'Empire des Césars. En Occident on a longtemps confondu la domination temporelle et l'autorité spirituelle. Si le premier concept laissait le pas au second, alors le véritable oecuménisme pourrait sortir des méandres de la diplomatie et du faux-semblant pour prendre toute sa signification. Mais nous savons combien il est difficile de renoncer au pouvoir quand on a hérité d'une tradition de suprématie cimentée par des siècles d'absolutisme.

Revenons au IV° siècle en Arménie. Les résurgences du paganisme, les noyaux durs et persistants de l'arianisme, l'influence de certains cercles politiques, l'action de la ligue antichrétienne formaient autant de forces hostiles cherchant à briser et à évacuer les valeurs du christianisme. Des rois profitèrent de ces mouvements pour défaire l'union de l'autel et du trône consacrée par saint Grégoire l'Illuminateur et le roi Tiridate III, et poursuivie par saint Aristakès, saint Vrtanès et Khosrov II Pokr. Les patriarches eurent à lutter sur tous les fronts pour enraciner la foi chrétienne.

L'évangélisation de l'Aghouanie (*Azerbaïdjan ex-soviétique*) ne se fit pas sans mal. Strabon considérait les Aghouans ou Albaniens du Caucase comme une population quasiment sauvage aux coutumes primitives et sanguinaires[229]. La christianisation de ces barbares, dont la langue elle-même avait des difficultés à exprimer les paroles de l'Evangile, se fit grâce à la foi et à l'ardeur du jeune catholicos Krikoris et à ses missionnaires. Les religieux arméniens décrivaient l'idiome aghouan comme, «*une langue gutturale, rauque, barbare, grossière et discordante*»[230]. Les vartabeds arméniens substituèrent à ce dialecte leur propre langue pour s'exprimer, le syriaque et le grec pour lire les Saintes Ecritures. Ils apportèrent ainsi à ces rudes montagnards la civilisation arménienne.

Sanesan le roi des Massagètes avait fait massacrer le jeune catholicos Krikoris dans la plaine de Vadnean sur les rives de la mer Caspienne à l'ouest de Bakou. Malgré cet assassinat l'Eglise d'Aghouanie continua à exister en communion avec l'Eglise arménienne[231]. Elle eut sa succession de catholicos jusqu'au XIX° siècle. Ceux-ci établirent leur résidence à Bardav, au sud-est de Gandja au Karabagh, sur un affluent du Kour[232]. Après l'invasion de l'Aghouanie par les Turcs les chrétiens indigènes ne purent plus y résider. Ils se réfugièrent en Arménie, au Karabagh. Leur catholicos, qui siégeait dans les conciles nationaux après le patriarche d'Edchmiadzin[233], n'eut plus de raison d'être. Ses ouailles s'étaient fondues parmi les fidèles de l'Eglise arménienne.

Les Massagètes et leurs alliés perses furent vaincus par Khosrov II le Petit grâce à son généralissime Vatché Mamikonian et ses lieutenants Bagrat Bagratouni, Vahan Amadouni, Mehoudac Rechtouni et Karékine Rechtouni. Grâce aussi à l'alliance du général romain Antiochus[234].

Construction de Dvin, onction du roi Diran par le catholicos Vrtanès, le catholicos Houssig est consacré à Césarée

La paix revenue, Khosrov décida de bâtir une nouvelle capitale. Le climat d'Artaxata était insalubre à cause des marécages du Medzamor qui la protégeait des incursions ennemies. Artaxata (*aujourd'hui*

---

[229] Strabon, 4, 1; in R. Grousset, p. 131.

[230] Moïse de Khorène, III, 54; in R. Grousset, p. 131.

[231] F. Tournebize, p. 60. R. Grousset, p. 130.

[232] Georges DUMEZIL, *Une chrétienté disparue. Les Albaniens du Caucase*; Mélanges Asiatiques, Journal Asiatique, fasc. 1, p. 126, 1940-1941; in R. Grousset, p. 131.

[233] F. Tournebize, p. 60.

[234] Moïse de Khorène, III, 6 et 9; Faustus de Byzance III, 7; in R. Grousset, p. 130.

Ardachat) est à moins de vingt-cinq kilomètres, à vol d'oiseau, au sud-est d'Erevan.

Au nord d'Artaxata Khosrov Pokr planta une immense forêt sur les rives du Garni-Tchour, affluent de l'Araxe. Garni-Tchour s'appelait alors Azad-Ked (*Libre-Rivière*)[235]. Il y introduisit des animaux de toutes sortes parmi les plus rares pour les chasses royales. Au faîte de ce territoire, entre Erevan et Artaxata, le monarque édifia une belle cité qu'il appela Dvin[236]. Vers la fin de son règne il agrandit la forêt vers le sud de la première.

Mais si le monarque fut satisfait de sa belle capitale, entourée de bois à perte de vue et peuplée d'un abondant gibier, il ne put en jouir en paix. Dans sa vieillesse il dut faire face aux Sassanides qui s'étaient avancés jusqu'au lac de Van. Malheureusement le féal sbarabed, Vatché Mamikonian, fut tué et les Arméniens vaincus. Les Romains mobilisèrent alors leurs légions, ce qui fit reculer les Perses. Le généralat passa des Mamikonian au prince de Chirac et d'Archarouniq, Archavir Kamsarakan. Khosrov Pokr mourut en 339[237]. Le catholicos Vrtanès, soucieux de maintenir la monarchie dans la famille des Arsacides, oignit et couronna le fils de Khosrov sous le nom de Diran II ou Tiran II. Vrtanès ne survécut que deux ans à Khosrov le Petit. Il avait eu des jumeaux; l'un était le martyre Krikoris, catholicos d'Aghouanie et de Géorgie, l'autre était Houssig. En 341 ce dernier devenait catholicos de l'Eglise arménienne[238]. Des liens familiaux unissaient Houssig, petit-fils de saint Grégoire l'Illuminateur, et Diran, petit-fils de Tiridate III. Les fils de Houssig, Bab et Athanakinès, avaient épousé les soeurs de Diran. Bab était marié à Varaztouhte, et Athanakinès à Bambichen[239]. Malgré cette alliance le roi cupide, tyrannique et jouisseur aurait voulu éviter la consécration de Houssig Bartev lui préférant un pontife sans personnalité. Sous la pression de la noblesse et du peuple il dut se plier à la coutume instituée par son aïeul. Il se résigna à envoyer Houssig à Césarée pour y recevoir la consécration épiscopale. Disons à la décharge de Diran qu'il était jeune et inexpérimenté. Il n'avait que seize ans[240].

---

235 F. Tournebize, p. 60; R. Grousset, p. 129, 130.

236 Dvin, Dwin, Douin ou Tovin; Minorsky, *Le nom de Dvin*, Revue des Etudes Arméniennes, t. 10, 1, p. 117-120, 1930; in R. Grousset, p. 130.

237 R. Grousset, p. 132.

238 R. Grousset, p. 132.

239 F. Tournebize, p. 460 et 615.

240 H. Pasdermadjian, p. 105.

La famille de saint Grégoire l'Illuminateur continuait à occuper le Siège de saint Thaddée de père en fils.

«*Le maintien du patriarcat dans la famille de saint Grigor était dans les voeux de la nation, soit qu'elle voulût par là rendre hommage à son grand Illuminateur, soit qu'elle subît à son insu l'influence d'un usage païen*»[241].

Quelle que fût la raison le peuple appréciait, admirait la sainteté et le courage de la famille Bartev. Il se serait révolté si une quelconque autorité temporelle l'eût écartée du catholicossat.

«*Grégoire, ses fils et petit-fils avaient été mariés avant d'entrer dans les ordres. A la mort de chacun d'eux, les clercs venaient solliciter son fils de renoncer à la vie de famille pour accepter la charge du patriarcat*»[242].

Les patriarches et la plupart des évêques vivaient dans la chasteté dès leur consécration.

«*Houssig, après la naissance de son second enfant, ne s'approcha plus de sa femme, mais ils continuèrent à vivre sous le même toit*»[243].

Ce mode de vie était condamné par les hérétiques ariens qui tentaient de s'imposer en Arménie en observant un célibat outrancier. Ils refusaient le salut aux personnes mariées.

Toujours est-il que Diran dut fournir une escorte pour accompagner Houssig en Cappadoce[244].

La consécration épiscopale des patriarches arméniens à Césarée appelle un commentaire. Instituée par saint Grégoire l'Illuminateur cette ordination devint une tradition qui se poursuivit pendant quelques années sans arrière-pensée de domination de la part des uns ni de subordination de la part des autres. Au moment où Grégoire devait accéder au pontificat le clergé arménien avait été décimé. Il aurait pu se rendre à Antioche ou à Constantinople pour la même cérémonie. Il choisit Césarée tout simplement parce qu'il y avait reçu son éducation chrétienne.

«*A aucun moment, le siège de Césarée, ni ceux d'Antioche et de Constantinople, n'ont fait acte d'autorité ou de juridiction dans l'Arménie proprement dite ... Au surplus, l'histoire des relations*

---

[241] M. Ormanian, p. 14.

[242] R. Grousset, p. 132.

[243] Révérend Haygazoun NADJARIAN, *Eustathius de Sébaste, Basile le Grand et la formation du monachisme en Arménie*, p. 79, Rev. Edchmiadzin, Mai-Juin 1983 (*T. D. A.*).

[244] F. Tournebize, p. 468.

ecclésiastiques entre les grands sièges, au commencement du quatrième siècle et avant le concile de Nicée de 325, consciencieusement étudiée, ne contient rien qui puisse faire croire à l'intervention d'un siège dans les affaires d'un autre; et cela ne saurait surprendre, car chaque circonscription ecclésiastique était strictement limitée par la circonscription politique, qui lui avait servi de modèle.
D'autre part, dans l'histoire du quatrième et du cinquième siècles on ne voit pas qu'aucun changement se soit produit dans les relations des sièges d'Arménie et de Césarée. Cette absence de témoignage permet de conclure qu'un même système d'indépendance ne cessa de régir cette église depuis sa création.
En effet, tout ce que les défenseurs de l'opinion contraire ont pu formuler jusqu'ici, se réduit à de pures hypothèses»[245].

Diran II, qui guignait sur les richesses de l'Eglise, convoitait aussi les biens des seigneurs qu'il voulait soumettre tout en les spoliant.

Révolte des Grands, le catholicos garant de l'Etat, assassinat du catholicos suivi du meurtre de Daniel

Outré par la conduite du roi un grand seigneur, Zora Rechtouni, osa la lui reprocher. Poursuivi par la colère du monarque, Rechtouni se retrancha dans ses terres. Ses vassaux et ses proches l'abandonnèrent. Il ne resta plus à Zora qu'à se soumettre à son souverain espérant son pardon. Diran le fit exécuter avec toute sa famille et s'appropria leurs biens. Seul le neveu de Rechtouni, Dadjad, en réchappa[246]. Diran se tourna ensuite vers les Ardzrouni qu'il fit aussi massacrer à l'exception de Chavasp Ardzrouni. Les deux jeunes gens furent sauvés par les frères Mamikonian, Vassac et Ardavast. Par représailles le monarque ravagea les domaines des Mamikonian. Il n'osa pas toutefois s'attaquer au Daïq où ils s'étaient réfugiés[247]. Vassac et Ardavast Mamikonian marièrent Dadjad Rechtouni et Chavasp Ardzrouni à deux de leurs filles, sauvegardant ainsi ces deux familles seigneuriales du Vaspouragan.

Ce n'est donc pas la soumission des féodaux qui faisait la force de la nation mais l'autorité du chef qui sait obtenir, tout en les respectant et les honorant, l'appui de ses seigneurs. Ayant lassé, éloigné ou décapité les

---

245 M. Ormanian, p. 13.
246 Moïse de Khorène, III, 15; in R. Grousset, p. 133.
247 Faustus, III, 18; Thomas Ardzrouni, trad. Brosset, I, 1, p. 52; in R. Grousset, p. 133. F. Tournebize, p. 805.

lignées des nakhararq Diran II ne put réunir qu'une petite troupe pour s'opposer à l'offensive perse. Il fut mis en déroute. Le catholicos Houssig intervint auprès de l'empereur romain Constance qui s'opposa aux Sassanides et sauva l'intégrité de l'Arménie. Les Iraniens se retirèrent à la condition que Diran leur verserait le même tribut qu'à Constance[248].

Le patriarche Houssig devenait le seul garant de l'Etat; ce que Diran ne pouvait supporter. Non seulement il ne témoigna la moindre reconnaissance au catholicos mais sa haine, envers celui qui avait sauvé son trône, décupla.

La paix revenue Diran se vautra dans la luxure et les excès. Le catholicos se dressa hardiment contre ces débordements et ceux de la cour. Il y régnait l'adultère, les vices contre nature, le mépris et l'oppression des petits, les crimes[249]. Houssig incitait le roi à faire amende honorable pour le massacre des Ardzrouni, des Rechtouni, le saccage des fiefs des Mamikonian et de restituer les richesses extorquées à ses féodaux. En tant que représentant du Seigneur sur terre le patriarche était prêt à donner l'absolution à un roi repentant, désireux de s'amender et de corriger ses fautes en renonçant avec humilité au péché et à pratiquer la charité. Il en disait tout autant aux courtisans. Ceux-ci excitaient Diran contre le patriarche. A la cupidité et à la bêtise le souverain ajoutait la cruauté.

Un dimanche que Houssig devait célébrer la messe dans l'église du château royal de Bnabegh, dans le Dzopk, le roi voulut y assister. Le pontife lui en interdit l'entrée s'il ne se réformait pas[250].

Dans l'Eglise arménienne encore aujourd'hui le diacre, avant la messe des fidèles, prononce l'exhortation suivante: «*Que nul catéchumène, que nul de ceux qui ont peu de foi, que nul pénitent et que nul impur ne s'approche de ce divin mystère!*».

Connaissant les péchés de Diran, le catholicos pouvait-il tolérer la présence du roi devant l'autel au moment du Saint Sacrifice ?

«*Mais l'Eglise a aussi le pouvoir d'imposer des oeuvres de pénitence et d'expiation, et d'en déterminer les condition: telle, l'interdiction de franchir le seuil de l'église, intimée à Diran par Housig ... C'est également aux ministres de l'Eglise qu'est réservé le droit d'absoudre les pénitents, quand ceux-ci ont satisfait aux conditions qui leur étaient imposées*»[251].

---

[248] F. Tournebize, p. 61.
[249] F. Tournebize, p. 468.
[250] F. Tournebize, p. 61; Honigmann, *Ostgrenze*, p. 8; in R. Grousset, p. 132.
[251] Faustus, III, 12, 14; IV, 4, 5; V, 23, 24, 28, 41; in F. Tournebize, p. 586.

Dans sa rage Diran fit immédiatement arrêter le catholicos dans l'église et ordonna de le battre à mort. L'occasion était trop belle pour lui de se débarrasser d'un censeur trop austère mais aussi aimé du peuple, donc trop puissant à son goût. Le corps du saint pontife n'était que plaies, chairs tuméfiées, os brisés. Ses clercs le transportèrent à Thordan. Au bout de quelques jours d'agonie il rendit sa belle âme à Dieu. Il fut enseveli dans la nécropole des catholicos[252]. Nous étions vers 347[253].

Le meurtre du catholicos ne faisait pas disparaître le christianisme mais ouvrait la succession de saint Houssig 1°. Selon la tradition elle aurait dû aller à l'un de ses fils. Bien qu'ordonnés diacres Bab et Athanakinès, les rejetons mécréants, n'avaient aucun penchant pour la vie religieuse. Ils vivaient en compagnie de leurs concubines dans le palais de la famille Bartev à Achtichat. Ils avaient choisi la carrière des armes et, gendres de Diran, ils en avaient aussi épousé les moeurs dissolues[254]. Aussi ni les nakhararq pieux ni même les dépravés ni le peuple n'en voulurent.

Les clercs se tournèrent vers un ecclésiastique apprécié par saint Grégoire l'Illuminateur, Daniel.

Saint Grégoire Bartev avait fait appel à des religieux grecs et syriens pour l'aider à évangéliser l'Arménie et les pays voisins. Parmi ceux-ci l'Illuminateur avait distingué un jeune moine syrien Daniel. Il s'était attelé à la rude mission de conversion des habitants du Daron, province particulièrement rebelle à l'introduction du christianisme. Saint Grégoire avait ordonné Daniel évêque et nommé intendant principal du Daron[255]. Le diocèse n'étant pas encore formé Daniel était chorévêque. Il avait dirigé des monastères et formé de nombreux moines.

Des familles chrétiennes donnaient certains de leurs enfants dès leur plus jeune âge à des congrégations réputées pour la sainteté de leurs maîtres ou archimandrites. C'est ainsi que deux garçonnets, l'un Syrien, Chaghida, l'autre Grec, Epiphane, «*se formèrent, dès l'enfance, aux vertus les plus austères, près du Syrien Daniel*»[256].

Daniel était maintenant un vieux prélat de l'Eglise arménienne, admiré et aimé pour sa foi profonde. Tous acceptaient que la tradition fût rompue pour une fois en sa faveur plutôt que de mettre à la tête de

---

252 Faustus, III, 12; in R. Grousset, p. 132; F. Tournebize, p. 61; Faustus, III, 12, 14; in F. Tournebize, p. 450.
253 R. Grousset, p. 132; F. Tournebize le situe entre 336 et 350, p. 61.
254 F. Tournebize, p. 460.
255 Faustus, III, 14; in F. Tournebize, p. 312.
256 F. Tournebize, p. 609.

l'Eglise un Bab ou un Athanakinès. Avant d'accepter la succession de saint Houssig, Daniel se fixa un préalable. En compagnie de ses disciples il se rendit dans l'Arzanene dans un des palais où se trouvait le roi. Il lui reprocha en termes vifs son crime sacrilège. Il le réprimanda durement lui intimant de faire pénitence. Diran II ne supporta pas les remontrances du vénérable chorévêque et le fit étrangler séance tenante en présence des religieux. Les moines portèrent le corps de leur maître dans sa province du Daron et l'ensevelirent dans le Paradis des Frênes[257].

L'Eglise arménienne n'est pas uniquement une Eglise nationale, la descendance d'Aghpianos

Le fait qu'un Syrien ait été choisi pour le catholicossat appelle une réflexion. Cela prouve que l'Eglise arménienne ne cultivait aucun particularisme.

Il est de bon ton, depuis ces dernières décennies, de réduire l'Eglise arménienne à la dimension d'une Eglise nationale. En quelque sorte refermée sur elle-même. Comme une sorte de survivance préhistorique se cramponnant à des valeurs nationales sinon nationalistes. Affirmons tout de suite que cette image est absolument erronée. Les étrangers ignorant l'Histoire de cette Eglise ne sont pas seuls en cause. De nombreux auteurs et intellectuels arméniens sont à incriminer, qui ont véhiculé ce concept d'Eglise nationale. Le peuple arménien, pratiquant ou non, étant très proche de son Eglise qui tient l'une tient l'autre pensaient ces esprits subtils et à courte vue. A courte vue, sinon ils auraient été conscients que cette conception tendait à isoler l'Eglise arménienne de sa racine vitale l'Eglise universelle. Heureusement cette notion commence à disparaître peu à peu. Si les Eglises ont été constituées de façon nationale, dès le début, ce n'était point pour morceler l'héritage du Christ mais pour les besoins de l'évangélisation. Nul ne peut s'attribuer la propriété de l'Eglise de Jésus-Christ. Saint Grégoire l'Illuminateur, le plus grand des Arméniens, était d'origine parthe. S'il forma des prêtres à partir des familles sacerdotales païennes arméniennes il fit aussi venir des missionnaires grecs et syriens. Il montra par là l'universalité de la foi chrétienne qui ne connaît point de frontières. On a pu le constater tout au long de ces lignes, dès la prédication apostolique puis l'installation du christianisme religion d'Etat, les missionnaires de l'Eglise arménienne rayonnèrent en Géorgie, en Azerbaïdjan, en Extrême-Orient (*Chine,*

---

[257] Faustus, III, 15; in F. Tournebize, p. 450, 468.

Inde, Iles de la Sonde) et en Extrême-Occident (*Norvège, Irlande, Islande*).

En ce troisième millénaire l'Eglise arménienne est implantée sur les cinq continents. De plus en plus de chrétiens non-Arméniens, attirés par son libéralisme doctrinal, s'associent à ses offices divins. Plus de 80% des mariages en France sont mixtes. Dans les diocèses et les paroisses des Etats-Unis d'Amérique la liturgie se déroule en arménien et en anglais. Les francophones commencent, encore timidement, à s'en inspirer.

Si cette Eglise est qualifiée d'arménienne c'est qu'à l'origine le royaume d'Arménie renfermait de vastes territoires englobés sous ce nom générique. L'Aghouanie et l'Ibérie, bien que nations autonomes, faisaient partie de l'Eglise arménienne. Les patriarches, les évêques et les prêtres, conscients d'appartenir à l'Eglise universelle, travaillaient dans leur sphère d'influence. S'impliquant dans la défense de l'Arménie ils luttaient en même temps pour son maintien dans le christianisme. L'Eglise arménienne est apostolique, universelle et orthodoxe. S'étant développée dans le peuple arménien, elle est aussi membre de l'Eglise universelle. A ce titre elle s'ouvre et accueille tout baptisé, quelle que soit son appartenance nationale ou ecclésiale, qui se soumet aux dogmes édictés à Nicée (*325*), Constantinople (*381*) et Ephèse (*431*).

Le meurtre de Daniel laissait le siège catholicossal vacant. Occasion rêvée pour Diran II de se passer de la tutelle de la famille de saint Grégoire l'Illuminateur. Afin d'éviter la vindicte populaire il choisit un proche parent des Bartev, Paren d'Achtichat, pour sa réputation de longanimité. Les historiens lui reprochent son indulgence envers les frasques royales[258]. Rien ne permet de les suivre sur ce terrain. Timide et effacé, ce catholicos n'eut pas le temps de marquer son époque, son pontificat n'ayant duré que de 348 à 352[259]. A sa mort il fut inhumé, non pas à Thordan, mais dans l'église saint Jean-Baptiste près d'Achtichat, au nord de Mouch, dans le Daron[260].

La succession était à nouveau ouverte. Il y avait une lignée parallèle à celle des Bartev, apte à accéder au patriarcat, les descendants d'Aghpianos. Le chef de la famille Aghpianos (*ou Aghbianos ou Albianus*) était un grand-prêtre païen issu d'une de ces tribus sacerdotales converties au christianisme par l'Illuminateur. Probablement d'origine syrienne les Aghpianos jouissaient d'une bonne renommée dans

---

[258] Faustus, III, 16; in R. Grousset, p. 133.
[259] M. Ormanian, p. 14; R. Grousset, p. 133.
[260] Faustus, III, 16; in F. Tournebize, p. 447.

l'Arménie pré-chrétienne. Ils conservèrent ce prestige après leur christianisation. Aghpianos avait collaboré étroitement et loyalement avec saint Grégoire Bartev dans l'évangélisation de l'Arménie. L'Illuminateur, pour le récompenser, l'avait établi évêque de la chapelle royale et lui avait laissé ses apanages[261]. Nous avons vu que, sur ordre du roi Khosrov II, Vatché Mamikonian avait exterminé les rebelles Manavazian et Ordouni et qu'une grande partie de leurs terres avait été donnée au clergé. Ce fut l'évêque Aghpianos qui reçut les biens des Manavazian, c'est-à-dire la région de Manazkert (*Mantzikert*) et le bourg de Manavaze. Il se partagea les domaines des Ordouni avec l'évêque de Basean[262]. Voilà pourquoi les héritiers d'Aghpianos portaient aussi le nom de Manazkert[263].

Chahag, évêque de Manazkert de la lignée d'Aghpianos, fut désigné comme locum tenens, mais ne fut pas élu catholicos par les prélats. Il administra l'Eglise pendant un an de 352 à 353[264].

De tragiques événements attendaient Diran II. Chahpour II, le roi des rois, ne lui pardonnait pas son alliance avec les Romains et la conversion du royaume au christianisme. A ceci s'ajoutait sa haine viscérale de Sassanide pour les Arsacides, supplantés en Perse mais non éliminés d'Arménie. Il cherchait un prétexte pour évincer Diran. Il le trouva grâce à un traître. Faustus nous rapporte que la félonie vint du chambellan du roi d'Arménie, Phisac de Siounie.

La population de la Siounie était barbare et en majorité païenne. Elle parlait la même langue que les Albaniens du Caucase[265]. Vaghinac, le prince souverain de Siounie, avait fait allégeance au roi d'Arménie Khosrov II Pokr, qui lui avait donné sa fille en mariage et l'avait nommé commandant de la marche de Siounie[266]. La Siounie fut définitivement christianisée et civilisée par les missionnaires arméniens dans les années suivantes. La Siounie recouvre la partie méridionale de l'Arménie actuelle. Phisac de Siounie avait persuadé Chahpouhr que Diran lui refuserait le cheval gris pommelé que le roi de Perse brûlait du désir de

---

[261] F. Tournebize, p. 313, 425, 463.

[262] F. Tournebize, p. 159, 459.

[263] F. Tournebize, p. 320.

[264] M. Ormanian, p. 172.

[265] Zacharie le Rhéteur, *Chronique ecclésiastique*, trad. Ahrens-Krüger, p. 253; Thopdschian, *Politische und Kirchengesch. Arm.*, p. 156; Hübschmann, *Ortsnamen*, p. 266; Laurent, *L'Arménie entre Byzance. et l'Islam*, p. 13, n. 1; in R. Grousset, p. 131.

[266] Faustus, III, 9; Brosset, *Histoire de la Siounie*, II, p. 15; in R. Grousset, p. 129.

posséder. Le chambellan qui, décidément devait haïr son maître, avait ajouté que le roi d'Arménie s'apprêtait à envahir l'Atropatène cédée par son père aux Sassanides. Avec une escorte de trois mille hommes le souverain perse entra dans le fief des Abahouni, au pied de l'Ararat. Diran invita Chahpouhr à une grande chasse royale. Durant le festin qui suivit Varaz-Chahpouhr[267] ordonna à ses gardes de faire prisonniers le roi, la reine et le prince héritier Archac. Sur le chemin de l'Iran il s'arrêta dans le sud de l'Arménie au village de Talaris, y fit rougir une pointe de lance au feu et aveugla Diran. Depuis, Talaris s'appelle Adzough (*Charbon*). Après interrogatoire et enquête Chahpouhr apprit que Phisac de Siounie lui avait menti. Il le fit écorcher vif et remplir sa peau d'herbes sèches[268]. Cela se passait autour de 350.

L'Arménie décapitée semblait une proie facile pour la Perse. C'était sans compter avec la noblesse féodale du pays qui opposa une forte résistance. Elle s'allia à Constance. Arméniens et Romains infligèrent une grande défaite à Chahpouhr, à Ochka, l'obligeant à lever le siège de Nisibe, forteresse méridionale de l'Arménie au nord de la Mésopotamie[269]. Cela n'aurait pas suffi à libérer le pays si les Massagètes n'avaient pas envahi le Khorassan. Le roi des rois dut se replier pour refouler hors d'Iran cette barbare peuplade d'origine scythe. Pris en tenailles entre la coalition arméno-romaine et l'offensive des Massagètes, les Perses demandèrent la paix. Ils durent relâcher Diran et sa famille. Le roi aveugle abdiqua en faveur de son fils Archac[270]. C'était en 351.

Le roi Archac II, Nersès catholicos à vingt-sept ans, synode d'Achtichat

Au début Archac ne fut pas un mauvais roi. Ce fut sans doute grâce à la bonne influence de Nersès. Nersès était le fils d'Athanakinès et de Bambichen et petit-fils de saint Houssig[271]. Par son père, Nersès descendait de saint Grégoire l'Illuminateur. Par sa mère, il était cousin du roi. Ayant épousé la princesse Sandouhte, fille de Vartan Mamikonian, il était allié à la famille des sbarabeds (*généraux en chef*)

---

267 Le surnom de Varaz (*sanglier*) était porté par Arméniens et Iraniens. Il trouverait son origine dans un mythe indien: la transformation de Vishnou en sanglier: d'après les Pouranas indiens, Hardy, *Indische Rel. Gesch.*, p. 109, Leipzig 1898; in F. Tournebize, p. 456, 457.
268 Faustus, III, 12, 20; in F. Tournebize, p. 456.
269 H. Pasdermadjian, p. 105, 106.
270 H. Pasdermadjian, p. 106; F. Tournebize, p. 805.
271 R. Grousset, p. 135; pour F. Tournebize Bambichen était fille ou soeur de Diran, p. 470.

d'Arménie[272]. Nersès était un militaire mais il avait aussi reçu une solide formation théologique à Césarée en compagnie du futur saint Basile le Grand[273]. Quand on a pour ancêtres saint Grégoire l'Illuminateur, Tiridate III le Grand et qu'on a des liens avec la famille du prince Mam-Koun, on ne peut qu'être un puissant personnage. Alors on pourrait se laisser aller à la facilité et aux plaisirs, d'autant que les mauvais exemples des oncles et du père sont là. Chez Nersès seuls les bons, les meilleurs, les plus saints penchants l'emportaient. Au bout de trois ans de mariage il perdit son épouse; elle lui laissait un fils Sahac. Il entra au service de son cousin Archac II. Séduit par la grâce, la réserve, l'honnêteté, l'allure et l'intelligence du jeune officier le roi en fit son chambellan[274]. En tant que conseiller du monarque Nersès fut à l'origine des meilleures actions du règne.

On sait que les Mamikonian, qui avaient sauvé les rejetons Rechtouni et Ardzrouni, s'étaient réfugiés dans le Daïq. Nersès fit réparer par le souverain les injustices commises par son père Diran. L'aîné des quatre fils Mamikonian, Vassac, fut restauré dans les privilèges familiaux et devint généralissime des armées (*sbarabed*). Ses trois frères, Vartan, Vahan et Vrouj reçurent les commandements adjoints[275]. Grâce à Nersès le roi reprenait son armée en main. Sur les conseils de son chambellan et de son nouvel état-major il installa des garnisons réduites mais mobiles aux marches du royaume et les confia à la famille des Gnouni rappelée aussi de son bannissement[276]. Les nakhararq rentrèrent tous d'exil. On en compta jusqu'à neuf cents à la cour[277].

«*L'armée entière avec tout ce qui en dépend, c'est-à-dire les munitions d'armes, les piques, les arcs, les étendards ornés d'aigles et de faucons, ainsi que le commandement des troupes en temps de guerre, fut confiée aux descendants de l'ancienne famille des Mamikonian qui furent investis des charges de* stratélès *et de* sparapet. *Ils étaient renommés pour leur intrépidité et leur valeur militaire. On eût dit que le ciel même leur accordait l'administration militaire dans toute l'étendue de la Grande Arménie. Les membres de ces deux maisons*[278], *ainsi que ceux de*

---

[272] Faustus, IV, 3; *Généalogie de saint Grégoire l'Illuminateur et vie de saint Nersès*, C, 2, p. 22-23; in R. Grousset, p. 135.
[273] H. Nadjarian, p. 80.
[274] F. Tournebize, p. 470; R. Grousset, p. 135.
[275] F. Tournebize, p. 470, 471.
[276] R. Grousset, p. 134.
[277] Faustus, IV, 2; in F. Tournebize, p. 806.
[278] Ce sont les maisons Gnouni et Mamikonian.

la noblesse qui venait après eux, décorés de titres de gouverneurs, obtinrent le droit de s'asseoir en présence du roi sur des coussins, de porter des insignes d'honneur sur leurs têtes, sans parler des chefs des grandes familles qui, en leur qualité de gouverneurs, étaient admis au palais à l'heure des repas et occupaient neuf cents coussins parmi les convives»[279].

Le clergé, les seigneurs, le peuple savaient bien qu'ils devaient cette politique de clémence et de paix à Nersès. Aussi pesèrent-ils sur le roi dans le but de mettre ce digne descendant de saint Grégoire sur le Siège de son aïeul.

«La foule ne connaissait pas seulement le jeune chambellan pour l'avoir souvent admiré, «dans son brillant uniforme, debout derrière le roi, dont il tenait l'épée d'acier, dans son fourreau d'or, attaché à une ceinture ornée de perles et de pierres précieuses». Elle appréciait plus encore, sans doute, d'autres qualités d'ordre supérieur. Aussi d'une voix unanime, le proposa-t-elle pour la charge de catholicos»[280].

Alors qu'il était sous l'uniforme c'est l'habit du Christ que Nersès avait intérieurement revêtu. La noblesse de la vie et des moeurs s'incarnait en lui[281]. Qui mieux que Nersès vaillant militaire, grand homme d'Etat, prince du sang, théologien réputé pouvait-il assumer la haute charge de réorganiser et de conduire l'Eglise ? Mais il n'avait que vingt-sept ans[282]. Il ne se sentait pas prêt à prendre un tel poids sur ses épaules. Il commença par refuser, se sentant indigne d'une telle succession. On ne voulut pas l'entendre. Il avoua des péchés imaginaires. L'assistance, qui connaissait sa pureté, proclama qu'elle prenait ces fautes sur elle.

Le roi lui aurait ordonné de se plier au désir du peuple. Le caractère et la personnalité de Nersès s'inscrivent en faux contre une telle allégation. Affecté par la disparition de son épouse, n'ayant plus l'intention de se remarier il vit dans cet appel la voie dure mais grandiose qui mène à la sainteté. Enfin, nous dit le biographe, il se laissa couper ses longs cheveux noirs magnifiquement bouclés, dépouiller de ses luxueux vêtements de chambellan et de prince du sang pour revêtir l'humble habit du clerc[283]. L'évêque Faustos lui conféra le diaconat.

---

[279] Faustus, IV, 2, p. 236; *Auteur de la généalogie de st. Grég. l'Ill. et vie de st Nersès*; in Langlois, *Hist. Arm.* II, p. 22-23; in R. Grousset, p. 134, 135.

[280] F. Tournebize, p. 471.

[281] Faustus IV, 3; in H. Nadjarian, p. 80.

[282] R. Grousset, p. 135.

[283] F. Tournebize, p. 472.

«*Alors, par une bizarre disposition, où l'on voit la sagesse de Dieu, qui tourne à son gré les desseins des hommes, le successeur de Diran, un prince plus vicieux encore que son père, fit élire patriarche des Arméniens l'un des hommes dont s'honore le plus l'Arménie, Nersès le Grand, le petit-fils de saint Hussig*»[284].

Du même coup le domaine d'Achtichat revenait dans les biens de l'Eglise. Le jeune ecclésiastique désira recevoir la consécration épiscopale des mains de l'évêque de Césarée. Selon la coutume une somptueuse escorte l'y accompagna.

Faustus de Byzance parle d'une vingtaine d'évêques et de seigneurs suivis de centaines de cavaliers. Il nous dit aussi que Nersès fut consacré par Eusèbe de Césarée en présence de son condisciple Basile. Eusèbe n'a été évêque de Césarée qu'en 362 et Basile le Grand fut ordonné prêtre en 364[285]. Or Nersès accéda à l'épiscopat en 353[286].

L'époque était sombre, les démons du paganisme séduisaient encore de nombreux nakhararq et une partie du peuple. Les principes de morale, de bonté, de piété, de charité, d'amour désintéressé du prochain recommandés par le christianisme se heurtaient aux pires difficultés pour surmonter la perversion des idolâtres. Les successeurs de Tiridate III et de Khosrov II ne donnaient pas le bon exemple.

«*La civilisation chrétienne de l'Arménie menaçait donc de dépérir dans sa première fleur ou d'être facilement fauchée par les mazdeistes de Perse, quand la Providence éleva sur le trône patriarcal un homme qui, par sa prudence, sa piété, son zèle, son amour pour Dieu, sa charité pour les pauvres, sa pitié pour les humbles, son orthodoxie, enfin par son génie organisateur, mérite d'être placé à côté de Basile le Grand*»[287].

Cet homme admirable et admiré par l'auteur de cet éloge est Nersès, le futur saint Nersès le Grand.

Dès son retour de Césarée le catholicos se voua à la réorganisation de l'Eglise. Il fallait d'abord que prêtres et fidèles réapprissent à se soumettre aux saints canons de l'Eglise universelle. Aussi Nersès convoqua-t-il un synode dans son fief d'Achtichat. Sous le pontificat du peu énergique Paren 1° les païens et les ariens avaient repris de la vigueur. La discipline s'était quelque peu relâchée. L'assemblée

---

[284] Faustus, IV, 4; Gelzer, *Die Anfänge der Arm. Kirche*, trad. arm., Venise, 1896; in F. Tournebize, p. 62.
[285] H. Nadjarian, p. 80.
[286] M. Ormanian, p. 172; R. Grousset, p. 135.
[287] F. Tournebize, p. 470.

d'Achtichat allait y remédier. Plusieurs synodes se tiendront à Achtichat. Le jeune patriarche rappela les clercs à leurs devoirs, traça les limites entre la vie religieuse et l'activité laïque; la première devant donner l'exemple et amener la seconde à se tourner en priorité vers Dieu. Tous devaient se conformer à vivre selon les préceptes de l'Evangile. Le mariage entre parents jusqu'au cinquième degré et l'inceste, deux déviations préconisées et recommandées par le mazdéisme, furent condamnés[288]. Il fut ordonné aux époux d'être mutuellement fidèles et de baser leurs relations sur les conseils du Lévitique (*15, 24*)[289]. Toute relation sexuelle hors mariage fut interdite, et même nous apprend Faustus, «*les rapports illicites avec les filles d'une beauté remarquable*». Les coutumes païennes consistant, pendant les funérailles, à crier, gesticuler, louer des pleureuses qui s'arrachent les cheveux et se griffent le visage, à imposer aux proches des mutilations corporelles furent strictement prohibées[290]. Ces quelques aperçus démontrent le zèle déployé par Nersès pour extirper les réminiscences du paganisme, les erreurs de l'arianisme et l'extrême-rigueur nécessaire à cet effet. Il réglementa aussi le monachisme et l'érémitisme. Sa formation militaire lui donnait le sens de l'ordre et de la discipline. Ses antécédents de chambellan lui avaient appris l'élaboration et l'application des lois et des décrets. Sa foi profonde lui commandait de rassembler le troupeau derrière le Seigneur.

La Siounienne Parantzem, Constance donne au roi d'Arménie la fiancée de son frère en mariage, exil du patriarche, construction d'Archacavan

Archac II voyait d'un très mauvais oeil cette restructuration de l'Eglise sous la houlette d'un jeune et pur catholicos dont la stature prenait de plus en plus d'importance. Il était admiré par les Grands, en comparaison avec la bassesse de leur souverain, aimé par peuple, qui réprouvait les vices du roi, obéi avec empressement par le clergé, qui imitait les qualités de son supérieur. Le monarque avait pourtant insisté pour que son cousin accédât au Siège de saint Thaddée dans l'espoir peut-être d'éloigner un chambellan qui prenait de l'ascendant.

---

[288] R. Grousset, p. 136.
[289] Faustus, IV, 4; in F. Tournebize, p. 474.
[290] Faustus, IV, 4; in R. Grousset, p. 136.

Se conformant au voeu du catholicos, de grandes dames entraient au cloître en renonçant à tous leurs biens en faveur de l'Eglise. Le roi guignait aussi sur ces richesses de l'Eglise augmentées sans cesse par des donations de la noblesse, exonérées d'impôts depuis Tiridate III, et alimentées par les dotations royales.

Pour le moment d'autres événements retenaient l'attention du monarque le faisant recourir, contre son gré, aux conseils du patriarche. C'était en premier lieu la pression constante de la Perse. Nersès proposa à Archac de rechercher l'alliance des Romains. Constance, converti à l'arianisme, tenait à en favoriser la diffusion en Arménie. Il savait aussi combien celle-ci était garante de l'intégrité de l'Empire romain face aux Sassanides.

Entre l'hérésie d'un empereur qui déplaisait à Nersès et le paganisme d'un Chahpouhr, perfide et cruel, il n'y avait pas à hésiter. Sur les conseils du patriarche le roi envoya une délégation à Constantinople. Parmi les ambassadeurs se trouvaient ses neveux: Knel et Dirith. Knel avait épousé Parantzem, une merveilleuse beauté. Dirith était amoureux de la femme de son cousin. Elle fascina aussi le roi. Parantzem était la fille d'une princesse Mamikonian et d'Andoc de Siounie. Mais c'était Vaghinac, vassal du roi d'Arménie, qui régnait sur la Siounie. Les princes souverains de Siounie acceptaient difficilement la tutelle du monarque arménien.

Dès que Parantzem fut mariée au jeune, beau et riche Knel elle profita de son statut et de l'effet qu'elle produisit sur Archac pour faire assassiner son oncle Vaghinac. Elle fit installer son père Andoc à la place de son oncle. Andoc devint conseiller du roi d'Arménie et participa aux élections de Paren 1° et de Nersès 1°[291].

Dirith, sous le charme de Parantzem, suggéra à son oncle de faire disparaître Knel espérant en épouser la veuve. Knel vivait auprès de son grand-père, le vieux roi déchu et aveugle Diran; pressentant, peut-être, les intrigues il se retira dans une résidence royale à Zarichad au nord-ouest de Manazkert. L'idée du perfide Dirith ne déplut pas au roi qui avait aussi des vues sur la belle Parantzem. Il invita Knel à une grande chasse et le fit transpercer d'un coup de pique par son généralissime Mamikonian. Nous étions vers 356[292]. Archac s'appropria les biens de son neveu et proposa le mariage à Parantzem. Elle pleurait son époux et ne témoigna que du mépris pour le roi[293]. Mais, intelligente, ambitieuse,

---

[291] Brosset, *Histoire de la Siounie*, II, p. 15; in R. Grousset, p. 131.

[292] Faustus, IV, 15; in F. Tournebize, p. 63, 64.

[293] F. Tournebize, p. 614, 615.

vénale, sans scrupules, toujours païenne elle accepta, pour servir ses desseins, d'être la concubine du monarque.

De son côté l'empereur Constance tenait à raffermir les liens entre Constantinople et l'Arménie. Il proposa, vers 356-360, une épouse à Archac. Et comme il avait sous la main la fiancée de son frère Constant il n'hésita pas à séparer les deux jeunes gens pour donner la jeune fille au roi d'Arménie. Il s'agissait d'Oghombiata ou Olympiade, la fille de l'ancien préfet du prétoire Ablabius[294]. Il fallait qu'Archac congédiât Parantzem. La farouche princesse ne pouvait pas tolérer qu'on la mît à la porte comme une vulgaire hétaïre. Comment pouvait-elle accepter qu'une autre qu'elle devînt reine alors que sa naissance la situait bien au-dessus de cette Oghombiata. A cette époque Parantzem était sans doute enceinte. Elle attendait le futur roi Bab[295]. Allait-elle voir le trône échapper à son rejeton ? Il fallait agir vite, avant que la reine Olympiade ne donnât un héritier à la royauté. L'innocente Oghombiata n'imaginait même pas la haine qu'elle venait de susciter. En bonne chrétienne elle communiait fréquemment, se conformant aux paroles du catholicos Nersès: «*A cause de nous le Christ est devenu pain, il nous a donné son sang à boire, afin que le corps s'unît avec le corps, le sang avec le sang, notre âme avec la divinité*».

Mais la terrible Parantzem n'éprouvait aucun respect pour les Mystères de l'Eglise. Elle soudoya l'officiant du jour, un prêtre de cour vénal et corrompu Merdchiounig, qui mêla du poison aux Saintes-Espèces et tua la douce Olympiade[296].

Parantzem, pour éviter toute déconvenue, épousa Archac qu'elle n'aimait point. Celui-ci, depuis qu'il avait fait assassiner son neveu Knel et fait de Parantzem sa concubine, se vautrait dans la débauche. Subjugué par la nouvelle reine rien ne le retint plus sur la mauvaise pente. Sans relâche Nersès rappelait le roi à ses devoirs, condamnait ses péchés. Excédé Archac exila le catholicos en 359. Jusqu'en 363 Nersès resta éloigné du Siège de saint Thaddée. Ce qui ne l'empêcha pas de se rendre à Constantinople pour y plaider la cause de son pays, puis il se retira en ses domaines d'Achtichat.

Avant son départ le patriarche avait choisi de fidèles et saints auxiliaires afin de surveiller la bonne marche de l'Eglise. Il confia la direction des

---

294 AMMIEN MARCELLIN, XX, 11; ATHANASE, *Hist. arian. ad Mon.*, n. 69; MIGNE, P. G., XXV, 776; in F. Tournebize, p. 485; Marquart, *Untersuch. zur Gesch. von Eran*, 5, *Zur Kritik des Faust. von Byz.*; in Philologus, T. 55, p. 220, 1896; in R. Grousset, p. 134; H. Pasdermadjian, p. 106; Ammien Marcellin, XX, 11, p. 139-140; in R. Grousset, p. 139.

295 F. Tournebize, p. 615.

296 Faustus, III, 3; IV, 6, 15, 57; V, 28; in F. Tournebize, p. 580.

monastères à des moines vertueux tels Chaghida, Epiphane, Ephrem et Kint de Daron. Chaghida et Ephrem étaient Syriens, Epiphane Grec et Kint Arménien. Tous avaient été formés par Daniel le Syrien, étranglé sur ordre du roi Diran. A Khat, son diacre, le catholicos laissa le contrôle de toutes les congrégations[297].

Khat était originaire de la cité royale de Garin. Avant de s'éloigner sur ordre du roi, Nersès ordonna Khat évêque de Bagrevand et d'Archarouniq et en fit son vicaire patriarcal. Khat était critiqué pour son amour des chevaux et des beaux atours. Dès sa consécration il se libéra de ses faiblesses et revêtit la bure du moine. Il était marié et père de deux filles. On ignore si son épouse était en vie au moment où il devint évêque mais on peut être assuré que Khat vécut, dès lors, dans la chasteté. L'une de ses filles épousa Asrag qui succédera à son beau-père sur le Siège épiscopal de Bagrevand[298].

Le district de Bagrevand se situe entre le lac de Van au sud et la province du Chirac au nord; il est cerné par des affluents de l'Euphrate et des chaînes de montagnes. Il faisait partie du fief des Mamikonian; il passera aux Bagratides vers 860.

La place du vicaire patriarcal était auprès du catholicos. Mais Khat, sur ordre de Nersès, ne le suivit pas dans son exil afin de veiller sur l'Eglise. En plus du vicaire il y avait l'administrateur du palais catholicossal (*Faustos, à l'époque de Nersès*) et le camérier, (*Zorth à cette date*). Camérier et administrateur géraient les hospices et les établissements destinés aux pauvres. Six autres évêques complétaient le Conseil du catholicos, chiffre maintenu jusqu'au XVIII° siècle(*Neumann*)[299].

Archac II décida de fonder une ville dans l'Ararat, qu'il baptisa Archacavan. A la différence de son grand-père, Khosrov II, qui avait bâti et peuplé Dvin dans le strict respect de la foi et de la loi, Archac fit appel à tous les malfaiteurs du royaume. Il leur promit l'amnistie s'ils devenaient citoyens d'Archacavan quel que soit leur forfait, assassinat, vol, inceste, viol[300]. Aussitôt des femmes en rupture de foyer, des maris abandonnant épouses et enfants, des serviteurs qui avaient dévalisé leurs maîtres, des traîtres, des cambrioleurs, des faussaires, des criminels, des faux témoins, assurés de l'impunité, accoururent de toutes parts[301].

---

[297] Moïse de Khorène, III, 20; in H. Nadjarian, p. 82.

[298] Faustus, IV, 12; in H. Nadjarian, p. 82; F. Tournebize, p. 479.

[299] Faustus, VI, 15; in F. Tournebize, p. 479.

[300] H. Nadjarian, p. 79; F. Tournebize, p. 479.

[301] Faustus, IV, 12, 13; in H. Nadjarian, p. 79.

Pourquoi le roi décidait-il de concentrer toute la pègre du pays dans Archacavan ? A cette époque la justice était dévolue à l'Eglise selon les dispositions prises par le synode d'Achtichat au sujet des laïcs[302]. Cela s'apparentait de la part du monarque à une tentative sinon de séparation de l'Eglise et de l'Etat, du moins à l'affirmation par le pouvoir civil de sa volonté de régir la nation.

L'Eglise gouvernait les vies religieuse et profane dans leur globalité, réduisant ainsi le pouvoir royal. Nersès aurait voulu faire de l'Arménie une maison de prières sinon un vaste cloître[303].

Le conflit, entretenu par la monarchie, avait débuté sous Diran par les assassinats de Houssig et de Daniel. La belle entente entre saint Grégoire l'Illuminateur puis saint Aristakès et Tiridate III, entre saint Vrtanès et Khosrov II, n'était dorénavant plus de mise.

Archac défiait l'Eglise en concentrant les malandrins dans sa nouvelle ville. L'Eglise, elle, se plaçait au-dessus des provocations du temporel. Si elle prenait en charge la destinée morale, spirituelle et sociale de l'Arménie, c'était en vertu du principe, établi très tôt dans l'Eglise arménienne, que la Nouvelle Alliance instituée par le Sauveur s'adresse à l'assemblée de tous les fidèles. Appelé par Dieu chacun d'eux est investi de la mission de conversion à travers le monde. Les évêques, successeurs des apôtres, et les prêtres doivent sensibiliser les chrétiens à leurs devoirs devant Dieu et leurs semblables. Tous doivent rendre présente et vivante la réalité du Christ. L'Eglise arménienne ne réduit pas sa gestion à une vision purement cléricale ni au magistère des seuls évêques ou prêtres. C'est l'ensemble des croyants qu'elle regroupe hiérarchiquement et administrativement.

Les catholicos corrigeaient sans cesse les erreurs et les maladresses des rois et préservaient la paix sociale en organisant les secours charitables. Ils consolidaient le trône, par leurs interventions auprès des nakhararq, sans recueillir la moindre reconnaissance de la part des monarques.

Le vicaire patriarcal Khat se montra digne des recommandations de son supérieur. Il reprocha durement à Archac la création de ce repaire de brigands. Le roi voulut circonvenir le prélat. Il avait ouï dire combien celui-ci aimait les chevaux et les chamarrures. Il ne savait pas que Khat y avait renoncé. Il lui proposa, pour prix de son consentement, de l'or, de l'argent, les meilleurs coursiers des écuries royales richement harnachés de soie brodée de métaux précieux. Khat reçut les présents et, séance tenante devant le roi médusé, les distribua aux pauvres. Il ajouta qu'il obéissait aux ordres du catholicos. Il réitéra en termes véhéments son

---

[302] Faustus, VI, 5; in H. Nadjarian, p. 79.
[303] Faustus, IV, 4; in F. Tournebize, p. 609.

opposition au projet du souverain. Humilié devant son peuple, fortement courroucé Archac fit jeter Khat hors de sa présence[304].
Archacavan fut construite vers 366 nous dit Nadjarian[305]. Tournebize en place la fondation autour de la mort de Knel en 355 environ[306]. En 355, Nersès n'était pas encore exilé et en 366 il était de retour.
Peut-on imaginer que le courageux et saint patriarche ne se soit pas opposé en personne au roi, comme il le fit souvent, et laissé cette tâche à son vicaire ? Le projet dut être dévoilé entre 359 et 363, période de l'éloignement de Nersès; Archacavan sortit du sol dans ces dates puisque le catholicos s'éleva fermement contre ce déni de justice, probablement, à son retour.

Archac veut installer un catholicos docile, lâcheté de Jovien, duplicité de Chahpouhr

Pendant l'absence de Nersès le roi tenta d'installer un catholicos docile, l'évêque Chahag de Manazkert dit «*Tchonac*», de la famille Aghpianos. Tchonac passait pour être bienveillant à l'égard du roi[307]. Ce qui aurait permis à Archac d'établir son autorité sur l'Eglise. Les évêques d'Arménie refusèrent d'élire et de consacrer Tchonac patriarche arguant du fait que Nersès était toujours en vie. Ils ne permirent à Chahag de Manazkert que d'expédier les affaires courantes.
Pendant ce temps les Sassanides, dans leur volonté de s'emparer de l'Arménie, se faisaient menaçants. Vers 362 Archac envoya une ambassade auprès du successeur de Constance, Julien l'Apostat[308]. Les armées romaine et arménienne lancèrent une offensive qui mit les Perses en déroute. Pendant que Julien se lançait à leur poursuite, Archac II et Mamikonian occupaient l'Atropatène qui fut souvent province arménienne. Les Romains parvinrent aux portes de la capitale perse, Ctesiphon sur le Tigre. Julien l'Apostat y fut tué en 363.
Son piètre successeur, Jovien, abandonna les Arméniens à la vindicte de Chahpouhr. Il battit en retraite après avoir signé un honteux traité de paix par lequel il permettait aux Sassanides d'occuper le nord de la

---

[304] Faustus, IV, 12, 13; in F. Tournebize, p. 479.
[305] H. Nadjarian, p. 79.
[306] F. Tournebize, p. 806.
[307] Faustus, IV, 5; in F. Tournebize, p. 313.
[308] Ammien Marcellin, XXIII, 3, p. 193-194; in R. Grousset, p. 139.

Mésopotamie, le nord-est de la Syrie et Nisibe, c'est-à-dire toutes les places fortes du sud de l'Arménie[309].

«*Mais le défaitisme de Jovien ne s'arrêta pas là. «Par une clause additionnelle, concession déloyale autant que funeste, écrit l'honnête Ammien Marcellin, il fut stipulé qu'Arsace (Archak II), l'ancien et fidèle allié du peuple romain, ne pouvait à l'avenir être secouru par nous contre les Perses. L'ennemi voulait par là d'abord punir ce prince du ravage de la province de Chiliocome qu'il avait opéré par ordre de Julien, et, subsidiairement, se ménager des facilités pour envahir plus tard l'Arménie»*[310].

Ainsi Jovien le pleutre lâchait l'Arménie tout en affaiblissant considérablement l'Empire romain.

Solidement campés à Gandja, dans la forteresse naturelle de l'Artsakh (*Haut-Karabagh*), Archac et son généralissime Vassac Mamikonian tinrent tête aux Iraniens pendant un an[311]. Avec ses seules forces le roi aurait pu bouter les Perses hors de ses frontières si sa noblesse lui avait prêté main-forte. Mais, après sa bonne conduite à l'égard de ses vassaux au début de son règne, il avait repris envers eux la mauvaise attitude de son père, inspirée par sa cupidité et ses mauvais penchants. Les féodaux l'abandonnèrent. Les Perses rasèrent définitivement l'ancienne capitale de Tigrane le Grand, Tigranocerte, déjà démantelée par les légions de Lucullus et, «*écrasant les hommes aux pieds de leurs éléphants et attachant femmes et enfants aux timons de leurs chariots*», ils ruinèrent cette partie de l'Arménie[312].

Nous n'entrerons pas dans le détail des dévastations, des déportations de dizaines de milliers d'Arméniens et de Juifs, fidèles à leur patrie, commises sur ordre de Chahpouhr II.

Archac dut recourir une nouvelle fois aux bons offices de son cousin Nersès. Le catholicos lui reprocha ses mauvaises actions, la spoliation des féodaux, le meurtre de Knel, son concubinage avec Parantzem, l'empoisonnement sacrilège d'Olympiade, l'impiété de la reine Parantzem, la construction d'Archacavan. Archac le suppliait de ramener ses vassaux à la raison. Les nakhararq, sachant combien le patriarche avait défendu leurs privilèges face au pouvoir royal, vinrent se plaindre à

---

[309] Ammien Marcellin, XXV, 7, p. 244; in R. Grousset, p. 140. Ammien; in Manandian; in H. Pasdermadjian, p. 106.
[310] Ammien Marcellin, XXV, 7, p. 241; Faustus, IV, 21; in R. Grousset, p. 140.
[311] Faustus, IV, 21; in R. Grousset, p. 140.
[312] R. Grousset, p. 140.

lui. Nersès leur recommanda de rester fidèles à leur souverain. Il savait les erreurs de cette dynastie arsacide d'Arménie, et de quelle odieuse façon elle s'était comportée envers sa noblesse. Il valait mieux servir un roi chrétien, même mauvais chrétien, que de perdre son âme auprès d'un Sassanide païen. Les nakhararq respectaient le catholicos pour sa haute naissance, son courage, sa piété, son charisme, son désintéressement mais ils ne purent se résoudre à rejoindre Archac. Certains d'entre eux, s'unissant à Chahpouhr, attaquèrent Archacavan déjà amoindrie par une épidémie, et tuèrent tous les gibiers de potence restant[313]. D'autres, par déférence pour le pontife, au lieu de rejoindre le Sassanide se retirèrent sur leurs terres[314]. Il y en eut qui, par souci de ne pas sortir de l'Eglise et pour conserver leurs possessions, suivirent un autre prince. Ce fut le cas du gouverneur de la marche (*ou bdeachkh*) du Gougarq et de quelques seigneurs. Ils se mirent sous la suzeraineté des Ibères (*Géorgiens*) membres de l'Eglise arménienne[315].

Chahpouhr, «*un monstre de perfidie et de cruauté, l'homme qui porta à l'Arménie des coups dont elle ne se releva pas*»[316], décida d'en finir avec Archac. Il lui envoya un paquet de sel, symbole d'amitié et de paix, cacheté par son propre sceau, une tête de sanglier, pour le convier à sa cour. Archac et son fidèle Vassac Mamikonian durent se rendre à cette invitation en forme d'ultimatum, faute de quoi le roi des rois menaçait de noyer l'Arménie dans le sang. A Ctesiphon Chahpouhr traita Archac avec mépris. Le roi d'Arménie rappela au Sassanide, avec fierté et courage, que sa race était suzeraine de la sienne quand les Arsacides régnaient sur l'Iran. Fort irrité de subir le dédain du vaincu devant ses satrapes Chahpouhr fit enfermer Archac et son général dans la Forteresse de l'Oubli en Susiane (*Kouzistan*). Forteresse de l'oubli se dit *Anhousch Perth* en arménien et *Antmesh* en persan[317].

Pour l'instant l'Arménie restait aux mains de la reine Parantzem qui, avec l'aide du catholicos, se battra pour sauver le trône de son fils, Bab. Celui-ci élevé par sa mère dans les superstitions païennes et la crainte des devs, se révélera plus retors et vicieux que son père[318].

---

[313] F. Tournebize, p. 480.

[314] Faustus, III, 8; in F. Tournebize, p. 809; Faustus, IV, 51; in R. Grousset, p. 141, 142.

[315] Ghevond MOVSESSIAN, *Histoire des rois Kurikian de Lori*, Revue Etudes arméniennes, t. 7, 2, p. 214, 1927; in R. Grousset, p. 141.

[316] H. Pasdermadjian, p. 106.

[317] F. Tournebize, p. 809.

[318] Les devs ou dewq, dont parle J.-P. Mahé, R. Et. arm., T. XVI, p. 193, 1982, sont des génies malfaisants. L'anglais *devil* trouve son origine dans l'arménien *dev* (*N. D. A.*).

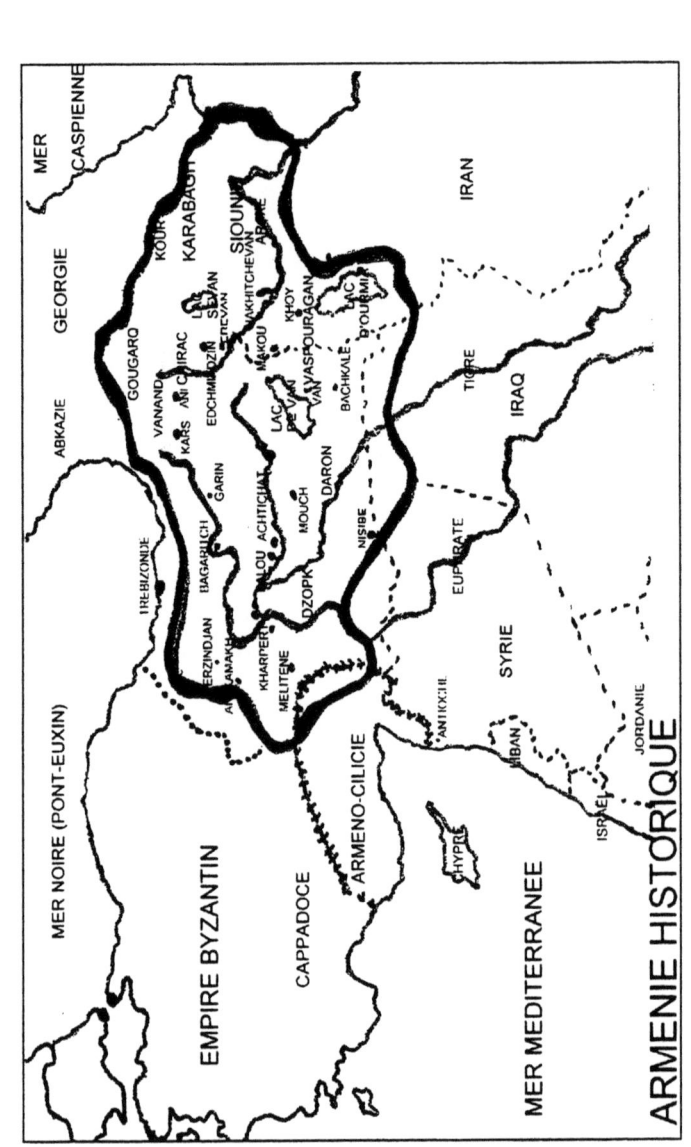

Il est impossible que ceux qui aiment Dieu de tout leur coeur méconnaissent l'Eglise tant elle est évidente. (B. Pascal)

CHAPITRE V

Monachisme et érémitisme dans les tourments de l'Histoire

Nous avons vu que le catholicos Nersès 1° avait reçu sa formation théologique à Césarée en compagnie de Basile le Grand. Il y fut aussi, sans doute, soit condisciple soit très lié d'amitié avec Grégoire de Nysse, frère de Basile et de Grégoire de Nazianze[319].

Débuts de la vie monastique en Orient, Eustathe et Basile de Césarée, Nersès jette les bases d'un monachisme orthodoxe

Quand on a été entouré des futurs Pères de l'Eglise on ne peut qu'être investi d'une mission. Elle fut, pour Nersès, celle de réorganiser l'Eglise et de donner règles et normes au monachisme et à l'érémitisme en Arménie.

La vie en communauté observée dans les couvents ou celle des ermites sont un des piliers de l'Eglise. A cette source d'eau vive le chrétien peut s'abreuver pour raviver sa piété et raffermir sa foi. Sans les moines et les ermites, sans la vie contemplative favorisant la prière et le recueillement l'Eglise aurait-elle fourni tant d'oeuvres exemplaires et produit tant de saints ?

Dès les débuts du christianisme des êtres obsédés par la perfection c'est-à-dire par l'anachorétisme, fuyant la société et ses tentations, pratiquèrent un repli sur eux-mêmes dans la solitude. On les appela moines (*du grec monachos : seul*). Et quel meilleur endroit pour s'isoler dans la méditation et la prière que le désert ? Le désert brûlant de soleil le jour, glacial la nuit, inhospitalier mais ouvert à perte de vue sur le ciel pur et étoilé mais qui rapproche de la présence divine grâce à son immensité, aperçu d'éternité. Le désert à peine ridé par les ondulations des dunes, comme l'océan par la houle, comblant et apaisant l'esprit par son calme et sa sérénité, l'étreignant d'angoisse dans le déchaînement de ses tempêtes de sable. C'est là dans l'érémos (*désert en grec*) que les premiers moines vécurent et furent appelés ermites.

---

[319] M. Ormanian, *Azkabadoum (Histoire de la nation)*, p. 163-164; in H. Nadjarian, p. 80.

Eustathe (*ou Eustathius*), le maître de Basile le Grand, se prépara à son enseignement dans cette ambiance d'austérité en Syrie et en Egypte[320]. Il était évêque de Sébaste, en Arménie. D'Antioche il passa à Alexandrie où il ne put pas échapper à la contamination de l'hérésie arienne. Il y devint un des fervents disciples d'Arius.

En tant qu'évêque de Sébaste, Eustathe assista au concile oecuménique de Nicée; il y fut l'un des meilleurs défenseurs de l'arianisme[321]. Après le concile il revint en Syrie. Il se trouvait parmi les ecclésiastiques qu'Eustathius, son homonyme évêque d'Antioche, refusa de recevoir en 330[322]. Exilé d'Antioche, Eustathe retourna en Petite Arménie[323]. Là, avant d'entreprendre son enseignement et de former des moines, il dut se soumettre à l'orthodoxie nicéenne et renoncer à l'hérésie. Il accepta de perdre son grade d'évêque. Hermogène l'ordonna prêtre en 357[324].

Le monachisme exerçait un attrait puissant sur toute âme et tout esprit désireux de communiquer avec Dieu. Le désert étant le cadre de cette ascèse ce fut l'une des raisons de l'apparition de ce mouvement en Haute-Egypte. L'existence des paysans y était peu enviable. Celle du moine se devait d'être encore plus précaire selon le dénuement dans lequel avaient vécu Elie et Jean-Baptiste.

Le premier anachorète dont le nom nous soit parvenu est saint Paul (*228-341*). Il vécut dans une caverne en Haute-Egypte. Il eut pour biographe saint Jérôme. Ce fut saint Antoine (*250-356*) qui fonda la vie monastique. Sa biographie fut l'oeuvre du prestigieux saint Athanase en 360. La littérature avec «*La tentation de saint Antoine*» de Flaubert, la peinture avec Jérôme Bosch, Teniers, Bruegel, l'ont définitivement fixé dans la mémoire collective.

Hilarion, disciple de saint Antoine, introduisit la vie monastique dans le désert de Gaza[325]. Peu à peu les ermites se regroupèrent en communautés. Au début du IV° siècle Pacôme fut converti et baptisé par les chrétiens de Thèbes, capitale de la Haute-Egypte. Pacôme était un

---

[320] B. DER BOGHOSSIAN, *Art. Eustathius of Sebaste*; in New Catho. Encyclo., V, p. 638, U.S.A., 1967; in H. Nadjarian, p. 77.

[321] F. LOOFS, *Eustathius von Sebaste und Chronologie der Basileus Briefe*, p. 86, Halle, 1898; GRIBOMENT, *Eustathe*, Dict. d'Hist. et de Géo. eccl., vol. 16, p. 27, Paris, 1967; in H. Nadjarian, p. 77.

[322] Athanase, *H. ad Monachos*, Patrologia Greca, XXV, col. 7.000 (*B*); H. Nadjarian, p. 77.

[323] B. Der Boghossian, Hantess Amsoreah, n° 10-12, p. 390, 1968; in H. Nadjarian, p. 77.

[324] S. SAVAILLE, *Eustathe*, D.T.C., V, 2, p. 1565; H. Nadjarian, p. 78.

[325] P. Pierrard, p. 29, 113.

ancien légionnaire ayant servi sous l'empereur Maximin Daia. Il avait persécuté les chrétiens d'Alexandrie. Animé d'une foi ardente, voulant consacrer sa vie au Seigneur, Pacôme bâtit une cellule sur le Nil dans le désert de Tabenne en 325. Son charisme y attira de nombreux disciples qui se plièrent volontiers aux terribles conditions qu'il leur imposait. Vêtus de peu, soumis à une rude austérité, ils furent pourtant cinq mille dans les six monastères édifiés par saint Pacôme. On appela cet ensemble, la Thébaïde.

Il devenait impératif d'organiser un telle foule d'anachorètes et de lui donner des lois. Saint Antoine n'avait pas jugé utile de doter d'une règle les ermitages créés à son exemple. Pacôme en rédigea une. Sa formation de soldat l'avait habitué à établir et maintenir ordre et discipline. Il s'en servit pour aménager la vie en groupe ou cénobitisme. Macaire, autre élève de saint Antoine, fonda des communautés cette fois en Basse-Egypte[326].

Ces moines, ces ermites de Syrie, de Palestine, d'Egypte deviendront des modèles pour le monde chrétien d'abord en Orient puis en Occident. On y rencontrera l'orthodoxie et l'hétérodoxie, les outrances dans les privations, l'exacerbation des macérations. Il faudra un saint Basile pour l'Occident, un saint Nersès pour l'Arménie, pour faire entrer et conserver ces congrégations dans le cadre de l'Institution de l'Eglise. Alors ermites, moniales, moines cloîtrés, bâtisseurs, prêcheurs, seront les envoyés, les semeurs de bon grain, les sarcleurs d'ivraie.

Basile et Nersès ayant été condisciples à Césarée on peut imaginer que Nersès a pu rencontrer Eustathe ou qu'il en ait entendu parler. On sait que Basile reçut sa formation profane à Athènes. En 357 il rentra en Cappadoce pour y donner des leçons de philosophie. En 357 Eustathe, ordonné prêtre orthodoxe, avait renoncé à l'arianisme. Sa réputation attira Basile qui devint l'un de ses plus brillants élèves. Eustathe conseilla à Basile de visiter les monastères d'Egypte, de Syrie et du Moyen-Orient[327]. A son retour Basile embrassa la vie monastique au Pont, où son maître lui rendit visite. Eustathe et Basile oeuvrèrent en parfait accord.

Remarquons que la renommée d'Eustathe fut très importante en Cappadoce, au Pont et en Arménie[328]. Il fonda en Petite Arménie, en Paphlagonie et au Pont des communautés religieuses soumises à un régime sévère. On peut dire qu'il instaura le monachisme en Cappadoce

---

[326] Christiane SAULNIER, *Monachisme*, Dictionnaire des Religions, p. 1139.

[327] G. BARDY, *Basile évêque de Césarée*, D.H.G.E., VI, p. 113; in H. Nadjarian, p. 78.

[328] L. DUCHESNE, *Hist.*, II, p. 386; in H. Nadjarian, p. 78.

et en Arménie[329]. Cependant, malgré le retour d'Eustathe à l'orthodoxie, les communautés qu'il avait installées conservaient, dans leur comportement, une teinte arienne. C'est ce qui provoqua, pense-t-on, la brouille entre lui et Basile.

Eustathe était probablement Arménien[330]. Grégoire de Nazianze l'a connu et a peut-être été à son école. Il nous le définit ainsi: «... *Armenius plane barbarus est*»[331].

Dans une de ses lettres à Eustathe, Basile appelle l'Arménie sa patrie; sans doute par solidarité et déférence envers son maître[332].

Ce bref rappel de l'origine du mouvement monastique nous permet de situer et de comprendre son retentissement en Arménie ainsi que la nécessité de le réformer grâce au génie de Nersès le Grand. Le chef de l'Eglise arménienne était bien le seul capable d'élaborer un cadre et une règle. Sa formation théologique, ses bonnes relations avec les Pères de l'Eglise, dont Basile le Grand, l'avaient préparé à sa mission. Et elle sera ardue. Basile et Nersès agissaient de même sans se concerter. Ils utilisaient des méthodes identiques parce qu'ils possédaient les mêmes connaissances. Ils procédaient à la même analyse des directives et des doctrines des livres saints. Surtout, ils vivaient tous deux une foi profonde.

Le catholicos Nersès 1° menait une existence austère mais source de joie dans la communion avec le Seigneur. Il appliquait au clergé la même rigueur. Le concile d'Achtichat avait édicté, entre autres, la restauration des sanctuaires tombés en ruine, l'édification d'au moins une église par village. Chaque curé était pris en charge par le budget de l'Eglise alimenté, bien souvent, par les propres deniers du catholicos. Il institua aussi l'éducation de la population dans le sens de la solidarité et de la charité. On recommanda de ne pas chasser les lépreux mais de les soigner[333].

Il y avait dans le fief des Antsevatsi une église dédiée à la Vierge Marie. On y vénérait une image de la Mère de Dieu apportée par l'apôtre saint Barthélémy. Près de ce lieu de pèlerinage le patriarche installa un hospice pour les lépreux[334]. Nersès ne se contenta pas de faire construire

---

[329] Sozomène, *The Ecclesial History*, III, 14, p. 213, London, 1891; in H. Nadjarian, p. 77.

[330] Griboment, D.H.G.E., p. 28, *Le monach. au IV° siècle*, p. 401; in H. Nadjarian, p. 78.

[331] Grégoire de Nazianze, P.G., vol. 29, p. XXIII; in H. Nadjarian, p. 78.

[332] H. Nadjarian, p. 78.

[333] H. Nadjarian, p. 80.

[334] F. Tournebize, p. 478.

des églises. Il édifia des monastères, des hôpitaux pour les malades, des hospices pour les malheureux, des lazarets pour les lépreux. Il imposa à chaque congrégation religieuse de soigner, nourrir, loger tous les laissés pour compte de la société. Les portes des monastères et des cloîtres devaient s'ouvrir devant tout voyageur demandant l'hospitalité. A cet effet il fonda des couvents en plein désert[335]. Il n'y eut plus de mendiants dans les rues. Orphelins, veuves, personnes sans ressources, affaiblies par la misère et les affections trouvaient à tout moment bourse et table ouvertes chez le patriarche lui-même. Faustus estime que l'Arménie n'eut jamais un tel pasteur[336]. S'il s'inquiétait du salut des âmes le catholicos n'oubliait pas la santé du corps; c'est pourquoi il ajouta le social au spirituel. La prière n'est pas suffisante si on n'y ajoute pas les bonnes oeuvres.

Nersès s'attaqua à l'organisation du monachisme et de l'érémitisme. Il avait une préférence pour ce type d'exercice religieux. Il aurait voulu que le monde arménien devînt un immense cloître voué à la prière et à la gloire du Seigneur[337]. Et le peuple arménien, le témoin du Christ dans le monde.

Arianisme et monachisme, Nersès organise la vie monastique, aspects du monachisme vécu par les moines

Le catholicos saint Vrtanès avait déployé de grands efforts pour éradiquer l'arianisme du royaume, en vain. L'hérésie s'y était développée, surtout à partir de 335, par le biais d'un monachisme débridé. Sous l'influence des ariens ces moines faisaient du célibat et de la chasteté les clés exclusives du salut alors que le mariage en fermait la porte. Ils refusaient d'assister et de participer à des offices célébrés par des prêtres mariés. Ils jeûnaient le dimanche et se nourrissaient les jours où l'Eglise prescrit le jeûne. La plupart d'entre eux ne mangeaient jamais de viande. Se déclarant célibataires et chastes ils constituaient des communautés autonomes non soumises à une règle. Se tenant à l'écart de l'Eglise institutionnelle ils ne recevaient pas même les ordres mineurs et marquaient du dédain pour l'habit religieux. Les femmes n'échappaient pas à l'engouement; se faisant tondre elles empruntaient des vêtements masculins pour entrer dans ces congrégations établies au sein des villes

---

[335] F. Tournebize, p. 62, 63.

[336] H. Nadjarian, p. 80; F. Tournebize, p. 478.

[337] Faustus, IV, 4; in H. Nadjarian, p. 80 et F. Tournebize, p. 609.

et au coeur des villages. Refusant les lois organiques de l'Eglise ils se prétendaient les vrais disciples du Christ.

Le patriarche Vrtanès 1° lutta courageusement contre ces aberrations comme l'atteste sa correspondance avec l'évêque de Jérusalem Macaire. Ce courrier prouve l'existence d'un épiscopat arien en Arménie à côté du clergé orthodoxe[338]. Conybeare estime que ces lettres auraient été écrites entre le concile de Nicée et la mort de Macaire, et les place dans la fourchette 325-335. Ormanian en fixe la date entre 333 et 335[339]. Vrtanès avait aussi à évangéliser les pays voisins et lutter contre l'impiété des Grands.

Ce monachisme débridé, autonome et anarchique se montrait critique envers les puissances du monde et en reniait les structures sociales. De ce fait ces prétendus moines s'opposaient à l'Eglise officielle qui, dès 313 et surtout après 325, tendait à se présenter comme un pouvoir non seulement spirituel mais aussi temporel. Nersès décida de les évincer. Réglementer la vie monastique devint l'un de ses impératifs. Il proclama que nul, ici-bas, ne peut condamner ou rejeter son frère parce qu'il est marié. Dès l'instant où le couple vit dans la fidélité et l'amour mutuels, dans la prière et la foi en Christ, il a sa place dans le troupeau comme le souligne saint Paul[340].

Le catholicos avait pour sa part un net penchant pour le célibat dans la vie religieuse, faisant des célibataires l'élite du christianisme[341]. Rejoignant en ce sens saint Athanase qui écrit à Ammon que les deux modes de vie existent, l'un convenable et habituel: la vie d'époux, l'autre angélique: le célibat et la virginité. Si l'être humain accepte le mariage il ne doit pas être condamné mais il ne doit pas s'attendre à recevoir d'aussi grandes récompenses que le chaste et vierge[342]. Saint Basile le Grand professe des idées analogues[343]. Pour Nersès, qui se conforme aux propos de saint Paul[344], clercs et laïques célibataires ou mariés forment le peuple de Dieu. Saint Paul nous apprend que les fonctions de gouvernement font partie des charismes[345]. De même saint Nersès estima que les croyants

---

[338] H. Nadjarian, p. 78, 79.

[339] F.C. CONYBEARE, *The Key of the Truth*, appendix IX, p. 178-186, Clarenden Press, Oxford, 1898; M. Ormanian, *Azkabadoum*, § I, p. 131; in H. Nadjarian, p. 85.

[340] Saint Paul, *1 Co.*, **7**, 2-5.

[341] Faustus, IV, 4; BURKITT, *Early Eastern Christianity*, p. 146; in F. Tournebize, p. 609.

[342] Athanase, *Letter XLVIII*, Nicene and Anti Nicene Fathers, p. 557; in H. Nadjarian, p. 84.

[343] Basile de Césarée, *Renuntiatione Saeculi*, p. 61; in H. Nadjarian, p. 85.

[344] Saint Paul, *1 Co.*, **7**, 6-7.

[345] Saint Paul, *Ro.*, **12**, 8; *1 Co.*, **12**, 28.

devaient être soumis à une hiérarchie et à une administration. Il ordonna que la vie monastique ne regroupe que des religieux. Il obligea les ecclésiastiques à se conformer aux préceptes de l'orthodoxie. Contre les pratiques extravagantes de jeûne et les habits de fantaisie il rappela et imposa la rigueur des réglementations de l'Eglise. Si les moines voulaient se passer de viande leur vie durant ils en avaient le droit; mais elle n'était pas interdite aux fidèles les jours gras. Le Supérieur du monastère était seul juge sur la tenue vestimentaire de son Ordre à condition qu'elle fût identique pour chaque catégorie selon sa place dans la congrégation, de couvrir les endroits honteux et de protéger l'apparence plutôt que de l'exhiber.

On voit que Nersès et Basile étaient sur le même registre.

Le patriarche exigea des futurs moines et ermites une solide et véritable vocation, une foi inébranlable renforcée par l'étude et, bien évidemment, le rejet de toute hérésie. Avant de recevoir le moindre ordre mineur le candidat était soumis à un long noviciat probatoire. Enfin le pontife fit fermer tous les établissements situés dans les lieux habités. Il enjoignit aux moines de vivre loin des villes, des bourgs et des villages. Il leur interdit, ainsi qu'aux évêques, de demeurer dans leurs familles[346].

Il subdivisa le monachisme en ermitages, cloîtres et monastères.

* **Les ermitages** pouvaient s'installer dans les déserts, les grottes isolées, les forêts, les montagnes. Les ermites devaient se plier à l'enseignement de l'Eglise. A peine couverts, négligeant leurs corps qu'ils soumettaient au froid, à la faim, à la chaleur, à la soif, aux macérations, ils se nourrissaient de légumes, d'herbes, de racines. Ils priaient, méditaient, priaient encore à l'écart des hommes. Le but et le centre de leur existence étaient l'amour de Dieu, du Verbe fait chair, de l'Esprit Saint. En toute occasion ils propageaient la Bonne Parole.

* **Les cloîtres** étaient régis par une réglementation de loin la plus rigoureuse parmi les abbayes.

* **Les monastères** étaient soumis, eu égard à l'austérité ambiante, à une règle plus souple. On leur permettait le luxe d'assaisonner d'huile et de sel leurs légumes.

Ermites, moines, anachorètes ne possèdent rien hormis le mauvais vêtement qu'ils portent, mangent du pain sec et boivent de l'eau. Ils ont le devoir d'obéissance et l'obligation de chasteté[347]. Ils ne prononcent pas de vœux; les renoncements solennels n'ont jamais empêché l'individu de renier ses engagements. Pour être suivis d'effets les contraintes doivent

---

[346] F. Tournebize, p. 474.

[347] H. Nadjarian, p. 80.

être librement consenties, chacun se sentant responsable devant ses supérieurs, sa conscience et, surtout, devant Dieu. On dort peu, on se lève tôt, on se soumet à un impressionnant calendrier de jeûne et d'abstinence comme si on faisait gras les autres jours[348]. Il faut briser les pulsions du corps. On est là pour méditer, prier, assembler et répertorier les manuscrits des Pères de l'Eglise, mais aussi pour étudier les textes antiques dignes d'intérêt. Rien de ce que les humains ont produit ne doit être négligé si on veut aller vers les autres, réfuter les contradictions et prêcher la vérité.

Certaines congrégations sont vouées à l'évangélisation des contrées lointaines; on y apprend les langues étrangères. D'autres sont destinées à l'enseignement; on y reçoit les étudiants. Les moines cultivent la terre pour y arracher leur pitance. D'autres font de la maçonnerie. Experts en architecture ils vont la diffuser à travers l'Europe. Cluny, Cîteaux, Saint-Jacques de Compostelle, Saint-Pierre de Rome, Saint-Marc de Venise, les églises en bois de Norvège et tant d'autres sont le résultat des connaissances acquises et maîtrisées par les moines arméniens.

Nersès réglementa le monachisme féminin selon les mêmes critères de rigueur que le masculin. Certains couvents de femmes furent édifiés dans des villes et cernés d'impressionnantes murailles pour protéger et sauvegarder la chasteté des nonnes[349]. Cela ne rebuta pas les dames de haute lignée qui se soumirent avec ferveur à ces conditions précaires. Se dépouillant de tous leurs biens, qu'elles offraient à l'Eglise, elles entraient en religion[350].

L'Histoire nous a transmis quelques noms de moines qui furent autant de bons grains semés à travers le monde arménien pour que lève la foi.

Ce furent les Syriens Ephrem et Chaghida, le Grec Epiphane et l'Arménien Kint de Daron. Kint avait sans doute assisté au meurtre de Daniel par le roi Diran II et porté sa dépouille, avec d'autres disciples, pour l'enterrer au Paradis des Frênes. Il avait succédé à Daniel en tant que supérieur des congrégations d'anachorètes. Etabli près des sources de l'Euphrate avec son disciple Mouché il envoyait ses moines évangéliser le pays tous les jours. Aucun d'entre eux ne prenait soin de son enveloppe charnelle, seul comptait pour eux l'amour de Dieu[351]. En plus de Mouché nous connaissons quatre autres ermites de Kint: ce sont Vatchac,

---

[348] H. Nadjarian, p. 82.

[349] F. Tournebize, p. 474, 475.

[350] H. Nadjarian, p. 82; F. Tournebize, p. 475.

[351] H. Nadjarian, p. 82; Agathange arabe, p. 138, fin; Faustus, VI, 16; in Tournebize, p. 475.

Ardouyt, Marakh et Tiridate. Ce dernier fonda des communautés dans le Daron[352].

Epiphane fut aussi disciple de Daniel. Il se retira quelques temps dans le désert de Mampré, en Sophanene, au fond d'une grotte. Il y vécut en compagnie des bêtes dites féroces qui ne lui firent aucun mal. Cet endroit s'appelait Ator Anahida (*le Siège d'Anahit*). Il évangélisa le Grand Dzopk (*ou Sophanene*) et l'Aghtzniq (*ou Arzanene*). En ce dernier lieu Epiphane fonda de nombreux monastères. Il éduqua cinq cents moines. Parmi ceux-ci il y en avait qui, dès l'enfance, n'avaient rien mangé d'autre que des herbes et pas bu autre liquide que de l'eau[353]. Avec ses cinq cents religieux il retourna à Byzance. Il y acheta une île déserte pour se retirer[354].

Epiphane avait une façon originale d'enseigner, si l'on se réfère à Faustus. Un jour alors qu'ils marchaient sur la route le maître et ses disciples croisèrent une femme. Au bout d'un grand moment, pour mettre ses novices à l'épreuve, Epiphane s'extasia sur la beauté de cette personne. L'un de ses élèves lui fit remarquer qu'elle était borgne.

«*Pourquoi l'as-tu regardée*? demanda l'archimandrite, *c'est qu'il y a en toi de mauvaises pensées*». Et il le congédia.

Basile le Grand et Nersès le Grand recommandaient de maintenir les moines loin des spectacles du monde, d'éviter de les confronter aux laïques. S'il leur fallait entreprendre un voyage on devait les faire accompagner de supérieurs âgés afin de résister aux tentations[355].

L'épisode que Faustus de Byzance nous rapporte suscite quelques remarques. La sévérité avec laquelle le vartabed traite le novice peut choquer nos esprits modernes. On pourrait penser qu'Epiphane n'a pas dit la vérité en déclarant que cette pauvre borgne est une belle femme, et s'il reproche à son disciple de l'avoir regardée c'est qu'il l'avait fait lui-même auparavant. Toutefois l'époque était rude, il fallait que ces futurs missionnaires fussent aptes à résister aux attraits bons ou mauvais de ce monde. En cela Epiphane n'avait pas manqué de discrétion. Il venait de donner une leçon d'humilité en précisant la relativité des choses.

Quels meilleurs auxiliaires que ces moines pouvait avoir le catholicos dans son programme de réorganisation de l'Eglise ?

---

[352] H. Nadjarian, p. 82.

[353] H. Nadjarian, p. 82; F. Tournebize, p. 475.

[354] H. Nadjarian, p. 82 et Faustus, V, 25-28; in F. Tournebize, p. 475.

[355] Faustus, V, 27; in H. Nadjarian, p. 83 et F. Tournebize, p. 476.

Grâce à cette âpreté dans la formation de ces religieux, le paganisme, l'arianisme furent éradiqués d'Arménie et l'orthodoxie chrétienne s'y répandit pour les millénaires à venir. Nersès envoya ces élites du monachisme éduquer le peuple et les nakhararq. Transformant les monastères en écoles et en universités il sema les germes de la vraie foi dans les générations à venir.

Faustus nous rapporte une autre anecdote concernant un des cinq cents disciples d'Epiphane. Ce moine avait choisi de vivre en ermite dans le désert de Mampré. Il menait la vie des anachorètes que nous connaissons désormais. Pourtant, nous dit Faustus, il était impie car il ne communiait jamais estimant que la main du prêtre célébrant la messe ne pouvait pas transformer le vin en sang de Jésus-Christ. Il entamait de longues discussions à ce sujet avec ses confrères. Un jour qu'il assistait au saint Sacrifice dans l'église du village le prêtre, avant de monter à l'autel du Seigneur, le pria de tout son coeur d'ouvrir les yeux de ce frère sans foi. Puis il officia. Au moment de la récitation du Notre Père, le moine a une vision miraculeuse: le Christ est présent sur la sainte Table, de son flanc le sang goutte dans le calice. Effrayé et repentant, le frère tombe à terre évanoui et y reste jusqu'à la fin de la messe. A ce moment l'officiant descendant de l'autel voit l'ermite toujours allongé sur le sol. Il lui fait jeter de l'eau au visage pour le réanimer. Alors le moine raconte ce qu'il a vu. Le prêtre lui propose de communier mais l'anachorète se sent indigne de recevoir les Saintes-Espèces.

Il creusa une grotte et s'y retira pendant sept ans. Ce n'est qu'à l'issue de cette pénitence qu'il se jugea digne de recevoir le Corps et le Sang de Notre-Seigneur Jésus-Christ[356].

Ce récit prouve, s'il en était besoin, que dans l'Eglise arménienne on a toujours cru à la Présence réelle de Jésus-Christ dans l'Eucharistie. On remarque aussi que, dès le IV° siècle, il fallait avant de communier pratiquer jeûne, abstinence et se confesser.

«La messe et son déroulement étaient déjà établis au IV° siècle en Arménie, sans doute en même temps que leur organisation par Athanase, Basile et Grégoire de Nazianze. La vie monastique existait aussi à cette époque et permettait déjà aux moines d'émettre de tels avis sur la communion. Il est vrai que dans les débuts du monachisme ermites et moines étaient indépendants de l'Eglise et de ses serviteurs. De sorte que la sainte communion, qui est le fondement de l'Eglise, n'était en quelque sorte pas prise en considération. L'Eglise décida, de ce fait, d'organiser elle-même le mouvement et le prit sous sa direction.

---

[356] Faustus, V, 28; in H. Nadjarian, p. 83 et F. Tournebize, p. 580, 581.

L'anecdote met l'accent sur le fait que le chrétien, fut-il le moine le plus austère, sans l'eucharistie est condamné à se perdre»[357].

Nous avons vu dans le chapitre précédent que le catholicos Nersès 1°, lors de son exil, avait confié les monastères à deux élèves de Daniel, Epiphane et Chaghida. Celui-ci s'était retiré dans la Montagne du Lion. A la mort du grand patriarche il s'installa dans le district de Gordjeq sur le Tigre, aux environs de Nisibe, au sud de l'Arménie à la frontière de la Syrie, où il accomplit de nombreux miracles. En traversant le fleuve Chaghida fut emporté par les flots.

«*Son corps ne put être retrouvé, au grand désespoir de ses trop peu discrets admirateurs, qui escomptaient la mort du saint homme pour s'emparer de sa dépouille*»[358].

Sans doute pour en faire des reliques comme c'était la coutume.

Le propre fils de Nersès, Sahac, qui était marié décida, probablement à la mort de son épouse, d'entrer en religion. Il fonda un Ordre de soixante-dix moines, et le soumit à la règle du couvent des Spoudées. Ils allaient nu-pieds par tous les temps, gardaient le cilice à même la peau et se ceignaient d'une chaîne de fer[359]. Mesrob, le futur inventeur de l'alphabet membre de la même congrégation, suivit sa vie durant un régime encore plus sévère. Il ne mangeait que des herbes et des racines, jamais de viande et dormait à même le sol[360]. La communauté de Sahac dispensait la charité aux malheureux, soignait les malades, prêchait l'Evangile et convertissait par son exemple.

Monachisme base de la paix sociale, héroïsme de Parantzem

On peut se demander par quel prodige le catholicos réussit à faire entrer si rapidement dans le droit chemin le monachisme aberrant qui sévissait en Arménie. Ce fut grâce à une politique ferme et délibérée ainsi qu'à la prise en charge des besoins matériels des congrégations. Nersès 1° interdit officiellement l'arianisme. Aux monastères, cloîtres, ermitages, abbayes qui se soumettaient aux décisions du synode d'Achtichat il octroya d'importantes dotations sur les richesses de l'Eglise. Il confia les tombeaux des princes et des satrapes à la garde des religieux, à charge pour les grandes familles de faire des donations à l'Eglise[361].

---

357 H. Nadjarian, p. 83; T. D. A.
358 F. Tournebize, p. 475.
359 F. Tournebize, p. 166, 610.
360 F. Tournebize, p. 610.
361 F. Tournebize, p. 475.

Le roi Archac II continuait à respecter, sur l'insistance du patriarche, la tradition instituée par saint Grégoire l'Illuminateur et le roi Tiridate III. Elle consistait à faire prendre en charge par le trésor royal les frais de gestion et les réserves de nourriture des monastères[362]. Le monarque y avait souscrit parce que l'action de Nersès maintenait la paix sociale à l'intérieur. Il ne fallait pas ajouter la révolte populaire aux trahisons de la noblesse. Les conflits permanents avec la Perse, les promesses et les libéralités de Chahpouhr envers les seigneurs arméniens, avaient conduit certains d'entre eux à retourner à l'idolâtrie. Ils avaient le choix entre le vice, la richesse et la vie facile proposés par le Sassanide païen et les contraintes morales et physiques du christianisme. Ces nakhararq n'avaient cure des vertus chrétiennes. Ils préféraient les jouissances matérielles éphémères d'ici-bas à la félicité éternelle. Il est vrai que du côté chrétien romain l'arianisme de l'empereur Constance, exilant les évêques orthodoxes nicéens[363], et l'apostasie de son successeur Julien ne favorisaient pas l'extension du christianisme. Le saint catholicos s'élevait sans cesse contre les vices de l'humanité. Il ne se privait pas de prêcher la pitié et la charité aux aristocrates et au roi en personne. Il faisait libérer les prisonniers injustement enfermés en payant de sa poche leurs amendes.

Le christianisme avait du mal à s'installer en Arménie. Le paganisme effectuait un retour en force. L'aristocratie était tentée par le mazdéisme qui lui promettait le bonheur matériel. La lâcheté de Jovien vouait l'Arménie aux représailles de Chahpouhr. Il fallait une intervention providentielle pour garder cette terre dans la foi du Christ. Le Seigneur pouvait-il laisser l'ivraie envahir et étouffer le bon grain semé par ses apôtres saint Thaddée et saint Barthélémy et cultivé par saint Grégoire l'Illuminateur ? En ces temps troublés, où vacillait la flamme allumée par Grégoire le Parthe, Dieu suscita un saint Nersès le Grand. Dans la tourmente et les pleurs il revivifia la foi, construisit les hommes comme il édifiait les monastères et les églises. Il dressa face aux démons de l'idolâtrie le rempart du christianisme au pied duquel les Arméniens allèrent toujours jusqu'au sacrifice suprême.

Depuis que Jovien avait battu en retraite devant Chahpouhr et trahi les Arméniens, le Sassanide les poursuivait de sa vindicte en dévastant l'Arménie. Il ne s'attendait pas à de la résistance. Elle vint pourtant sous la conduite de l'intrépide reine Parantzem. Elle se retrancha en compagnie de Mouchegh Mamikonian dans le château fort d'Ardakert,

---

[362] H. Nadjarian, p. 82.

[363] E. Cothenet, p. 94.

situé dans la province d'Archarouniq, au sud du Chirac, près du fleuve Araxe. C'est l'Artageras de Strabon[364]. L'élite des garnisons royales y était regroupée, qui gardait le trésor de l'Etat. Les Perses vinrent mettre le siège devant Ardakert[365].

Chahpouhr avait placé l'Arménie sous l'autorité de deux Arméniens passés dans son camp: Artaban et l'eunuque Cylax, que Faustus appelle par leurs noms arméniens: Zig et Karen[366]. Parantzem réussit à circonvenir les deux transfuges qui favorisèrent une sortie des défenseurs de la place forte. Ceux-ci mirent les Iraniens en déroute. A la faveur du coup de main la reine fit fuir son fils, le prince héritier Bab, et Mouchegh Mamikonian. Elle faisait d'une pierre deux coups, extraire son fils des griffes des Perses et faire de Mamikonian son ambassadeur auprès de Nersès et de l'Empire romain.

L'intervention du catholicos, très respecté par l'empereur romain, fit que Valens accueillit Bab avec tous les honneurs dus à son rang[367]. Impressionnés par la vaillance de Parantzem, qui résistait avec une formidable ténacité, les nakhararq sortirent de leur retraite. Une délégation conduite par Nersès 1° et Mouchegh Mamikonian se rendit à Constantinople pour solliciter l'aide des Romains[368]. Les envoyés de la reine demandèrent à Valens de mettre Bab sur le trône de son père. Valens devait faire face aux Goths qui attaquaient l'Empire, il ne voulut pas s'embarrasser d'un autre conflit; aussi ne dénonça-t-il pas le honteux traité signé par Jovien. Il se contenta de faire accompagner le prince par l'un de ses généraux, le duc Térence. Afin de ne point indisposer Chahpouhr, l'empereur interdit à Bab de porter les emblèmes de la royauté et ne lui procura pas le moindre légionnaire en renfort[369].

Le Sassanide, mis en rage par l'opiniâtre défense de l'Arménie, augmenta considérablement ses forces d'occupation. Elles mirent le pays à feu et à sang. Zig et Karen (*Cylax et Artaban*), protégeant le prince Bab, se réfugièrent dans le Lazistan, c'est-à-dire au sud-est de la Mer Noire entre les actuels Batoum et Trabzon. La cavalerie perse se lança à leur poursuite et écuma le pays des Lazes durant plusieurs mois sans parvenir à capturer les trois fugitifs[370].

---

[364] Strabon, XI, 14; in F. Tournebize, p. 66.

[365] R. Grousset, p. 143; H. Pasdermadjian, p. 106; F. Tournebize, p. 67.

[366] Faustus, IV, 55; in R. Grousset, p. 143; F. Tournebize, p. 483.

[367] Ammien, XXVII, 12; in R. Grousset, p. 143; F. Tournebize, p. 483.

[368] Faustus, V, 1; in R. Grousset, p. 143, 144.

[369] Ammien, C; in R. Grousset, p. 144; F. Tournebize, p. 483.

[370] R. Grousset, p. 144; F. Tournebize, p. 483.

Exactions des Perses, martyre des chrétiens et des juifs, la reconquête

L'armée perse, dont l'un des généraux les plus importants était l'apostat Mehroujan Ardzrouni, renforça le siège d'Ardakert. La forteresse tomba. La reine Parantzem fut violée par la soldatesque puis empalée[371].
Les Iraniens détruisirent tout ce qu'ils rencontraient, les villes et les villages. Van fut incendiée et «*détruite jusqu'aux fondements*»[372]. Ils brûlèrent les récoltes et même les arbres fruitiers pour affamer la population. La fureur destructrice du sanguinaire roi des rois était décuplée par sa haine de la religion de l'Arménie.
Sur le plan ethnique, Perses et Arméniens sont cousins. Les rois arsacides d'Arménie, les mariages, surtout au sein de la noblesse, entre Arméniens et Iraniens auraient dû contribuer à rapprocher les deux nations. Les Arsacides avaient été supplantés par les Sassanides à la tête de l'immense Empire perse. Seule la monarchie arménienne subsistait de l'ancienne famille. Il fallait la supprimer à tout prix. Ce qui poussait les souverains arméniens à se rapprocher des Romains et des Grecs. Les Sassanides auraient pu imposer un membre de leur tribu à la tête de l'Arménie comme les Parthes naguère avaient supplanté les Artaxiades. Mais ce qui était possible à l'époque du paganisme généralisé ne l'était plus depuis que les Arméniens étaient devenus chrétiens. D'ailleurs en Perse on avait supprimé l'idolâtrie internationale pour lui substituer la vénération du soleil et du feu en compétition avec le christianisme.
Deux religions d'Etat s'opposaient. Chahpouhr était conscient que l'Arménie allait lui échapper pour toutes ces raisons. Valens, lui, n'avait pas saisi l'importance de l'enjeu. Aussi, lorsqu'il décida de respecter l'humiliant et scandaleux traité signé par Jovien, fit-il la partie belle au Sassanide. Accompagné par les deux traîtres et apostats, Vahan Mamikonian et Mehroujan Ardzrouni, celui-ci décida d'éliminer définitivement le monothéisme d'Arménie. Monothéisme parce qu'il engloba Juifs et Arméniens dans la même persécution.
«*Les adorateurs du feu ne faisaient du reste pas de distinction entre le judaïsme et le christianisme qu'ils considéraient comme des religions parentes fondées sur une doctrine commune*»[373].

---

[371] Faustus, IV, 55; Ammien, XXVII, p. 355; M. de Khorène, III, 35; in Tournebize, p. 66.
[372] Faustus, IV, 55; in R. Grousset, p. 144.
[373] H. Pasdermadjian, p. 107.

Ayant rasé la ville de Zarehavan dans le Bagrevand Chahpouhr donna libre cours à son sadisme. Il ordonna de rassembler la population et fit écraser par ses éléphants de combat tous les hommes mûrs et âgés. Selon la coutume perse il fit atteler les femmes et les enfants aux timons des chariots. Les épouses des notables furent parquées nues de chaque côté de la grand'place; le roi des rois à cheval les passait en revue. Il désignait les plus jolies pour son harem[374]. Les livres saints rédigés en grec furent jetés au feu. L'armée perse occupa les places fortes et les mages mazdéens se répandirent dans le pays. Ils proposaient aux chrétiens et au juifs de choisir entre l'apostasie ou la déportation.

Vahan Mamikonian était devenu tellement fanatique mazdéen qu'il s'en prit même aux siens. Ce prince est une exception chez les Mamikonian, qui furent les plus fervents défenseurs de la foi et de la patrie. Le danouder Karékine Rechtouni, ayant pris le maquis avec ses paysans, avait laissé sa forteresse de Van sous la garde de son épouse Hamazaspouhi. Vahan Mamikonian s'empara de la citadelle par surprise. Il voulut obliger la princesse Hamazaspouhi, pourtant sa belle-soeur, à apostasier. Elle refusa. Il la fit déshabiller et suspendre par les pieds à l'une des tours de son château jusqu'à ce que mort s'ensuive. Faustus de Byzance nous rapporte que la nourrice de la jeune femme se hissa sur un rocher au-dessous d'elle. Elle forma une espèce de poche avec son manteau pour y recueillir les os de la martyre au fur et à mesure qu'ils se détachaient[375].

Vahan Mamikonian et Mehroujan Ardzrouni emmenèrent en captivité les habitants des villes ravagées. Se conduisant en patriotes, alors que certains aristocrates arméniens trahissaient leur propre pays, les juifs refusèrent les propositions de Chahpouhr. Il leur promettait richesse et vie sauve s'ils se retournaient contre les chrétiens. De toutes les villes d'Arménie plus de cent mille familles chrétiennes et juives furent déportées en Assyrie et dans le Kouzistan, et des milliers de juifs et de chrétiens furent mis à mort sur les chemins.

Zvith, le curé d'Artaxata, vint se livrer aux Perses afin de suivre ses ouailles. Les mages lui offrirent de choisir entre la religion des Perses ou la mort; Zvith sourit, fit une courte prière et posa sa tête sur le billot du bourreau qui la lui trancha d'un coup de glaive[376].

---

[374] Faustus, IV, 56; Moïse de Khorène, III, 35; in R. Grousset, p. 145.

[375] Faustus, IV, 58; in F. Tournebize, p. 810 et R. Grousset, p. 145. Thomas Ardzrouni, I, § 9, p. 55-56; in R. Grousset, p. 145.

[376] Faustus, IV, 55, 56; in F. Tournebize, p. 809-810.

Après s'être rendu responsable de terribles exactions Vahan Mamikonian décida de couvrir le royaume d'atech-gah (*pyrées*). Il fit tellement de mal autour de lui que son propre fils, Samouël, l'exécuta de sa main[377].

La haine de Chahpouhr fut encore plus grande contre la Siounie à cause de Parantzem, fille d'Andoc prince de Siounie. Le père et la fille avaient fait subir tant d'humiliations à l'Iran[378].

A Constantinople, le catholicos Nersès et Mouchegh Mamikonian avaient réussi à convaincre Valens que la perte de l'Arménie préluderait à celle de l'Empire romain. Dénonçant enfin le traité de Jovien l'empereur envoya en Arménie une armée commandée par le comte Arinthaeus[379].

Le patriarche et le général réussirent à rassembler les seigneurs et leurs troupes. Il est vrai que leurs familles avaient été décimées par le renégat Mehroujan Ardzrouni commandant les armées perses. Il avait laissé leurs femmes en pâture aux vautours et aux corbeaux.

Valens permit à Nersès de sacrer Bab roi d'Arménie vers 369. Mouchegh Mamikonian mit sur pied une armée de dix mille hommes qu'il passa en revue en présence du patriarche, du roi et des généraux romains Arinthaeus et Térence. Les places fortes furent reprises une à une, les garnisons perses et les mages mis en fuite.

Bab appelait Nersès son père et lui demandait sa bénédiction. Il lui proposa de faire partie de son conseil. Au début, tout comme son père, il fut un bon roi. Mouchegh Mamikonian, qui vénérait le pontife, fit la chasse aux Perses et reconquit le royaume des frontières du Pont au Karabagh.

Bab et son sbarabed renversèrent les atech-gah mazdéens. Le roi voulait châtier l'ennemi pour les tortures infligées à son père, pour l'abominable mort de sa mère et pour le massacre de ses sujets. Vassac Mamikonian, le père du sbarabed Mouchegh, avait été écorché vif et sa peaux empaillée. Le général en chef de l'armée arménienne fit subir le même sort aux généraux iraniens[380].

La dernière bataille fut livrée près des sources de l'Euphrate oriental, au nord-est du lac de Van, entre Bayazid et Manazkert. Les deux armées se rencontrèrent dans la plaine de Tzirav, au pied du mont Nebad. Au

---

377 Thomas Ardzrouni, I, § 9, *traduction* Brosset, I, p. 58; in R. Grousset, p. 145.

378 F. Tournebize, p. 809.

379 Ammien, XXVII, 12; Faustus, V, 1, l'appelle Até; Moïse de Khorène, III, 38, le dénomme Atté; in R. Grousset, p. 145; F. Tournebize, p. 484.

380 Faustus, V, 1; in R. Grousset, p. 145-146; F. Tournebize, p. 484.

sommet de la montagne Nersès rassurait le roi et, tel Moïse, il priait pour le triomphe des chrétiens.

Mehroujan Ardzrouni, espérant la couronne d'Arménie, commandait le gros de l'armée perse.

Le roi d'Aghouanie, Ournayr, toujours païen et couvert de présents par le roi des rois, attaqua l'armée arménienne.

A la tête de ses troupes, Mouchegh Mamikonian écrasa les Aghouans, tandis que les légions romaines mettaient l'armée perse en déroute[381].

Le commandant de la cavalerie, Sembat Bagratouni lieutenant de Mamikonian, s'enfonça comme un coin dans l'aile gauche de l'armée perse et la dispersa. Il rencontra Mehroujan Ardzrouni et parvint à couper le jarret de son cheval. Ayant fait l'apostat prisonnier, il l'entraîna à l'écart du catholicos, dont il craignait la clémence, voulant le punir pour le mal infligé à sa famille. Il fit rougir une tige de fer au feu, l'arrondit et coiffa Ardzrouni du métal chauffé à blanc en lui disant: «*En ma qualité de thakatir j'ai le privilège de couronner les rois. Tu voulais régner sur l'Arménie, je te couronne!*».

Ceci nous est rapporté par Moïse de Khorène. Faustus de Byzance ne mentionne pas ce fait. Il nous dit que Mehroujan Ardzrouni, se repentant de sa félonie, renseignait Mouchegh Mamikonian, et qu'il mourut beaucoup plus tard[382].

Le général en chef fit preuve de magnanimité en épargnant Ournayr, le roi des Aghouans.

Dans leur fuite les Perses avaient abandonné le harem de Chahpouhr aux mains des Arméniens. Bab et Mouchegh protégèrent ces femmes et leurs enfants et les renvoyèrent, ainsi que les prisonniers de guerre iraniens, dans le camp du roi des rois. On voit dans ce geste si chevaleresque l'intervention du saint catholicos[383].

Bab tourmenté par les devs, Nersès tente de faire rentrer le roi dans la foi, Bab assassine le catholicos, meurtre du roi Bab

Le sbarabed entreprit une longue campagne destinée à punir et à ramener à l'obéissance les nakhararq traîtres et tièdes. Il soumit, avec l'aide des Romains, les Géorgiens et les Aghouans qui avaient rejoint le camp des Iraniens.

---

[381] R. Grousset, p. 146; F. Tournebize, p. 66-67.
[382] T. Ardzrouni, I, § 9, trad. par Brosset, p. 58; in R. Grousset, p. 146. Faustus, V, 4, 5, 43; Moïse de Khorène, III, 37; in R. Grousset, p. 146 et F. Tournebize, p. 67.
[383] Faustus, V, 4; in R. Grousset, p. 147; H. Pasdermadjian, p. 107.

Mouchegh Mamikonian fixa la frontière orientale du royaume au fleuve Kour qui sépare l'Arménie de l'Albanie Caspienne[384]. Le général en chef rendait à son roi une Arménie intacte. Évinçant les mazdéens, les païens, les ariens il aidait le catholicos à rétablir le christianisme, à reconstruire les églises, à reconstituer les congrégations religieuses.

Nersès fixa un âge canonique (*réglementaire*) pour accéder au patriarcat. Il avait trop souffert d'être appelé si tôt à la tête de l'Eglise qu'il voulait épargner cette responsabilité à un successeur trop jeune.

Appuyée sur l'Empire romain, sa soeur chrétienne, l'Arménie n'avait plus qu'à se relever de ses ruines et vivre enfin dans la paix.

«*Malheureusement l'accord entre la royauté et le patriarcat, entre la dynastie et les féodaux, entre l'Arménie et Rome, triple condition du relèvement arménien, allait être de courte durée*»[385].

Bab n'était pas foncièrement mauvais, il était capable de courage, de grandes actions et même de générosité, mais il avait les chromosomes pervertis de son grand-père et de son père. Il n'avait pas reçu de véritable éducation religieuse à cause de l'impiété de sa mère. Parantzem l'avait élevé dans les superstitions du paganisme. Son père, Archac, l'avait consacré aux devs, esprits malfaisants et diaboliques représentés sous forme de serpents. Bab devint adultère et débauché. Ses excès et les réminiscences de son éducation ratée en firent la proie des hallucinations. Il voyait des serpents blancs s'enroulant autour de lui[386]. Au lieu de rechercher la bénédiction et les prières du catholicos, qui l'aurait exorcisé, il plongea davantage dans la luxure, donnant à ses sujets le spectacle de la dépravation. Le peuple crédule, prenant à témoin les devs qui tourmentaient son monarque, retourna aux pratiques idolâtres.

Nersès s'élevait sans relâche contre la conduite scandaleuse de Bab. Il le réprimandait, essayait de le ramener dans le droit chemin, de le persuader à faire pénitence. Il voyait bien que la bêtise du souverain conduirait à nouveau l'Arménie à sa perte. Il avait choisi le camp de l'Occident. La religion commune laissait espérer la protection de Constantinople et la sauvegarde de l'intégrité territoriale de l'Arménie[387]. Fougueux et prétentieux, indisposé par les critiques du pontife, le jeune roi faisait tout le contraire de la politique préconisée par Nersès. Bab

---

[384] Faustus, V, 10-12, 16-19; V, 13, 15; Ghevond. Movsessian, R. Et. Arm., t. 7, 2, p. 214, 1927; in R. Grousset, p. 147.

[385] R. Grousset, p. 148.

[386] Faustus, IV, 15, 44; V, 22, Langlois, p. 263, 265; Tournebize, p. 485 et Grousset, p. 148.

[387] F. Tournebize, p. 486.

voulait confisquer les richesses de l'Eglise. Ni Diran ni Archac, pourtant bien pervertis, n'avaient osé se dresser contre la loi instituée par saint Grégoire l'Illuminateur et Tiridate.

Chahpouhr, ayant perdu la guerre, tentait de reprendre le contrôle de la situation par la diplomatie. Il assura Bab qu'il serait son plus fidèle allié mais il fallait qu'il se débarrassât de Cylax et Artaban. Le roi des rois n'avait pas digéré le passage de Zig et Karen du côté de leurs compatriotes et il voulait leur mort. Pourtant Cylax et Artaban, qui jadis avaient sauvé le prince héritier, étaient devenus les plus fidèles ministres du roi d'Arménie. Chahpouhr fit croire à Bab que Zig et Karen conspiraient contre lui. Le monarque tomba dans le piège, fit décapiter Cylax et Artaban et envoya leurs têtes à Chahpouhr[388]. Devant ce forfait, qui s'ajoutait aux autres, le catholicos interdit l'entrée de l'église à Bab s'il ne se réformait pas. Le souverain ne pensa plus qu'à se débarrasser de Nersès. Prétendant qu'il avait décidé de s'amender il invita le patriarche à un banquet en son palais de Khakh, près de la ville royale d'Eriza. Il lui servit une boisson empoisonnée. Nous étions le 25 Juillet 373[389]. Ainsi périt, à l'âge de quarante-sept ans, saint Nersès 1° le Grand égal en sainteté et en valeur à son ami saint Basile le Grand de Césarée. Bab qui avait, du vivant du catholicos, ébauché son oeuvre de destruction des institutions fondées par Nersès fit raser abbayes et monastères.

«*Il ordonna que les monastères féminins soient détruits et de livrer au désordre abominable les vierges croyantes*»[390].

Déclarant que l'Eglise n'avait plus besoin de tant de richesses le roi en saisit la moitié et proclama que les nonnes devaient se marier pour se rendre utiles[391].

Il fallait maintenant un successeur à saint Nersès. Selon la tradition son fils Sahac aurait dû être élu. N'ayant que vingt-cinq ans il n'avait pas l'âge requis institué par son père[392]. Ce qui arrangeait bien le roi. Il s'empressa de chercher du côté de la famille Aghpianos de Manazkert. La nation ne put faire autrement que d'accepter un des représentants de cette lignée qui, légalement, avait le droit d'occuper le Siège. Ce fut Chahag, évêque de Manazkert. Pour la première fois le catholicos n'alla point en Cappadoce recevoir la consécration.

---

[388] Ammien, XXVII, 12; in R. Grousset, p. 149.

[389] Faustus, V, 23-25; M. de Khorène, III, 38; in Grousset, p. 148; F. Tournebize, p.487-488.

[390] Faustus, V, 31; in H. Nadjarian, p. 82.

[391] H. Pasdermadjian, p. 107-108.

[392] M. Ormanian, *L'Eglise arménienne*, p. 15.

Chahpour, de son côté, poursuivait son but. Il proposa à Valens de respecter le traité de Jovien. L'empereur refusa et mobilisa ses armées. Ce qui arrêta les Perses.

Valens plaça auprès du roi d'Arménie son général, Térence, comme un haut-commissaire sur un protectorat. Cette vexation fit pencher Bab vers le Sassanide. Ammien Marcellin n'a que du mépris pour Térence; il nous en fait une description peu enviable.

Ce Térence, écrit-il: «*qui, avec ses yeux baissés, sa démarche timide et l'expression mélancolique de son visage, n'en fut pas moins toute sa vie un des plus intrépides fauteurs de troubles et de discordes, cabalait avec quelques Arméniens que leurs méfaits avaient placés, à l'égard de leur gouvernement, dans la position d'avoir tout à craindre. Il écrivait lettre sur lettre à l'empereur, rebattant sans cesse le sujet de Cylax et Artaban et ne manquant pas de représenter le jeune prince (Pap) comme capable de toute espèce d'emportement et son gouvernement comme la tyrannie même*»[393].

Ces mauvais rapports indisposèrent Valens à l'égard de Bab. Craignant une quelconque alliance avec la Perse l'empereur, prétextant des affaires urgentes, invita Bab en Cilicie. Le roi d'Arménie, maintenu dans une semi-captivité, finit par savoir le fin mot de l'histoire et décida de s'enfuir avec une escorte de trois cents de ses meilleurs cavaliers. Il parvint à prendre le large poursuivi par les Romains.

En Arménie, Térence (*nous dit Faustus de Byzance*), ou le général romain Trajan (*si l'on suit Ammien*), invita Bab à un festin. Il le fit assassiner en lui faisant transpercer la poitrine d'un coup de glaive (*Ammien Marcellin*); en le faisant décapiter d'un coup de hache après lui avoir fait trancher la main droite afin qu'il ne puisse pas se défendre (*Faustus*).

Les historiens arméniens trouvent que ce n'était que justice et que le roi était puni de son crime contre le catholicos et l'Eglise.

«... *tandis que l'historien latin Ammien Marcellin qui connaît personnellement et déteste l'empereur Valens et son entourage, voit dans le même événement un crime - et une faute - de la politique romaine*»[394].

Nous étions en 374, un an après la mort du saint catholicos Nersès.

---

[393] Ammien Marcellin, XXX, 1; in R. Grousset, p. 150.

[394] R. Grousset, p. 151-152.

Car c'est toi, ô mon Dieu, qui illumineras nos ténèbres:
de toi émane ce qui va nous revêtir, et nos ténèbres,
seront comme un plein midi. (Saint Augustin)

CHAPITRE VI

Autour du deuxième concile oecuménique

**La famille Aghpianos revient à la tête de l'Eglise,
le roi Varaztad, meurtre de Mouchegh Mamikonian**

Nersès 1° disparu il ne fut pas possible de lui donner un successeur de la famille Bartev. Son fils Sahac, qu'il avait eu de la princesse Sandouhte Mamikonian, n'avait que vingt-cinq ans. Il n'avait pas l'âge canonique pour monter sur le Siège pontifical. On se tourna une nouvelle fois vers les Aghpianos. En 373, un an avant son assassinat ordonné par Valens, le roi Bab avait fait appel à l'évêque de Manazkert, Chahag (*qu'on appelait aussi Houssig*). Celui-ci devint le dix-septième patriarche succédant aux apôtres et le septième catholicos depuis saint Grégoire l'Illuminateur. Il dirigea l'Eglise pendant quatre ans de 373 à 377[395]. L'Arménie n'avait plus de roi. Certains seigneurs tentaient de prendre leur indépendance en essayant d'obtenir l'appui de l'un ou l'autre Empire. D'autres aristocrates, fidèles à la monarchie arsacide, demandèrent à Valens de rétablir la dynastie parthe qui avait régné si longtemps sur l'Arménie. Valens avait pris la mesure de la faute politique qui l'avait conduit à éliminer Bab. Il comprit que l'anarchie en Arménie nuirait à l'Empire romain. Il avait sous la main un prince du sang, Varaztad, neveu du roi Archac II[396]. L'empereur lui avait donné asile à Constantinople alors qu'il fuyait avec quelques nobles les exactions de Chahpour II. Il appréciait le courage au combat et la vigueur dans les jeux du stade de ce cousin germain de Bab[397]. Varaztad était peu doué pour les choses de l'esprit et s'avérait inconstant[398]. Cette déficience fut peut-être pour quelque chose dans la décision du tortueux Valens. Il mit Varaztad sur le trône d'Arménie. Il prévint Chahpour de

---

[395] M. Ormanian, *l'Eglise arménienne*, p. 15.
[396] F. Tournebize, p. 464, 495.
[397] F. Tournebize, p. 68, 69; Moïse de Khorène, III, 40; in R. Grousset, p. 152.
[398] Faustus, V, 34; in R. Grousset, p. 152.

ne pas s'ingérer dans les affaires arméniennes et lui imposa la reconnaissance du protectorat de Rome sur l'Ibérie[399]. Le choix de Varaztad n'était pas du goût des nakhararq mais tout était préférable à l'annexion de l'Arménie par l'Empire romano-byzantin. Ce monarque garantissait par sa présence l'autonomie du pays. Celui qui inspirait cette réflexion ne pouvait être que Mouchegh Mamikonian, féal soutien de la monarchie. L'intrépide et courageux généralissime, qui avait bouté le Perse hors d'Arménie, conduisait les satrapes réunis pour fêter le roi Varaztad[400].

Nous étions en 374. Auprès du trône, le catholicos Chahag 1° représentait l'autel. Ce patriarche n'a pas eu la chance d'intéresser les historiens, peut-être parce qu'il était davantage tourné vers l'Eglise syriaque. Il ne résida même pas dans ses terres de Manazkert et siégea toujours à Edchmiadzin. Discrètement mais efficacement il s'attacha à faire suspendre les directives contre l'Eglise prises par Bab. Entreprise difficile sous le règne du nouveau roi. Heureusement que Mouchegh Mamikonian conseillait le souverain avec sagesse et perspicacité. Mouchegh était un allié loyal de Rome. Afin de protéger le royaume contre d'éventuelles agressions iraniennes il fit établir des places fortes aux frontières entre l'Arménie et l'Iran notamment au nord du Karabagh, à Gandja.

Varaztad, au lieu de se conformer aux conseils avisés des anciens, préférait écouter les jeunes chevaliers de son entourage dont il partageait la fougue et l'insouciance. L'un de ceux-ci, Bat Saharouni, qui convoitait le poste de Mouchegh Mamikonian, susurra à l'oreille du roi que le général en chef cherchait à le renverser en s'alliant aux Romains. Il osa même l'accuser de complicité avec Valens dans l'assassinat de Bab. Varaztad, à qui la tutelle de Rome commençait à peser, sauta sur l'occasion pour se débarrasser de son sbarabed-mentor dont la fidélité et les avis l'ennuyaient. Afin de reproduire les conditions du meurtre de son cousin Bab il invita Mouchegh Mamikonian à un somptueux banquet et le fit massacrer de la même façon. Il nomma Bat Saharouni général en chef[401].

Les frères de Mouchegh, Koms et Manuel, étaient alors captifs en Perse. A cette époque l'armée iranienne, engagée contre les Kouchan de Bactriane, subit une sanglante défaite. Ce désastre engendra un grand désordre en Perse grâce auquel Koms et Manuel s'évadèrent pour rentrer

---

[399] Ammien Marcellin, XXX, 2; in R. Grousset, p. 153.
[400] R. Grousset, p. 152.
[401] R. Grousset, p. 153; Faustus, V, 35; in F. Tournebize, p. 495.

dans leur patrie[402]. Là, ils apprirent la félonie de Bat Saharouni et le crime du roi. Manuel Mamikonian reprit de sa propre initiative le titre héréditaire de sa famille, celui de sbarabed, que Varaztad avait transmis à Bat Saharouni. Manuel Mamikonian voulait laver les propos diffamants tenus contre son frère, son assassinat et l'outrage fait à sa famille. Il déclara la guerre à Varaztad. Il lui écrivit notamment que l'héroïsme des siens s'était heurté la plupart du temps à l'ingratitude des Arsacides. Ses ancêtres pouvaient se comparer aux siens, et même se placer au-dessus d'eux, ayant régné jadis en Chine[403]. Les Mamikonian connaissaient bien leur origine.

L'affrontement entre les Mamikonian et l'armée royale eut lieu dans la plaine de Garin. Le général du roi Bat Saharouni et son fils tombèrent aux mains de Manuel. Il les fit égorger pour punir Bat de ses calomnies[404]. Ardachès et Hmayag, les fils de Manuel Mamikonian, se lancèrent à la poursuite du roi mais Manuel leur interdit de l'occire. Il ne voulait pas souiller sa lignée par le crime de régicide[405].

Varaztad se réfugia à nouveau à Constantinople. Cette fois l'accueil fut différent. On connaissait ses projets d'alliance avec la Perse; il avait même demandé une des filles de Chahpouhr II en mariage[406]. Valens exila Varaztad dans l'île de Thulé en 377-378[407]. Pour les auteurs de l'Antiquité Thulé correspond soit aux îles Shetland au nord de l'Ecosse, soit à l'Islande. On peut imaginer que l'évangélisation de l'Islande par les moines arméniens débuta à cette époque.

En 377, Chahag 1° venait de mourir et son parent, Zaven de Manazkert, lui succédait, qui dirigerait l'Eglise de 377 à 381[408].

Pontificat de Zaven 1°, régence de Manuel Mamikonian, Aspourakès 1°

On a reproché à Zaven 1° d'avoir introduit, sinon du luxe, au moins du confort pour les ecclésiastiques. Un confort surtout vestimentaire et des

---

[402] R. Grousset, p. 154; F. Tournebize, p. 495.
[403] Faustus, V, 37; in R. Grousset, p. 155.
[404] Faustus, V, 37; in R. Grousset, p. 156; in F. Tournebize, p. 495.
[405] R. Grousset, p. 155; F. Tournebize, p. 495.
[406] Thomas Ardzrouni, I, § 10, p. 59; in R. Grousset, p. 156.
[407] M. de Khor., III, 40; in Grousset, p. 156; Faustus, V, 34 et suiv.; in Tournebize, p. 68, 69.
[408] M. Ormanian, p. 15.

distinctions dans les ornements sacerdotaux. Peut-être voulait-il, par ce décorum, établir un cérémonial apte à impressionner les Grands et les fidèles. Faustus critique les habits fourrés d'hermine et les capes de renard du catholicos, il désapprouve le port de vêtements religieux courts et ornés de broderies et de rubans inspirés par Zaven au lieu des longues soutanes imposées par Nersès. Il s'étonne que les successeurs de Zaven, Aspourakès 1° et Sahac 1° le Grand, n'aient pas modifié ces usages[409]. Ceci mérite quelques réflexions. Si Aspourakès, dont la vie fut édifiante, et Sahac, qui sera canonisé, n'avaient pas éprouvé le besoin de changer les coutumes inaugurées par Zaven c'est qu'il y avait à cela de bonnes raisons. Aspourakès était le frère de Zaven; à ce titre il n'aurait pas aimé supprimer les nouveautés installées par son prédécesseur. Mais Sahac, fils de saint Nersès et de la famille Bartev, aurait pu revenir aux habitudes en usage au temps de son père. Il n'a pas jugé utile de le faire. Faustus lui-même reconnaît que les robes portées par les ecclésiastiques sous Nersès 1° étaient sujettes aux sarcasmes du chef des eunuques qui déclarait que les prêtres étaient habillés comme des femmes[410]. Voilà déjà un bon argument en faveur des modifications prescrites par Zaven. Il ne fallait pas que les religieux fussent exposés à l'ironie. Il y en avait certainement d'autres mais ni Faustus ni un autre ne nous éclairent à ce sujet.

Le catholicos Zaven 1° montait sur le Siège patriarcal au moment où Varaztad, vaincu par Manuel Mamikonian, était exilé si loin qu'il n'en reviendrait plus. A un moment où l'Arménie était une fois de plus décapitée.

Manuel Mamikonian sut rallier derrière lui tous les nakhararq et rétablir la paix dans le pays. Il aurait pu, en 377-378, ceindre la couronne royale[411]. Il conservait un réflexe de vassalité envers la dynastie arsacide que ses aïeux, depuis le prince chinois Mam Koun, avaient toujours servie. Trop respectueux de la fonction il se contenta d'assurer la régence au nom de la veuve du roi Bab, la reine Zarmandouhte. Elle avait eu deux fils de Bab, Archac (*Arsace*) et Vagharchac (*Valarsace*). Ils avaient été élevés par Manuel lui-même comme ses propres rejetons. Manuel Mamikonian, guerrier valeureux, était aussi un chrétien fervent. Il abolit plusieurs décrets de Bab contre l'Eglise, rouvrit de nombreux monastères et rendit aux hospices religieux, fondés par Nersès 1° qu'il vénérait, leur

---

409 Faustus, VI, 2; in F. Tournebize, p. 497, 498.

410 Faustus, IV, 14; in F. Tournebize, p. 497, 498.

411 Faustus, V, 37; in R. Grousset, p. 156, 157.

fonction sociale[412]. On peut déceler dans ces bonnes dispositions la collaboration sinon l'influence de Zaven 1°, qui reprit en charge toutes ces institutions afin de maintenir et répandre la foi chrétienne en Arménie.
On remarque que Faustus de Byzance est assez discret en ce qui concerne les faits et gestes de la famille Aghpianos de Manazkert. On peut y voir sa préférence pour tout ce qui est byzantin et son désintérêt pour l'Eglise syriaque. Il est le panégyriste des Mamikonian, partisans zélés de l'alliance avec Constantinople. Ses affirmations se recoupent souvent avec celles d'Ammien Marcellin qui était contemporain des grands hommes du IV° siècle. L'autre source est Moïse de Khorène qui n'a d'yeux que pour les Bagratouni. Il commet quelques anachronismes concernant cette période qui le rendent moins crédible que Faustus[413]. Si celui-ci occulte ce qui lui déplaît, celui-là a tendance à enjoliver les événements et les hommes qu'il veut mettre en valeur.
La saine gestion de l'Arménie par le régent, la légalité qu'il respectait en gouvernant au nom de la reine, l'union des féodaux qu'il avait réussi à forger, alors que la compétition et la jalousie les animaient habituellement, déplaisaient aux Romains. Les conflits entre nakhararq permettaient à l'Empire de conserver son emprise sur l'Arménie. Si celle-ci devenait forte, parce que bien gouvernée, elle pourrait secouer le joug du protectorat romain et entraîner avec elle l'Ibérie voisine.
Le sbarabed-régent, aussi fin politique que grand chef de guerre, comprit qu'il devait se prémunir contre une éventuelle attaque de Constantinople. Il conseilla à la reine Zarmandouhte de rechercher l'appui de l'ennemi d'hier, le Sassanide Chahpouhr II. Imaginons la surprise et la joie du vieil adversaire. Le frère de Mouchegh Mamikonian, qui avait mis les Perses en déroute, sollicitait son alliance. Le roi des rois était maintenant un vieillard. Après sept décennies de règne (*309-379*) sa cruauté même s'était émoussée avec ses ambitions territoriales.
«*La soumission de l'Arménie avait été un des principaux objectifs de sa politique. On peut dire qu'il l'avait poursuivie par tous les moyens, guerres, persécutions religieuses, ruses diplomatiques, flatteries aux intéressés; mais les guerres contre Rome, protectrice de l'Arménie, avaient abouti à un échec, les persécutions contre le christianisme arménien avaient provoqué la révolte bientôt victorieuse de l'héroïque Mouchel Mamikonian, les tentatives de séduction envers la noblesse arménienne avaient échoué à leur tour. Et voici que soudain, par les*

---

[412] F. Tournebize, p. 495; Faustus, V, 44 et VI, 5; in Tournebize, p. 496.
[413] R. Grousset, p. 157; F. Tournebize, p. 496.

*seules incidences des luttes intestines en Arménie, le propre frère de Mouche*l, *le nouveau chef du clan Mamikonian, venait mettre son pays aux pieds du Roi des Rois (378-379)*»[414].

Chahpouhr envoya un de ses grands seigneurs, Souren, avec dix mille cavaliers[415]. Souren arrivait avec le titre de marzpan (*vice-roi*) croulant sous les présents envoyés par Chahpouhr II à la reine Zarmandouhte et au régent. Ils furent couverts d'or et d'argent, de joyaux et de vaisselle d'or, de vêtements de prix et d'armes merveilleusement ouvragées, des casques d'or et d'argent surmontés d'aigles du même métal sertis de pierres précieuses et de tentes de tissus rares de teinte pourpre, la couleur royale, etc...

Le roi des rois honorait Manuel Mamikonian de son amitié et lui offrait en toute occasion de somptueux cadeaux[416]. Souren prit ses fonctions pacifiquement. Chahpouhr II au terme de sa vie, ravi d'avoir enfin atteint son objectif, était dans de bonnes dispositions envers les Arméniens. Il ne chercha plus à leur imposer le mazdéisme. Reprenant la politique habile des Arsacides d'Iran, les prédécesseurs de sa dynastie, il laissa à l'Arménie sa liberté de culte et son autonomie en échange du paiement d'un tribut et le service des troupes d'élite arméniennes au sein de son armée. Quand l'Arménie était la fidèle alliée de Rome sous des empereurs soit incapables soit hérétiques comme des Constance, des Jovien, des Valens, la Perse, son ennemie, était gouvernée par un souverain habile et compétent. Maintenant que Chahpouhr II était à la veille de sa mort c'est l'Empire romain qui héritait d'un empereur adroit, madré et sans scrupules, Théodose 1°. Chahpour II allait disparaître en 379, l'année même de son rapprochement avec l'Arménie. Ses successeurs, Ardéchir II (*379-383*), Chahpouhr III (*383-388*) et Vahram IV (*388-399*), ne furent pas vraiment à la hauteur du vieux roi des rois. Ils eurent aussi à faire face à la fronde de l'aristocratie iranienne[417]. Celle-ci était tout aussi indisciplinée que les nakhararq arméniens. Mais la Perse n'était pas en butte aux agressions de puissants voisins, sinon quelques tribus scythes ou hunniques qui n'avaient pas la capacité d'envahir ou de détruire l'immense Empire iranien.

---

[414] R. Grousset, p. 157, 158; R. Grousset se réfère à JUSTI. *Grundriss der iranischen Philologie*, II, p. 524 sqq. et Marquart, *Untersuchungen zur Geschichte von Eran*, I, p. 44 sqq. du tirage à part.

[415] R. Grousset, p. 158. Tournebize parle de mille cavaliers, p. 496.

[416] Faustus, V, 38; in R. Grousset, p. 158; F. Tournebize, p. 496.

[417] R. Grousset, p. 159.

Une fois de plus l'Arménie se trouvait dans le mauvais camp. Mais avait-elle vraiment le choix, déchirée qu'elle était entre les deux plus grandes puissances du monde d'alors ? Malgré les reproches qu'on a pu adresser, a posteriori, à ses dirigeants nous devons reconnaître qu'ils en étaient réduits à cette politique de bascule. Ce vaillant pays réussit ainsi à maintenir contre vents et marées son intégrité, sinon territoriale, du moins nationale. En 381 le catholicos Zaven 1° rejoignait la maison du Seigneur. Son frère Aspourakès, évêque de Manazkert, lui succéda de 381 à 386[418].

Nous savons que les fonctions patriarcales et épiscopales demeuraient héréditaires permettant un enracinement rapide du christianisme. Les clans sacerdotaux païens, convertis à la nouvelle religion, conservaient la jouissance des biens attachés à leurs temples devenus des églises. Cette transmission héréditaire n'avait pas pour seul motif la perpétuation au sein de l'Eglise de coutumes venues du paganisme. Elle se basait aussi sur une autre tradition, la source biblique. A l'imitation des Juifs, chez qui le sacerdoce s'obtenait par naissance: descendance d'Aaron ou appartenance à la tribu de Lévi, les prélats devaient être de haute origine et transmettre leurs diocèses de père en fils ou d'oncle à neveu. Quant aux catholicos, à l'image de Melchisedech le roi-prêtre, il était naturel qu'ils fussent de sang royal ou apparentés aux familles régnantes. Les Juifs vivant en Arménie depuis des siècles avaient pu communiquer à leurs compatriotes chrétiens cette interprétation du sacerdoce[419].

Ces ecclésiastiques aristocrates pouvaient s'adresser d'égal à égal aux rudes seigneurs et adoucir leurs moeurs par l'exemple et la prédication de la mansuétude chrétienne. Un autre avantage à cela; l'entrée en religion de ces nobles les amenait à faire don de leurs richesses à l'Eglise et à ses actions sociales. Ne se limitant pas aux bonnes oeuvres ils savaient aussi sacrifier leurs vies sur l'autel de la foi. En véritables nakhararq ils étaient entraînés à verser leur sang pour le royaume. En ecclésiastiques fervents ils faisaient de même pour l'Eglise.

Aspourakès 1° mena une vie pleine de foi et de sainteté, tenant ferme la barre de l'orthodoxie dans les tempêtes de son siècle. Comme son frère Zaven 1°, il soutint Manuel Mamikonian dans l'abrogation des lois antireligieuses édictées par Bab. Il poussa le régent à maintenir en activité et à faire doter par l'Etat les congrégations religieuses et leurs hospices pour les malades et les nécessiteux fondés par Nersès 1°. Il fit

---

[418] M. Ormanian, p. 15.
[419] Gelzer, p. 132, 136, ...; in F. Tournebize, p. 472.

appliquer scrupuleusement tous les édits du deuxième concile oecuménique.

« Les mêmes dogmes unissaient au IV° siècle l'église entière. L'Orient et l'Occident étaient en communion parfaite de foi et de charité. Les hérésies principales qui surgirent au cours de ce siècle en Orient, furent celles des Ariens et des Macédoniens, condamnées par les conciles de Nicée (325) et de Constantinople (381), dont les décisions furent strictement suivies par les Arméniens »[420].

En effet en 381, année du décès de Zaven 1° et de l'avènement d'Aspourakès 1°, une assemblée générale de l'Eglise universelle allait se tenir à Constantinople.

Esprit Saint, Trinité, Constantinople devient le cinquième patriarcat

Dans le bouillonnement philosophique et théologique qui brassait les Eglises en Orient était apparue une nouvelle hérésie. Elle était prônée par Macedonius, évêque de Constantinople. Déposé en 360, il fonda la secte des Macédoniens qui niait la divinité du Saint-Esprit. Macedonius était pratiquement arien. Il se sentait encouragé par l'empereur Valens qui adhérait à l'hérésie. L'arianisme empoisonnait la vie de l'Eglise en tentant d'en briser l'orthodoxie par tous les moyens. Macedonius disparut en 370, onze ans avant la convocation du concile par Théodose, successeur de Valens mort en 378.

Théodose institua le christianisme orthodoxe religion officielle de l'Empire en 380, sans doute par calcul. La plupart des actes des hommes d'Etat de tous les temps sont inspirés par des considérations politiques. S'il leur faut se servir de la religion pour affirmer leur pouvoir ils n'auront aucun scrupule à le faire. La conduite ultérieure de Théodose viendra confirmer cette thèse.

Un siècle avant la déposition de Macedonius, autour de 260, Denys, évêque de Rome, dans ce qu'il écrivait à Denys, évêque d'Alexandrie, affirmait: *« Mais il faut croire en Dieu le père tout-puissant, et en le christ Jésus son fils et en l'esprit saint »*[421].

Depuis Nicée la consubstantialité des Trois Personnes de la Trinité ne semblait faire aucun doute. Il suffisait de se référer au symbole athanasien. Mais les ariens n'avaient pas désarmé; la thèse de Macedonius avait tendance à se répandre à Constantinople.

---

[420] M. Ormanian, p. 16.
[421] C. Tresmontant, p. 357. Nous laissons les lettres minuscules là où l'auteur les a mises.

La mort de Valens, le retour à l'orthodoxie établi par Théodose, allaient permettre l'ouverture d'un concile. Il définira la Divinité de l'Esprit Saint et son égalité avec le Père et le Fils. Théodose 1° s'empressa de convoquer les représentants de l'Eglise universelle. Il n'était pas encore empereur en titre. Gratien régnait à Rome; en 379 il avait décerné le titre d'Auguste à Théodose en lui octroyant le gouvernement de la partie orientale de l'Empire romain. L'assemblée générale de l'Eglise à Constantinople donnait de l'importance au Gouverneur-Auguste de l'Empire d'Orient.

En 381 s'ouvrit le deuxième concile oecuménique sous la présidence de l'évêque de Constantinople, Grégoire de Nazianze. Les troubles en Arménie ne permirent pas l'envoi de représentants à Constantinople. D'ailleurs, Théodose qui s'apprêtait à poignarder sa soeur chrétienne dans le dos ne l'avait pas invitée. Il aurait convié des évêques de l'Arménie occidentale, placée dans son orbite[422]. Ils ne semblent pas avoir répondu à sa sollicitation. Ce qui n'empêchera pas l'Eglise arménienne de se soumettre aux directives du second concile oecuménique. Il n'y eut pas davantage de prélats latins à Constantinople. Le concile confirma la profession de foi de Nicée, établit clairement la Divinité du Saint-Esprit et le fit procéder du Père comme le souligne la traduction du symbole de Constantinople faite par le théologien Claude Tresmontant. Nous en citerons le passage concernant l'Esprit Saint: «*Et dans l'esprit saint, qui est seigneur et qui vivifie, qui provient du père. Avec le père et le fils il est co-adoré et co-glorifié*»[423].

L'Eglise arménienne est restée fidèle à cette profession de foi.

«*L'Eglise arménienne confesse la doctrine qui a été approuvée par les trois premiers conciles oecuméniques, et qui se résument dans les symboles de Nicée et de Constantinople*»[424].

Saint Grégoire de Nazianze, alors qu'il préparait probablement le deuxième concile oecuménique, s'exprimait ainsi; et nous donnons à nouveau la traduction de Claude Tresmontant: «*Mais comment le fils et l'esprit ne sont-ils pas, comme le père, avec le père, sans principe, dépourvus de principe, puisqu'ils sont avec le père co-éternels ? C'est qu'ils viennent de lui, ils sont issus de lui, quoique ce ne soit pas après lui*»[425].

---

[422] F. Tournebize, p. 497.

[423] C. Tresmontant, p. 421.

[424] *L'Eglise Arménienne*, pub. off. du catholicossat des Arméniens à Antelias, p. 11.

[425] C. Tresmontant, p. 408.

Le mot principe signifie ici: origine, commencement, source d'une chose. Après avoir mené à terme les travaux du concile, Grégoire de Nazianze dut démissionner devant les attaques de ses adversaires. Théodose, qui ne se souciait pas de défendre l'évêque dont il craignait peut-être la sainte personnalité, l'abandonna. Ce qui démontre, s'il en était besoin, sa démagogie pour s'assurer le pouvoir. Grégoire de Nazianze se retira dans la solitude pour se consacrer à ses écrits.

Les pères conciliaires avaient confirmé ce que contiennent l'Ancien et le Nouveau Testaments: la présence de l'Esprit. De cet Esprit de Dieu déjà présent dans l'Ancien Testament. L'Ancien Testament que l'Eglise arménienne appelle «*Le Souffle de Dieu*». Cet Esprit de Dieu n'est pas immatériel comme dans une conception philosophique. Le souffle est quelque chose de définissable. Le souffle de la respiration n'est pas une abstraction. Il existe. Tout être vivant respire, et tout vivant n'a pas besoin d'être instruit pour sentir, définir, entendre cette respiration. On peut déterminer la qualité ou la force du souffle de la terre, le vent. Le vent n'est pas palpable et pourtant on sent la différence entre la brise et la bise, entre l'ouragan et le cyclone. Le souffle nous anime, nous comble, nous transporte, nous blesse, et pourtant on ne peut ni le toucher ni l'étreindre. Le Souffle de Dieu, l'Esprit Saint, vit et fait vivre. Que serions-nous sans lui ? «*Voici mon serviteur, que je soutiendrai, mon élu, en qui mon âme prend plaisir. J'ai mis mon Esprit sur lui; il annoncera la justice aux nations*»[426].

Que disent les pères de Nicée au sujet de l'Esprit ?

«*Et je crois à l'Esprit Saint non créé et parfait qui a parlé à travers les lois et les prophètes et l'évangile. Qui est descendu dans le Jourdain, a prêché par les apôtres et a habité parmi les saints*»[427].

En deux phrases le symbole athanasien fait la jonction entre les révélations de l'Ancien et du Nouveau Testaments. Cette gradation dans la découverte de la Révélation est définie par saint Augustin: «*Quid enim est quod dicitur Testamentum Vetus nisi occultatio Novi ? Et quid est aliud quod dicitur Novum nisi Veteris revelatio ?*»[428]

Jésus-Christ, le Verbe, le Logos fait chair, par sa venue et son action a montré la présence de l'Esprit sur lui. L'Evangile nous décrit le baptême de Jésus dans le Jourdain par Jean le Baptiste.

---

[426] Esaïe, **42**, 1.

[427] Extrait de la profession de foi récitée dans l'Eglise arménienne.

[428] Saint AUGUSTIN, *La Cité de Dieu*, Livre 16, chap. 26: «*Qu'est-ce en effet que l'Ancien Testament sinon l'occultation du Nouveau ? Et qu'est-ce d'autre que le Nouveau sinon la révélation de l'Ancien ?*»

«*Or, en ces jours-là, Jésus vint de Nazareth en Galilée et se fit baptiser par Jean dans le Jourdain. A l'instant où il remontait de l'eau, il vit les cieux se déchirer et l'Esprit, comme une colombe, descendre sur lui. Et des cieux vint une voix*: «*Tu es mon Fils bien-aimé, il m'a plu de te choisir*»[429].

Peu avant Jean avait proclamé: «*Moi je vous ai baptisé d'eau, mais lui vous baptisera d'Esprit Saint*»[430].

L'apôtre Paul décrit la Trinité en une seule phrase: «*Il y a un seul Corps et un seul Esprit, de même que votre vocation vous a appelés à une seule espérance; un seul Seigneur, une seule foi, un seul baptême; un seul Dieu et Père de tous, qui règne sur tous, agit par tous, et demeure en tous*»[431].

Ainsi il y a un seul Dieu en Trois Personnes, le Père, le Fils et l'Esprit Saint. Ce Dieu Unique en Trois Personnes qu'on retrouve souvent dans l'Ancien Testament. Reprenons cette fois le passage d'Esaïe comme il est dans la Bible: «*Ils criaient l'un à l'autre, et disaient*: **Saint, saint, saint** *est le Seigneur des Armées! toute la terre est pleine de sa gloire !*»[432].

Cette Trinité, Dieu Unique, ciment de la foi chrétienne.

«*Voilà la Trinité*, mon Dieu, Père, Fils et Esprit Saint, *créateur de l'universelle création*»[433].

Sur le plan de la théologie trinitaire le concile de Constantinople avait maintenu l'orthodoxie.

Théodose s'était servi de cette assemblée pour combler ses ambitions terrestres. Un précédent avait été créé à Nicée lorsque Constantin y réunit l'Eglise universelle. Il n'utilisa pas, par piété, son pouvoir pour influer sur la destinée de l'Eglise. Théodose 1°, lui, comprit à quel point il pourrait user de ses prérogatives pour la plier à ses ambitions. Cette intrusion du politique dans le spirituel provoquera au fil des siècles des déchirures dont l'Eglise ne s'est toujours pas remise deux mille ans après la venue du Messie. Cette thèse des pouvoirs temporel et spirituel, que saint Augustin a déterminée dans la «*Cité de Dieu*», se démontrera tout au long de l'Histoire.

Théodose fit élever, par le concile, le Siège de Constantinople au rang de patriarcat, espérant lui donner la primauté sur les quatre patriarches existant. Il aurait été plus adéquat de faire bénéficier le Siège de Césarée

---

[429] Evangile de Marc, 1, 9-11.

[430] Evangile de Marc, 1, 8.

[431] Saint Paul, *Eph.*, **4**, 4-6.

[432] Esaïe, **6**, 3.

[433] Saint Augustin, *Les Confessions*, Livre XIII, V, 6.

de ce privilège[434]. Les évêques de Césarée s'étant toujours montrés fidèles à l'orthodoxie.

Ce qui importait à Théodose c'était de transférer la capitale de l'Empire de Rome à Constantinople; Césarée ne jouissait ni de la situation géographique ni de l'importance politique de la grande cité byzantine. Les successeurs de Théodose 1°, les Théodose II, Marcien, Justin, Justinien, n'hésiteront point à briser l'Eglise pour établir leur domination. Ne nous méprenons pas, ce n'est pas la transformation de l'évêché de Constantinople en patriarcat qui est répréhensible mais l'ingérence du temporel dans les affaires spirituelles. Par son rayonnement, la qualité de ses prélats, le brassage intellectuel avec les écoles d'Arménie, de Syrie, d'Egypte le Siège de Constantinople était digne de cette promotion. Il eût été préférable qu'elle fût le fait des évêques plutôt que d'être inspirée par un Auguste-Gouverneur de la partie orientale de l'Empire davantage préoccupé par l'extension de sa puissance que de la sauvegarde de la chrétienté. L'un des exemples de ce manque de conscience chrétienne étant l'abandon de l'Arménie aux mains des païens.

Pourtant au cours de la messe l'Eglise arménienne, pleine de mansuétude envers celui qui établit le christianisme orthodoxe religion d'Etat dans l'Empire romain et respectueuse du concile, évoque la mémoire de l'empereur Théodose 1°.

Alors que sont commémorés les saints, les apôtres, les ermites, les patriarches, les évêques orthodoxes, le diacre proclame le passage suivant: «*Les rois croyants: les saints Abgar, Constantin, Tiridate et Théodose, ainsi que tous les rois saints et pieux et les princes aimant Dieu, nous te supplions de t'en souvenir en ce saint sacrifice*».

Manuel Mamikonian chasse les Perses d'Arménie, il partage le royaume entre ses deux pupilles, Khosrov III roi d'Arménie

Peu après le concile profitant du désintérêt de Théodose pour ses frères chrétiens d'Arménie le successeur de Chahpouhr II, Ardéchir II, fit resurgir les vieux démons sassanides. Incapable de tirer les leçons du passé il voulut imposer à tout prix la religion du soleil et du feu à l'Arménie.

L'hostilité d'Ardéchir déclencha la riposte de Manuel Mamikonian. Réunissant les seigneurs sous sa bannière il chassa le marzpan Souren et ses dix mille cavaliers. La bataille se déroula à Bagavan. L'armée iranienne était commandée par l'apostat arménien Mehroujan Ardzrouni.

---

[434] F. Tournebize, p. 508.

Manuel Mamikonian provoqua ce dernier en combat singulier et le vainquit. Le prince Babic Siouni cloua Mehroujan à terre d'un coup de lance puis les hommes de Manuel décapitèrent le renégat[435]. Babic vivait incognito à la cour de Perse. Il était le fils d'Andoc Siouni et frère de la malheureuse reine Parantzem. Il combattit, pour Chahpouhr II, un chef hun, Hunagour, qui mettait à sac le Caucase iranien. Il tua Hunagour et se fit reconnaître. Nous savons la haine de Chahpouhr pour la famille Siouni. Mais la paix et l'amitié entre Manuel Mamikonian et le roi des rois, la gratitude de celui-ci envers Babic firent qu'il lui restitua la Siounie[436].

Cette fois encore Manuel Mamikonian aurait pu installer sa lignée sur le trône d'Arménie. Par modestie, ou par dessein politique, il préféra régner par Arsacides interposés. Après tout rester en arrière-plan était plus confortable.

La reine Zarmandouhte, la Cour, l'armée et le peuple fêtèrent la victoire à Garin. D'après Faustus, à cette occasion Mamikonian donna sa fille en mariage au prince Archac. Moïse de Khorène écrit qu'Archac épousa la fille de Babic Siouni (*ou de Siounie*). Or Archac était le fils de Bab et Babic le frère de Parantzem, mère de Bab et grand-mère d'Archac. La fille de Babic était donc la petite cousine d'Archac. D'après les directives du synode d'Achtichat, réuni par le catholicos Nersès 1°, les mariages entre parents jusqu'au cinquième degré étaient interdits, ce qui rend improbable la thèse de Moïse de Khorène. C'est Faustus de Byzance que nous devons suivre. Il nous apprend qu'au cours de la même fête Manuel Mamikonian fit épouser au prince Vagharchac la fille de Sahac Bagratouni le commandant de la cavalerie royale. Ces mariages devaient consolider le trône et maintenir l'allégeance des nakhararq envers la dynastie arsacide[437]. Programmer des alliances entre les grandes familles paraît être une des activités des Mamikonian. On constate qu'ils avaient toujours une fille à marier aux seigneurs ou aux princes. Ils tissaient ainsi une sorte de toile d'araignée entre les clans.

Poursuivant sa stratégie de direction des affaires du pays en restant en arrière-plan, Manuel Mamikonian divisa la royauté entre Archac et Vagharchac[438]. Bien que ce dernier soit proclamé roi en second, il allait régner sur l'Arménie occidentale et s'installer en sa capitale, Eriza ou Erez (*Erzindjan*).

---

[435] Faustus, V, 43; in R. Grousset, p. 161.
[436] Brosset, II, p. 16; Moïse Kaghankatouatsi, p. 84; in R. Grousset, p. 159.
[437] Faustus, V, 44; Moïse de Khorène, III, 41; in R. Grousset, p. 161.
[438] Faustus, V, 44; in R. Grousset, p. 161.

Archac III choisit pour capitale Dvin, établissant sa souveraineté sur l'Arménie orientale[439].

L'Eglise arménienne donne beaucoup d'importance aux faits et gestes du peuple d'Israël tels que consignés dans «*Le Souffle de Dieu*». Nous avons vu qu'en matière d'hérédité sacerdotale les Arméniens prenaient exemple sur la transmission de la prêtrise chez les Hébreux. La destinée de ces deux peuples fut souvent identique. Lorsqu'en 932 avant J.-C. Israël fut divisée en deux Etats antagonistes, Israël et Juda, cela favorisa la conquête de Samarie deux siècles plus tard par les Assyriens et la chute de Jérusalem en 587 avant J.-C.[440]. De même le partage de l'Arménie entre les frères Archac et Vagharchac allait préluder aux dominations byzantine, perse et à beaucoup d'autres.

Ce n'était pas le dessein du sbarabed-régent Manuel Mamikonian. Il escomptait, en laissant à ses pupilles un semblant de pouvoir, gouverner le royaume pendant qu'ils auraient les attributs du règne. Ce calcul se serait avéré judicieux pour l'établissement de la dynastie des Mamikonian à l'avenir. Mais le régent devait mourir vers 384-385, peu après l'avènement de la dyarchie[441]. Le jeune roi Vagharchac ne lui survécut pas longtemps. Il rendit son âme à Dieu dans sa bonne ville d'Eriza en 386[442]. Si Archac III avait été habile il aurait pu réunifier l'Arménie en s'emparant du demi-royaume de son frère. Au lieu de cela, pusillanime et inconséquent, craignant les représailles des Perses, privé du bras puissant et protecteur de son tuteur Manuel, il abandonna Dvin pour se réfugier dans la capitale de son frère, Eriza. Il croyait que l'empereur l'aiderait à tenir tête aux Sassanides. Ses vassaux, dans leur grande majorité, le suivirent[443]. Théodose 1° ne se souciait plus de maintenir le protectorat de Rome sur l'Arménie. Il n'avait nulle envie de s'opposer aux Iraniens. Il garda Archac III plutôt comme prisonnier[444]. Profitant des circonstances les nakhararq, qui n'avaient pas accompagné Archac III, crurent de bonne politique de se tourner vers la Perse. Ils craignaient la mainmise de Rome au moins sur l'Arménie occidentale. Ils

---

[439] F. Tournebize, p. 69; R. Grousset, p. 162.

[440] Pierre GRELOT, *Bible*, Dictionnaire des Religions, p. 165.

[441] Faustus, V, 44; in R. Grousset, p. 162.

[442] R. Grousset, p. 162.

[443] F. Tournebize, p. 69.

[444] Lazare de Pharbe, V, VI; in R. Grousset, p. 167.

espéraient rééditer la stratégie de Manuel Mamikonian lorsqu'il s'allia à Chahpouhr II. Mais n'est pas Manuel qui veut ni Chahpouhr II. C'est Chahpouhr III qui régnait en Iran. Les seigneurs arméniens lui demandèrent de mettre un autre Arsacide à la place d'Archac. Ces grands féodaux n'obéissaient qu'à leurs intérêts propres. Les fiefs de certains d'entre eux étaient aussi étendus que le domaine royal. Ils exerçaient sur leurs terres les actes de haute et basse justices sans que le souverain n'eût son mot à dire. Leurs biens leur appartenaient en propre, et la transmission se faisait de père en fils sans l'intervention du monarque. S'ils voulaient les donner ou les échanger ils le faisaient avec le seul accord de leurs clans. Le chef de maison (*Danouder*) se déclarait vassal du roi. Il se rendait à son appel selon son bon plaisir. Les Bagratouni, les Ardzrouni, les Gnouni, les Mamikonian, les Siouni, les Orbelian, les Rechtouni, les Amadouni, les Kamsarakan et tant d'autres entraient en conflit, se réconciliaient au gré de leurs ambitions. Les Perses surent mettre à profit ces rivalités[445]. Les danouders, princes, satrapes, seigneurs auraient sans doute morcelé le royaume en autant d'Etats comme à l'époque de leurs ancêtres hourrites sans l'autorité des catholicos, qui surent réunir, fédérer et donner le sens de la nation à ces fougueux nakhararq. Ceux-ci, en cette fin de IV° siècle alors que la faiblesse royale ouvrait la porte à l'anarchie, tentèrent de jouer leur partie.

Les frères Aghpianos, qui géraient l'Eglise, manquaient de l'aura et du charisme des Bartev. Ils n'étaient ni Parthes ni apparentés à la monarchie ou aux clans principaux. Leur ancêtre, qui s'était converti, était d'une haute lignée sacerdotale païenne mais ils ne comptaient ni militaires, ni chambellans dans leur ascendance pour avoir assez d'influence.

Bien que moins peuplée que les deux Empires qui l'environnaient l'Arménie aurait pu non seulement conserver son autonomie mais gagner son indépendance. Il eût fallu pour cela que le roi sût maintenir la cohésion de ses féodaux, ces remarquables guerriers. Ni les dirigeants corrompus du Bas-Empire ni les rois des rois dégénérés de Perse n'auraient pu l'assujettir. Ils n'osaient s'aventurer en Arménie que sur l'appel ou la trahison d'un ou plusieurs nakhararq. Les défenses naturelles du pays permettaient aux Arméniens de refouler les envahisseurs. Comme l'armée de Tigrane le Grand avait réussi à effriter et mettre en déroute les légions de Lucullus. Toutes les fois qu'une garnison étrangère put occuper une place forte arménienne ce fut avec

---

[445] F. Tournebize, p. 72.

l'aide des Arméniens. Toutes les fois que la noblesse et le roi unis décidèrent de chasser l'ennemi de ces forteresses ils y parvinrent aisément. Assurés de cette espèce d'immunité que leur conféraient ces obstacles géographiques les satrapes arméniens se crurent à l'abri des visées romano-byzantines ou iraniennes. Derrière ces remparts édifiés par la nature ils pensaient se livrer en toute impunité à leurs jeux mortels surtout si leur suzerain était faible, véritable marionnette d'un funeste théâtre.

Croyant imposer à Chahpouhr III le choix d'un Arsacide, race honnie par le roi des rois, les nobles arméniens se prirent pour de fins diplomates. Chahpouhr III, qui préférait dominer l'Arménie, s'il le fallait même par Arsacide interposé, s'empressa d'agréer leur demande.

Il «*Consentit à leur donner un roi de la race des Arsacides arméniens afin de s'emparer de leur pays: il choisit un jeune homme de cette race, nommé Khosrov auquel il fit ceindre le diadème, et, après lui avoir donné sa soeur pour épouse et un certain Zik pour régent, il l'envoya en Arménie avec une nombreuse armée*»[446].

Khosrov III entra en grande pompe à Dvin, abandonnée par son cousin Archac III.

Les intrigues de Théodose 1°, partage de l'Arménie entre Perses et Romains, Khosrov III réunit le pays

Pendant ce temps Théodose 1° oeuvrait à la réunification de l'Empire romain. Il voulait faire de Constantinople la nouvelle Rome. S'étant placé à l'est de l'Empire il négligeait l'Orient en refusant de soutenir l'Arménie, son unique bastion contre les invasions. Il regardait vers l'Occident qu'il gouvernerait à partir de Constantinople tournant le dos à son ennemie acharnée, la Perse, qui s'introduisait en Arménie. Cette politique aberrante qui semait les germes de la chute de l'Empire d'Occident puis de Byzance fut hélas celle de la plupart des empereurs de Constantinople. Même celle des dynasties arméniennes de Byzance notamment les Porphyrogénètes qui furent arméniens comme chacun sait.

Nous avons vu que Gratien à Rome avait chargé Théodose du gouvernement des provinces orientales. Théodose ne voulait pas être un subordonné. Pour s'élever à la hauteur de l'empereur d'Occident, qui avait auprès de lui l'un des quatre chefs de l'Eglise, Théodose 1° fit

---

[446] Faustus, VI, 1; in R. Grousset, p. 163.

mettre l'évêque de Constantinople au même rang que ceux de Jérusalem, Antioche, Alexandrie et Rome.

Un usurpateur, Maxime, avait éliminé Gratien. En 388 Théodose écrasa Maxime à Aquilée et réunit les empires d'Orient et d'Occident sous son sceptre. Enfin la capitale de l'Empire romain était Constantinople. Par la suite Théodose 1° devait à nouveau diviser l'Empire entre ses fils, Honorius à Rome et Arcadius à Constantinople. Au plus fort d'établir son autorité sur l'autre. Ce principe de collégialité avait bien été introduit par Dioclétien, ce qui rendait la partition légale. Théodose 1° avait tout de même une propension pour le partage des Etats.

Vers cette époque, en 387 ou en 390 selon les auteurs, il s'entendit avec la Perse, sur le dos des Arméniens, pour morceler le royaume[447]. A Théodose l'Arménie Occidentale ou Petite Arménie, où Archac III pratiquement en résidence surveillée dans Eriza la capitale de son frère Vagharchac, était un roi sans pouvoir. Quelques-unes même de ses provinces, dont la Sophanene et la Sophene, étaient gérées par des satrapes arméniens que Théodose conserva comme gouverneurs ou résidents généraux. Le traité avantageait la Perse qui recevait les quatre-cinquièmes de l'Arménie[448]. Il n'y avait plus désormais d'Etat tampon entre les deux Empires. Théodose se trouvait directement au contact des Sassanides. Ce n'est pas la petite Arménie Occidentale, qu'il avait transformée en province ayant pratiquement perdu son roi et sa raison de lutter, qui s'opposerait aux ambitions de l'Iran.

A Dvin Khosrov III régnait sur un royaume sous mandat perse. De 387 (*ou 390*) à 600 la ligne de démarcation entre les deux Arménie passa près de Garin (*Erzeroum*) et de Martyropolis (*Mufarghin*)[449].

En gros l'Arménie sous protectorat byzantin avait pour limites:
- l'Euphrate à l'ouest: de Chabin-Karahissar (*au Nord*) à Malatia (*au Sud*) en passant par Erzindjan et Kamakh;
- à l'est: d'Erzeroum (*au Nord*) à Nisibin (*au Sud*).

L'Arménie Orientale ou Grande Arménie, échue aux Sassanides, englobait l'Akhalkalak, l'Ayrarat, le Vanand (*capitale Kars*), le Chirac (*capitale Ani*), la Siounie, le Vaspouragan (*capitale Van*), le Daron, le Sassoun, le Taurus, l'Outiq et l'Artsakh[450], avec les trois lacs arméniens, Van, Sevan et Ourmia. Il s'étendait:
- d'ouest en est: d'Erzeroum au Karabagh;

---

[447] Gelzer et Hübschmann; in R. Grousset, p. 164.

[448] PROCOPE, *De aedificis*, III, 1; in R. Grousset, p. 164.

[449] Chabot, *La frontière romaine de l'Euphrate*, p. 10-11; in R. Grousset, p. 165.

[450] L'Outiq est le Bas-Karabagh; l'Artsakh, le Haut-Karabagh.

- du nord au sud: de la Géorgie à l'Atropatène (*Azerbaïdjan iranien*).
«Ce partage qui constituait le legs de l'Antiquité finissante à l'époque médiévale, était, tant pour le peuple arménien que pour l'Europe elle-même, d'une gravité qui n'a pas besoin d'être soulignée. L'abandon du protectorat de la Grande Arménie constituait pour l'empire romain, en même temps qu'un recul lourd de conséquences, une véritable défection à l'égard de la chrétienté»[451].

Khosrov III était à Dvin. A Eriza, Archac et ses seigneurs préféraient se trouver auprès de leurs frères chrétiens byzantins, loin des mazdéens. Ils auraient pu vivre en paix. C'était ignorer le modus vivendi établi entre les deux Empires. Ils s'affrontaient par Arméniens interposés et vidaient leurs querelles la plupart du temps en Arménie.

On se demande par quel miracle les Arméniens réussirent à survivre à ces invasions, ces massacres, ces cataclysmes qui ravagèrent leur terre. On s'émerveille devant la vitalité d'un peuple disséminé dans les vallées de Transcaucasie, d'Anatolie et jusqu'en Mésopotamie à la croisée des civilisations et des barbaries, qui résista à des forces infiniment supérieures aux siennes, à des volontés farouches décidées parfois à l'exterminer. Malgré la tourmente il forma une nation avec identité de langue, de moeurs, de religion, d'écriture, une civilisation supérieure: *«... le peuple arménien a sa place dans le groupe, très restreint, de peuples qui se sont montrés capables de la plus haute culture»*[452].

Le traité de partage entre Constantinople et l'Iran préluda à une série de mauvais coups que Byzance portera à sa soeur chrétienne. On a coutume de situer ces perfidies au lendemain du premier schisme de l'Eglise universelle entériné par le concile de Chalcédoine afin d'attirer l'Eglise arménienne sous la dépendance de Constantinople. La preuve nous est donnée que dès le IV° siècle, alors que l'Eglise arménienne et l'Eglise occidentale étaient en parfaite communion, Théodose 1° trahissait l'Arménie:

«A la veille des Grandes Invasions, le dernier empereur romain unitaire laissait démanteler le bastion oriental de la chrétienté. Une vivace nation chrétienne se trouvait livrée au bon plaisir de la Perse mazdéenne, c'est-à-dire, à cette date, des pires ennemis du christianisme. Au seuil des temps nouveaux, l'Arménie se voyait abandonnée par le monde gréco-romain, livrée à ses propres moyens,

---

[451] R. Grousset, p. 165.

[452] H. LYNCH, *Armenia*, tome I, p. 391, London, 1901; trad. par H. Pasdermadjian, p. 179.

vouée, bon gré mal gré, à graviter dans l'orbite de l'Iran, c'est-à-dire aujourd'hui du monde mazdéen, demain du monde musulman»[453].

L'explorateur norvégien des régions polaires à bord du **Fram**, Nansen, qui fut aussi un grand historien, remarque que Constantinople venait de perdre un bastion. Il est cité par Hrand Pasdermadjian.

«*Ainsi que le souligne Nansen, ce partage fut une première faute capitale de la politique de Byzance. Une Arménie forte, homogène et indépendante aurait représenté un élément d'une valeur inappréciable pour la défense de Byzance contre les Sassanides et ensuite contre l'Islam. Sa disparition signifia l'ouverture d'une brèche par laquelle passeront bien des attaques et bien des invasions*»[454].

Ne voulant pas favoriser les desseins de Constantinople et des Sassanides, et désirant réunifier le pays, Khosrov III déclara la guerre à Archac III. Ce qui n'était pas pour déplaire aux Iraniens. Si Khosrov parvenait à conquérir l'Arménie Occidentale il pourrait la soustraire à l'Empire romain et tout le royaume tomberait dans l'escarcelle du roi des rois.

L'affrontement entre les deux cousins eut lieu dans la plaine d'Erevel dans le Vanand près de la ville de Kars. L'armée d'Archac III était commandée par un de ses vassaux, militaire de valeur, Gazavon de Chirac; mais son talent ne lui permit pas de gagner la bataille. Archac III allait tomber aux mains de Khosrov III quand Gazavon parvint à le faire fuir[455]. Archac mourut d'épuisement en atteignant Eriza[456]. Théodose en profita pour annexer purement et simplement l'Arménie Occidentale. Alors Khosrov III montra son sens politique. Il s'adressa aux nakhararq qui avaient accompagné Archac III à Eriza. Il leur promit l'amnistie totale et la restitution de leurs biens s'ils rentraient chez eux. Il obtint même l'accord du roi des rois, qui jura par le feu, l'eau et la gloire de ses ancêtres qu'il souscrivait à la décision de Khosrov et laissait à l'Arménie la liberté de religion[457]. Le monarque sassanide voyait là un moyen de mettre la main sur la Petite Arménie contrôlée par Théodose 1°. La majorité des féodaux accepta de revenir à l'est privant Théodose de forces considérables ainsi que de son pouvoir sur l'Arménie Occidentale.

---

[453] R. Grousset, p. 165, 166.

[454] H. Pasdermadjian, p. 108 qui se réfère à Fridtjof NANSEN, *Gjennem Armenia*, p. 196, Oslo, 1927.

[455] F. Tournebize, p. 69; R. Grousset, p. 168.

[456] Moïse de Khorène, III, 46; in R. Grousset, p. 168.

[457] Moïse de Khorène, III, 42; in R. Grousset, p. 167.

Khosrov obtint l'unification de son royaume en payant à Constantinople le même tribut qu'il versait à l'Iran[458].

Election de Sahac 1°, avènement de Vramchabouh

Le partage de l'Arménie que Manuel Mamikonian avait inauguré devenait perso-byzantin au lieu de rester arméno-arménien. L'intronisation de Khosrov III et ses initiatives courageuses et adroites avaient retardé, pour un temps, la décadence.

Un an après la mort de Manuel Mamikonian (*en 386, la même année que le roi Vagharchac*), le catholicos Aspourakès 1° disparaissait. Pour lui succéder Khosrov III fit appel en 387 au fils de Nersès 1°, Sahac[459]. Après le décès de saint Nersès 1° le Grand la famille Aghpianos avait comblé, pour ainsi dire, la vacance de la lignée de saint Grégoire l'Illuminateur pendant treize ans. Enfin, au moment où le pays connaissait une période noire, un autre grand patriarche descendant de l'Illuminateur, allait occuper le Siège catholicossal[460].

«... *la propriété du Siège patriarcal revenait dans la famille de l'Illuminateur avec l'élection de saint Sahac qui, pendant cinquante ans, détint le pouvoir patriarcal, parfois sous des conditions favorables et parfois aussi défavorables*»[461].

Si, durant son règne, Khosrov III n'avait accompli que cet acte il aurait mérité la gratitude de la postérité. Par tradition familiale Sahac se sentait plus proche de Césarée et Constantinople que d'Antioche mais il n'était pas moins familier des deux cultures.

«*Profondément versé dans les sciences helléniques et syriaques, il était supérieur aux savants de son époque, au dire de ses contemporains*»[462].

Les catholicos du clan Aghpianos, de par leur origine et leur culture, penchaient plutôt vers l'Eglise syrienne. C'est à cause de cela peut-être qu'ils suscitèrent une sorte d'indifférence, sinon d'ostracisme, de la part des historiens occidentaux. On leur doit en tout cas la démonstration et l'expression de l'autocéphalie de l'Eglise arménienne quand ils mirent un terme à la consécration à Césarée[463].

---

458 F. Tournebize, p. 70.

459 M. Ormanian, p. 173.

460 Moïse de Khorène, III, 49; in R. Grousset, p. 170.

461 R. P. PAYLAGUIAN, *Histoire ecclésiastique arménienne*, p. 40, Paris, 1941 (*T. D. A.*).

462 M. Ormanian, p. 17.

463 F. Tournebize, p. 488.

L'Eglise en Arménie avait maintenant suffisamment d'évêques pour élire et oindre un catholicos. De même que ce dernier était tout à fait habilité, au vu de l'orthodoxie, pour ordonner ses évêques. Les Aghpianos de Manazkert avaient compris que, malgré les persécutions perses, la foi chrétienne se raffermissait en Arménie. Alors que Constantinople, profitant de la religion commune, ne cherchait qu'à absorber et noyer l'originalité de l'Eglise arménienne dans l'océan byzantin.

Au moment de son élévation au patriarcat Sahac avait trente-neuf ans. Il avait largement l'âge canonique imposé par son père. Le choix de Sahac par Khosrov III fut entériné par Chahpouhr III. Ce qui n'empêcha pas ses détracteurs de le desservir auprès du successeur de ce dernier, Vahram IV. Arguant du fait que Khosrov III avait favorisé l'élection de Sahac pour se rapprocher de Constantinople les nakhararq accusèrent le catholicos de rechercher l'alliance avec l'Empire romain[464].

Vahram IV, se conduisant en maître absolu, adressa des remontrances à Khosrov III. Le souverain arménien fit front avec hauteur déclarant que nul, fut-il roi des rois, ne lui dicterait sa conduite. Ce fut un trait caractéristique des Arsacides arméniens que celui de ne pas accepter les reproches des Sassanides, qu'ils considérèrent toujours comme les usurpateurs de la couronne d'Iran. Les Sassanides avaient été naguère leurs vassaux, aussi les toisaient-ils avec une morgue aristocratique souvent gratuite, toujours dangereuse, surtout quand la trahison de leur propre féodalité les affaiblissait. Les Sassanides haïssaient les Arsacides mais ceux-ci les méprisaient. Vahram IV invita Khosrov III à une entrevue. Bien que s'attendant au pire le roi d'Arménie ne se déroba point. Selon la coutume, qui se perpétuera désormais, les Byzanto-romains ne levèrent pas le petit doigt pour secourir leur allié arménien. Une belle occasion se présentait pourtant à eux pour rétablir leur protectorat sur l'Arménie.

Vahram fit saisir Khosrov, le fit enchaîner et jeter au fond de la fameuse forteresse de l'Oubli en Susiane[465]. Khosrov s'était rendu en Perse accompagné de Gazavon de Chirac, qui fut aussi enfermé dans la forteresse de l'Oubli. Ses frères tentèrent de le libérer avec leur monarque mais ils échouèrent et furent tués[466].

Vahram IV désigna un nouveau roi pour l'Arménie en 392. Pour éviter les troubles dans le royaume il dut à nouveau choisir un Arsacide. Ce fut

---

[464] Lazare de Pharbe, VII; in R. Grousset, p. 170.

[465] F. Tournebize, p. 70; Lazare de Pharbe, VII; in R. Grousset, p. 170.

[466] Moïse de Khorène, III, 50; in R. Grousset, p. 170.

le frère de Khosrov III, Vramchabouh (*forme arménisée de Vahram-Chahpouhr*). Vramchabouh 1° fut un bon souverain. Il sut vivre en paix avec les successeurs de Théodose 1°, Arcadius 1° puis Théodose II le Jeune à l'ouest, et avec Vahram IV puis Yezdiguerd 1° à l'est.

L'Histoire ménage parfois une pause pour que des faits mémorables puissent se produire. Vramchabouh régnait, Sahac dirigeait l'Eglise et Mesrob le suppléait. A eux trois ils allaient réaliser ce qui pouvait arriver de mieux à l'Arménie et aux Arméniens. Plus que la richesse matérielle, davantage que l'expansion territoriale, le moyen intellectuel de conserver la foi, gage d'immortalité. Cet accomplissement allait être: l'invention de l'alphabet.

> *De nos jours un peuple est connu et jugé sur la valeur de sa culture. C'est par sa culture qu'un peuple devient une nation véritable et confirmée. En ce sens, le peuple arménien est sans doute l'une des nations les plus confirmées du monde.* (S.S. Vazken 1°)

CHAPITRE VII

L'invention de l'alphabet

Les écritures, littérature et littérateurs arméniens avant l'invention de l'alphabet

Un événement capital allait se produire en ce début du V° siècle: l'invention de l'alphabet arménien. Une langue est un moyen de reconnaissance entre les membres d'un peuple. Pour accentuer l'entente et l'intelligence elle doit être écrite. Gravée sur la pierre, calligraphiée sur un parchemin, imprimée sur du papier l'écriture façonne l'expression. L'écriture peut être phonétique ou idéographique. Elle permet aux humains de se comprendre et de communiquer à travers les siècles, même après la disparition de la civilisation qui la créa. Elle concrétise une culture et conserve une mémoire collective. Les hiéroglyphes de l'ancienne Egypte sont des idéogrammes, comme ceux de la Chine ou du Japon. L'idéogramme exprime une idée. L'écriture alphabétique, de même que la syllabique, marque les sons par des signes comme une sorte de code.

Au Moyen-Orient les Sumériens inventèrent l'écriture cunéiforme. Les Indo-européens ne possédèrent pas leurs propres alphabets alors que fleurissait la civilisation égyptienne qui utilisait les hiéroglyphes. Ceux-ci se transformèrent dans la vallée du Nil en hiératique et en démotique. Les Phéniciens fabriquèrent enfin des caractères phonétiques en s'inspirant de l'écriture hiératique égyptienne[467].

Le royaume pré-arménien d'Ourartou se servait d'idéogrammes. Il préféra utiliser les signes assyriens dérivés des cunéiformes de Sumer, conservant ses hiéroglyphes pour l'administration et les finances. Grâce aux cunéiformes on a pu déchiffrer les idéogrammes ourartéens. Cette écriture ne se transmit pas aux Arméniens héritiers de l'Ourartou.

---

[467] J. de Morgan, p. 299.

Les écritures, de l'hellénique à l'indienne, eurent pour origine l'alphabet sémitique phénicien. L'alphabet araméen dérivait aussi du phénicien. Du temps des Achéménides, les Perses, peuple indo-européen, avaient adopté l'araméen pour leurs textes officiels. Cet alphabet ne pouvait pas rendre tous les sons de l'iranien, surtout les voyelles, qui s'écrivait en cunéiformes modifiés en syllabes[468]. Les lettrés arméniens utilisaient le pehlvi, le latin, le grec, le syriaque. Certains avaient connaissance du zend, idiome indo-européen, puisqu'ils savaient le sanscrit, langue mère de l'arménien. L'unique critère permettant d'attribuer ces écrits à des auteurs arméniens est que leurs poèmes, récits épiques, chants élégiaques s'inspirent de la vie et des traditions profondes de leur nation. Ils traduisaient les histoires et les complaintes que le peuple racontait dans les différents dialectes arméniens. Bien peu nous sont parvenus, ayant été détruits à l'avènement du christianisme. Quelques-uns nous ont été transmis par Moïse de Khorène et Grégoire Magistros[469]. De leur temps des aèdes devait encore les narrer pendant les veillées et les paysans les fredonner pendant les travaux des champs. Ils chantaient la naissance des dieux, leurs amours, louaient les beautés de la nature, encourageaient les animaux de bât ou de labour, les fiançailles, les mariages, les funérailles.

La culture hellénique régnait à la cour d'Arménie à l'époque de Tigrane le Grand. Des Arméniens écrivant en grec et en latin furent célèbres dans tout l'Empire romain. Nous prendrons l'exemple de l'un d'entre eux, l'Arménien Parhuyr, que les Grecs appelèrent Proheresios ou Proaeresius. Il était chrétien. Il étudia dans les centres universitaires de l'époque (*IV° siècle*): Antioche, Alexandrie, Constantinople, Athènes, Rome. A Antioche, il fut le disciple préféré d'Oughpianos qui enseignait l'éloquence. A Athènes, il se lia d'amitié avec Julien, le neveu de l'empereur Constantin 1°. Il devait être bien introduit dans la famille impériale puisque le troisième fils de Constantin, l'empereur Constant, l'invita en Gaule. L'éloquence du protégé du souverain suscita l'admiration de tous. Constant envoya Parhuyr-Proheresios à Rome aux frais du trésor impérial. La ville lui éleva une statue avec la mention: «*Rome, la reine des villes, au roi de l'éloquence*». Après quoi Parhuyr rejoignit son ami Julien. Celui-ci, alors préfet des Gaules, fut proclamé empereur par les légions à Lutèce. Parhuyr avait accompagné Julien dans

---

[468] J. de Morgan, p. 300.
[469] H. Pasdermadjian, p. 113.

sa campagne contre les Germains. En 357 il assista à Strasbourg à la victoire du nouveau et jeune monarque.
Quand Julien fixa sa résidence à Constantinople, il l'emmena avec lui. Il voulait qu'il fût son hagiographe. Parhuyr, chrétien fervent, refusa d'écrire la biographie de celui qui, renonçant à la vraie foi, était désormais Julien l'Apostat. Parhuyr-Proheresios eut comme élève saint Grégoire de Nazianze qui en parle avec admiration[470].
Tant que l'Arménie fut indépendante nul ne se soucia de rédiger dans la langue du peuple. Le latin et le grec semblaient tellement supérieurs aux autres idiomes qu'on n'imaginait pas écrire autrement. L'Empire parthe arsacide de Perse, pourtant ennemi de Rome, utilisait le grec comme langue officielle. Le grec était la seconde langue à Rome[471].

Sahac, Mesrob décident de créer un alphabet pour propager et maintenir la foi

La christianisation de l'Arménie fit apparaître la nécessité d'une écriture. Le christianisme est le ministère de la Parole. Le verbe doit être inscrit sur un support pour imprégner les fidèles. Les Arméniens ne se sentaient pas d'affinités avec le grec ou le syriaque. Des moines versés dans les langues de l'époque traduisaient, pendant les offices, les Ecritures en arménien parlé.
En 387 le fils de saint Nersès 1° le Grand, Sahac Bartev, avait accédé au pontificat. Il fit immédiatement deux observations qui découlaient l'une de l'autre: la difficulté de fixer la prédication à cause du manque de lien écrit entre le clergé et les fidèles et l'urgence de consolider la foi et l'unité de la nation. Sans écriture, divisée sous deux influences différentes, elle était appelée à disparaître. Quand il fut élu catholicos, Sahac laissa la direction de la congrégation qu'il avait fondée à Mesrob. Ce moine était un savant. Il écrivait et parlait couramment le grec, le pehlvi, le zend, le syriaque, le sanscrit, connaissait parfaitement tous les dialectes d'Arménie ainsi que l'ibérien et l'aghouan[472]. Mesrob Machtots était né dans le Daron en 361 à Hatseq. Dans cette région, au nord du Taurus et à l'ouest du lac de Van, les monts culminent à près de 3.000 m. Sa famille devait être noble. Le jeune Mesrob reçut une éducation de lettré grec. Sa maîtrise des langues le fit nommer chancelier des ordonnances royales. Il aurait pu poursuivre une carrière politique, devenir ministre ou

---

[470] E. Utudjian, p. 17-18; J. de Morgan, p. 305.

[471] J. de Morgan, p. 301.

[472] F. Tournebize, p. 76.

chambellan mais il méprisait les biens de ce monde, les honneurs obtenus par des intrigues de palais en un mot la gloire humaine. Il quitta son poste de haut fonctionnaire pour l'habit du moine. Resté célibataire il rechercha l'ordre le plus austère; ce fut celui des Spoudées fondé par saint Sahac. Ils se connaissaient bien puisque Mesrob avait été l'élève de saint Nersès. Mesrob était aussi théologien. En tant que moine il se consacra à l'évangélisation de la Siounie[473]. Les montagnards de cette principauté adhéraient difficilement au christianisme. Mesrob apporta la Bonne Nouvelle surtout dans le district de Goghtn à l'est du Nakhitchevan. Il y reçut l'appui de Chaghida seigneur de Goghtn et celui de son suzerain, Vaghinac, le prince de Siounie en personne[474].

La Siounie est l'un des endroits où Noé planta des vignes après que le déluge ait posé son arche sur le mont Ararat. Il en descendit, fonda Agori au pied du grand Massis (*le plus haut des deux sommets de l'Ararat*). Il y créa son vignoble. Et il alla à Erevan puis aboutit à Nakhitchevan. Ses descendants s'établirent et firent souche en Arménie[475].

Mesrob exposa au catholicos la difficulté de laisser des traces de sa prédication à cause du manque d'écriture. Sahac 1° partageait ce souci; de même qu'il s'inquiétait du devenir des chrétiens d'Ibérie et d'Aghouanie. Aussi fit-il de Mesrob son coadjuteur[476]. Lorsqu'il entra au collège patriarcal, Mesrob laissa en Siounie son élève Jonathan avec quelques religieux sous la responsabilité d'Anania qui deviendra évêque de Siounie[477]. Sahac 1° chargea Mesrob de trouver un alphabet pour lire et écrire l'arménien, l'ibérien (*géorgien*) et l'aghouan (*albanien*).

C'était sous le règne de Vramchabouh 1°. Le patriarche et le roi mirent à la disposition de Mesrob les moyens matériels pour y parvenir[478].

Le prince arsacide, Vramchabouh, devait régner de 392 à 414[479]. Il mourrait, - fait rarissime pour les rois arméniens -, dans son lit. Pendant ces vingt-deux ans le royaume vécut une période de paix[480].

---

473 F. Tournebize, p. 610; GORIOUN, *Biographie de Mesrob*; dans Langlois, *Coll. des hist. anciens et modernes de l'Arménie*, II, p. 9; in R. Grousset, p. 171. M. Ormanian, p. 17-18.

474 Moïse de Khorène, III, 47; Etienne ORBELIAN, *Histoire de la Siounie*, t. I, Ch. XV, p. 33; Brosset, t. II, p. 12, 16; in R. Grousset, p. 171-172.

475 *Realencyclopädie für protestantische Theologie und Kirche*, t. II, p. 64, Leipzig, 1897; in F. Tournebize, p. 13.

476 F. Tournebize, p. 76.

477 R. Grousset, 172, 177.

478 F. Tournebize, p. 634.

479 R. Grousset, p. 171.

480 Frédéric FEYDIT, *Manuel de langue arménienne*, p. 284, Klincksieck, Paris, 1969.

De même que les bonnes actions ne retiennent pas l'attention des média, de même les bons rois, attentifs au bien-être de leurs peuples, à leur accession au savoir, à la qualité de leur vie cultuelle et culturelle ne provoquent pas la passion des historiens. Sans l'intelligente et paisible administration de Vramchabouh, sans la bonne entente qu'il maintint entre le trône et l'autel, sans l'accord parfait qui régna entre lui et le patriarche il aurait été difficile, sinon impossible, à saint Mesrob Machtots d'inventer les caractères arméniens et d'en répandre l'enseignement en un temps record. Vramchabouh favorisa l'oeuvre de restructuration de l'Eglise entreprise par Sahac 1° en Arménie. Le catholicos influença aussi la réorganisation des Eglises ibérienne (*géorgienne*) et aghouane (*albano-caspienne ou albanienne du Caucase*).

Un des traits du patriarche fut sa charitable tolérance et son désir de voir se développer le christianisme sans imposer sa tutelle par des arguties doctrinales ou par la force. Tous les catholicos arméniens firent de même. L'Ibérie et l'Aghouanie ayant été évangélisées par l'Eglise arménienne, celle-ci aurait pu les soumettre à son autorité. Elle aurait pu faire de la langue arménienne la langue liturgique des Eglises géorgienne et aghouane à l'imitation de l'Eglise byzantine prescrivant l'usage exclusif du grec ou de l'Eglise romaine imposant le latin. Non seulement Sahac ne le fit pas mais il dota la Géorgie et l'Aghouanie chacune d'un alphabet personnel afin qu'elles rédigent les ouvrages religieux en leurs langues propres.

«*S'il en était besoin, on trouverait un nouvel indice de l'union de l'Eglise d'Arménie avec l'Eglise universelle, dans ce fait qu'elle fut étroitement unie à l'Eglise des Ibériens et des Aghouans*»[481].

Sahac et Mesrob, auxquels on peut ajouter Vramchabouh, avaient compris la nécessité pour un peuple de consigner ses pensées et son histoire sur un support.

Mais si les Arméniens devaient, grâce à l'écriture, conserver la mémoire des faits et gestes de leurs ancêtres c'est à la lumière des livres saints qu'ils les étudieraient. Non pas pour prendre leur distance et déformer les événements antérieurs à la foi, mais pour les comprendre grâce au christianisme qui accomplissait le miracle de leur offrir un alphabet.

«*Si l'absence d'écriture arménienne était un obstacle sérieux à l'évangélisation elle n'était pas moins grave au point de vue politique*»[482].

---

[481] F. Tournebize, p. 466.

[482] R. Grousset, p. 172.

En Arménie occidentale les ordonnances et les lois étaient rédigées en grec. L'usage du syriaque était interdit dans l'Eglise arménienne[483]. Les Sassanides avaient proscrit l'usage du grec, et permettaient le syriaque pour la liturgie. Ils prescrivaient le pehlvi pour les édits royaux et les textes administratifs[484]. Le pehlvi avait pour origine une langue déjà parlée par les anciens Iraniens (*Mèdes et Perses*). Il dérivait du vieux-perse des Achéménides. Le persan actuel est du pehlvi amélioré utilisant l'alphabet arabe[485]. Les Parthes à leur tour adoptèrent le pehlvi au III° siècle. Le pehlvi fait partie des langues indo-européennes mais il contient un grand nombre d'expressions sémitiques d'inspiration syriaque. Le syriaque ou araméen appartient à la famille ouest-sémitique comprenant entre autres le cananéen, l'hébreu, le phénicien. L'araméen fut une des langues prédominantes du Proche et du Moyen-Orient jusqu'au VII° siècle. On utilise indifféremment les qualificatifs syriaque ou araméen, tous deux ayant la même origine. Aram est le nom biblique de la Syrie. Le syriaque se parlait et s'écrivait depuis longtemps en Perse. Si les Sassanides en permirent l'usage dans l'Eglise arménienne c'est qu'ils savaient que jamais les Grecs ne l'autoriseraient dans l'Empire byzantin. Mais ni le syriaque ni le pehlvi n'étaient capables d'exprimer la riche diversité des sons arméniens: «*D'ailleurs la masse du peuple arménien n'était familiarisée ni avec le grec, ni avec le syriaque, ni avec le perse-pehlvi. Dans quelques provinces frontières seulement, on parlait ces langues comme second dialecte, alors que dans le centre du pays, seul l'arménien était compris*»[486].

Les deux parties du pays étaient non seulement sous contrôle étranger, mais les différences d'idiomes allaient peu à peu distendre les liens entre les Arméniens grécisés et leurs compatriotes soumis à l'Iran. Ce n'était pas par irrédentisme que le catholicos tenait à l'unité d'écriture, mais pour maintenir l'union de l'Eglise et du peuple.

Les moines traducteurs, recherches de Mesrob, il invente aussi les caractères géorgiens et aghouans

Les moines étaient contraints d'étudier les langues étrangères pour transmettre la Parole de Dieu aux fidèles: «*Le bienheureux Machtots s'attristait en voyant des sommes considérables s'épuiser pour les*

---

[483] F. Tournebize, p. 313.
[484] Moïse de Khorène, III, 52; in R. Grousset, p. 172; J. de Morgan, p. 301.
[485] Jacques DUCHESNE-GUILLEMIN, Dictionnaire des Religions, à *Pehlvi*, p. 300.
[486] J. de Morgan, p. 301.

Arméniens qui faisaient de grosses dépenses, des voyages lointains, de longues études et passaient leur vie dans les écoles littéraires syriennes. Les fonctions de l'Eglise et les études religieuses se faisaient en langue syriaque, soit dans les monastères, soit dans les églises arméniennes, de sorte que le peuple d'un pays si étendu ne pouvait rien comprendre ni retirer de profit de ces études puisqu'il ignorait le syriaque»[487].

Ces moines voyageurs allaient jusqu'en Indonésie, via l'Inde et la Chine à l'est, et jusqu'en Islande à l'ouest.

Nous citerons l'un d'entre eux, saint Grégoire d'Arménie. Son souvenir s'est conservé jusqu'à nos jours dans le département des Hautes Alpes en France comme un trait d'union entre les Eglises latine et arménienne.

Ce saint Grégoire était un moine traducteur. Désireux d'étudier le zend et le sanscrit à la source il était allé en Inde. A son retour en Arménie il fut ordonné évêque. Il se rendit ensuite à Jérusalem où se trouvait une communauté de moines arméniens hébergeant des religieux géorgiens. Il apprit, là, l'existence et la réputation de saint Martin l'évêque de Tours. Il entreprit alors le voyage de Rome.

Martin était né à Savaria en Pannonie (*Hongrie*). En garnison au nord de la Gaule, dans les légions romaines, il partagea son manteau avec un pauvre et fut touché par la grâce. Baptisé il retourna dans son pays pour y convertir sa famille puis revint en Gaule. Il s'y fit moine, y créa le monachisme. Il est l'apôtre de la Gaule. Ordonné évêque de Tours il fonda le monastère de Marmoutier. Bien que prélat il continua à vivre dans le dénuement du moine comme Sahac, Mesrob et tant d'autres en cette période de ferveur chrétienne.

Grégoire décida de rendre visite à Martin, et, de Rome à Tours, il évangélisa chemin faisant de nombreux villages gaulois. Les chroniqueurs et les annales historiques n'ont pas mentionné les conversations qu'ils eurent pendant leur rencontre. Ils durent être en communion dans l'Esprit.

A Gap, sur le chemin du retour, Grégoire fut reçu par l'évêque du lieu. Impressionné par la foi et le savoir du moine arménien le prélat lui proposa de rester dans son diocèse afin de poursuivre la conversion des montagnards du Gapençais. Il établit Grégoire à Tallard. Alors qu'il célébrait la messe saint Grégoire mourut devant l'autel le 21 Septembre 404. Depuis il est le patron de Tallard où les chrétiens arméniens du sud de la France et, depuis peu du monde entier, vont en pèlerinage le troisième dimanche de Septembre pour prier avec leurs frères latins[488]

---

[487] Lazare de Pharbe, IX; cité par R. Grousset, p. 172.

[488] E. Utudjian, p. 18.

En 404, en Arménie, saint Mesrob terminait pratiquement son grand oeuvre. Le patriarche Sahac 1° avait parfaitement coordonné les conditions de la réussite de l'immense entreprise, spirituelle et intellectuelle exigée pour le renforcement de la foi chrétienne en Arménie. Le génie de Mesrob cimenterait la pierre d'angle de la cathédrale de l'Esprit. Le roi Vramchabouh apporterait la bienveillance et l'aide matérielle du pouvoir temporel. Il avait saisi l'importance d'un projet consolidant l'identité de son peuple, sinon son unité, face à l'adversité. Restait le soutien militaire qui affermirait l'accord sans nuages des autorités ecclésiastique et royale.

Avant d'entrer dans les ordres Sahac avait pris femme à Constantinople. Elle mourut jeune, peut-être en couches, après avoir mis au monde une enfant qu'on appela Anouche ou encore Sahacanouche[489]. Sahac se fit moine après avoir marié sa fille à Hamazasp Mamikonian. De cette dernière union naîtra Vartan Mamikonian le futur héros d'Avarayr.

Les Mamikonian ayant perdu leur fonction héréditaire dans l'armée à la suite des conflits entre Perse et Arménie le catholicos voulut rétablir son gendre dans ses prérogatives. Porteur d'une lettre de recommandation du roi Vramchabouh le patriarche se rendit à la cour de Ctesiphon. Le roi des rois accueillit le pontife avec tous les égards dus à son rang. Il accorda à Hamazasp Mamikonian le grade de général en chef des cavaleries arménienne, géorgienne et aghouane. Il donna aux Mamikonian le cinquième rang dans la hiérarchie seigneuriale arménienne[490].

Tout était en place. Mesrob pouvait commencer à travailler.

Il semble impensable qu'un peuple aussi civilisé que les Arméniens n'ait pas songé plus tôt à écrire sa langue. Selon Agathange, Faustus de Byzance et Lazare de Pharbe l'arménien s'était écrit avec des caractères grecs ou syriaques[491]. Les missionnaires syriens, qui aidèrent saint Grégoire l'Illuminateur et ses successeurs dans l'évangélisation de l'Arménie, avaient tenté de rendre les vocables arméniens à l'aide de l'alphabet araméen. L'évêque syrien Daniel avait composé ce proto-alphabet[492]. Incapable de rendre toutes les intonations de l'arménien, il était tombé dans l'oubli depuis le IV° siècle. Un fonctionnaire syrien de la cour d'Arménie, Abel, connaissait le travail de Daniel. Il en parla à

---

[489] F. Tournebize, p. 358; R. Grousset, p. 171.
[490] Moïse de Khorène, III, 51; in R. Grousset, p. 171.
[491] J. de Morgan, p. 301.
[492] J. de Morgan, p. 301; F. Tournebize, p. 634; R. Grousset, p. 173.

Mesrob qui avait conservé des relations avec ses anciens collègues[493]. Mesrob se rendit en Mésopotamie pour y rencontrer Daniel qui voulait écrire l'arménien avec des lettres syriaques. Ils travaillèrent ensemble. Mais les signes araméens rendaient difficilement les phonèmes arméniens. En effet le syriaque ne possède pas la graphie des voyelles[494]. La langue arménienne, comme tous les parlers indo-européens, ne peut pas se passer de voyelles. Mesrob comprit pourquoi l'alphabet de Daniel était resté sous forme d'ébauche. Il décida de l'améliorer. Continuant son périple en Syrie il arriva à Edesse, centre religieux, universitaire et culturel de première importance. Il y rencontra Rabboula un ecclésiastique lettré qui s'intéressait aussi à la diffusion de la foi en Arménie par l'intermédiaire d'un alphabet. Rabboula, qui sera évêque autour de 414[495], mit Mesrob en contact avec un certain Platon qui recherchait des caractères pour lire et écrire l'arménien. Mesrob ne retira rien de ce travail.

A Samosate, enfin, il rencontra un prêtre spécialiste de la calligraphie grecque, Rufin (*Hrophanos*), qui lui ouvrit des horizons[496]. Les caractères helléniques s'inspiraient des lettres phéniciennes sémitiques. Mesrob comprit qu'il fallait une synthèse entre les alphabets grec et araméen pour parfaire les lettres arméniennes. Possédant à fond le grec il avait établi la relation de langue indo-européenne (*arménienne*) à langue indo-européenne (*grecque*). Muni de tous ces éléments il se retira à Balahovit (*Palou*) pour en faire une synthèse[497]. Balahovit se situe entre Kharpout et Mouch, au pied du versant nord du Taurus.

Ayant sous les yeux l'esquisse de Daniel, Mesrob se servit du grec pour les voyelles. Il ne se contenta pas de ces deux sources. Il utilisa aussi sa science du sanscrit, du zend et du pehlvi.

«... *et s'aidant du grec, du syriaque et de l'iranien-avestique, du pehlvi-sémitique, il acheva son oeuvre accordant, comme en zend et parfois aussi en grec, des signes spéciaux aux diverses intonations des voyelles et figurant les sous-consonnes simples ou complexes par une seule lettre. Cette manière d'entendre l'alphabet a d'ailleurs été plus tard aussi celle des Russes et des autres peuples slaves. Le dédoublement des sous-consonnes eût certainement amené la suppression de quelques lettres et*

---

[493] F. Tournebize, p. 634.

[494] Lazare de Pharbe, IX, X; in R. Grousset, p. 173.

[495] PEETERS, *Recherche de scien. relig.*, t. XVIII, p. 178-203, 1928, *Vie de Rabboula, évêque d'Edesse*, p. 170-204; in R. Grousset, p. 173.

[496] R. Grousset, p. 173.

[497] M. Ormanian, p. 18.

simplifié l'usage du nouvel alphabet, ... Mesrop cherchait un instrument phonétique complet, il l'établit avec une remarquable perspicacité»[498]. L'iranien-avestique est la langue de l'Avesta ou zend. L'Avesta est l'ensemble des livres sacrés du mazdéisme écrits en pure langue indo-européenne. Le pehlvi-sémitique est un mélange de zend et d'expressions sémitiques.

De l'alphabet de Daniel Mesrob n'aurait conservé que 17 lettres sur 22 et ajouté 12 consonnes et 7 voyelles[499]. Asoghiq, lui, estime que l'alphabet de Daniel comptait 29 lettres; Mesrob y aurait ajouté 7 voyelles[500].

«Pour Vardan le Grand, auteur du XIII° siècle, l'alphabet de Daniel se composait de 22 caractères; Mesrop en aurait adopté 17 auxquels il aurait ajouté 12 consonnes et 7 signes vocaliques, ou, si l'on préfère (suivant les classifications grammaticales), 13 consonnes et 6 voyelles, les voyelles étant, selon les termes de Vardan, «comme l'âme des autres signes» - entendez par là que la notation vocalique constitue proprement ce qui distingue l'alphabet arménien des alphabets sémitique»[501].

Le point de vue d'Asoghiq ne paraît pas justifié en ce qu'il ne suffisait pas d'ajouter simplement des voyelles à l'alphabet de Daniel pour rendre les intonations de l'arménien.

Mesrob observa qu'il était plus logique d'écrire l'arménien de gauche à droite comme le grec. En résumé on peut dire que l'alphabet arménien a pour fond principal le grec complété par des sources indo-perses ainsi que les caractères sémitiques de Daniel.

A la fin du XII° siècle en Arméno-Cilicie on ajouta deux lettres latines «*portant le nombre des caractères arméniens à 38*»: **o** et **f**, dont on peut parfaitement se passer par ailleurs. En effet la 24° lettre de l'alphabet, qui est la 6° voyelle, existait déjà; elle se prononce **vo** à l'initiale. La lettre **o**, créée au Moyen-Age, se substituait à la diphtongue **av** qui se prononce **au**. Le **f** n'était d'aucune utilité puisqu'aucun mot arménien ne comporte cette lettre. Son importance apparut en Arméno-Cilicie ne serait-ce que pour écrire le mot Franc. En réalité le **f** correspond au **ph** grec[502].

---

[498] J. de Morgan, p. 302.

[499] VARTAN le Grand, *Hist.*, p. 49, Venise, 1862; in F. Tournebize, p. 634; in R. Grousset, p. 173; in J. de Morgan, p. 302.

[500] ASOGHIQ, II, 6; traduction allemande de H. Gelzer et A. Burckhardt, p. 104, Leipzig, 1907; in F. Tournebize, p. 634.

[501] R. Grousset, p. 173-174; il cite Vartan le Grand, ap. Langlois, *coll. des historiens anciens et modernes de l'Arménie*, t. 2, p. 6-7.

[502] Voir Takvor TAKVORIAN, *L'arménien en famille*, p. 49-50, Ophrys Paris, 1994.

Mesrob sut rassembler les esquisses des uns et des autres, les mettre en forme, leur donner vie et offrir aux Arméniens le moyen d'exprimer leur culture et leur civilisation. Aucun chercheur, malgré sa science et sa bonne volonté, n'avait pu concrétiser ses investigations avant lui. Un des mérites de Mesrob fut de créer des signes particuliers et originaux ne ressemblant pratiquement à rien de connu jusque là. Il ne suffisait pas de mettre des marques sur du parchemin ou du papier pour donner corps à la pensée, rendre les finesses d'une langue. Encore fallait-il savoir les agencer, les fixer et créer une syntaxe. En 404 l'admirable alphabet était constitué, en 406 il était déjà diffusé.

«*L'alphabet arménien est composé d'une quarantaine de lettres (exactement trente-huit). A la différence des alphabets sémitiques, il comprend voyelles et consonnes. Il est apparenté au grec, mais d'assez loin. On y retrouve le rho (r), l'epsilonn (e), le delta (d), le theta (th), le phi (ph), le sigma (s), l'omicron (o), etc..., ainsi que le lambda (l), le chi (kh), le mu (m), le nu (n). Mais toutes ces lettres sont déformées. Les autres sont originales, non sans évoquer leurs soeurs latines, zendes (persanes) et sanscrites (indiennes) ... Cet alphabet est d'une élégance incomparable, mais difficile à déchiffrer à cause de la trop grande ressemblance qu'ont entre elles des lettres aux sons les plus divers*»[503].
Dès 404 le catholicos Sahac rejoignit Mesrob dans ses travaux. En premier lieu ils choisirent pour langue officielle, parmi les dizaines de dialectes arméniens, le parler de l'Ararat. C'était le plus pur et le plus raffiné. Il était en usage à la cour. On peut distinguer dans ce choix une analogie avec ce qui se passa plus tard en Europe, où le castillan devint l'espagnol, le toscan l'italien et le dialecte d'Ile de France le français.
Le patriarche et son coadjuteur réunirent autour d'eux la plupart des moines traducteurs ainsi que de jeunes disciples au nombre de cent. Le pontife forma soixante d'entre eux, et son vicaire quarante. Ils devaient entreprendre la traduction des livres saints[504]. Cette ruche studieuse donna forme en quelques années à l'enseignement de l'Eglise arménienne. En 405 la traduction de la Bible était bien avancée. Elle sera définitivement mise au point et perfectionnée en 433[505].
En 404 saint Mesrob ne disposait que du texte syriaque de Peschito version imparfaite de l'Ancien Testament[506]. Celle des Septante avait été brûlée par les Perses qui détruisirent tous les ouvrages grecs en Arménie.

---

[503] J. Rupp, p. 191.
[504] M. Ormanian, p. 18.
[505] M. Ormanian, P. 19; R. Grousset, p., 175.
[506] F. Tournebize, p. 635.

Mesrob mit dans un arménien impeccable le Livre des Prophètes. On a dit qu'il avait aussi traduit le Nouveau Testament. D'autres affirment que c'est Sahac et ses élèves qui traduisirent les Prophètes et l'Evangile d'après le texte grec qu'ils avaient pu se procurer[507]. Cette dernière hypothèse semble plus plausible, le catholicos Sahac 1° étant un savant et un fin connaisseur du grec. Toujours est-il qu'ils oeuvrèrent tous pour faire davantage, mieux et le plus rapidement possible. En fournissant au clergé arménien les moyens de consolider le ministère de la parole par des écrits ils favorisèrent l'extension du christianisme, affermirent son identité en la libérant de la dépendance liturgique grecque ou syriaque.

A Palou, Mesrob n'oublia pas les recommandations du catholicos pour les Eglises-soeurs. Après l'alphabet arménien il inventa les caractères géorgiens et aghouans adaptés aux langues et aux peuples. Leur fournissant l'outil il leur laissait le libre choix de s'en servir selon leurs capacités. L'évêque Anania de Siounie et Vassac Siouni auraient recommandé le lettré Benjamin à Mesrob pour lui apporter des informations sur le parler des Albano-Caspiens. Ces renseignements furent utiles à Mesrob pour créer les lettres albaniennes[508]. S'il n'y a pas de doutes sur l'invention par Mesrob de l'alphabet géorgien, on n'avait pour celle de l'aghouan que les témoignages de Gorioun et de Moïse de Khorène. La langue de l'Albanie Caspienne n'étant plus usitée depuis que ce peuple s'était fondu dans la nation arménienne, surtout depuis que les invasions turques firent de ce pays l'Azerbaïdjan ex-soviétique.

En 1937 un arméniste géorgien Ilia V. Abouladzé découvrit à Edchmiadzin cet alphabet aghouan inventé par Mesrob[509]. De ces trois alphabets deux sont encore utilisés de nos jours, l'arménien et le géorgien. Leur graphisme est différent, Mesrob ayant jugé bon de dessiner des caractères ibériens (*géorgiens*) aussi originaux que les autres. En cherchant bien on peut leur trouver des ressemblances. Mais la souplesse de chacun de ces alphabets laissait à chaque nation la possibilité de transformer les caractères selon sa personnalité. L'écriture géorgienne évolua en effaçant les angles devenant plus ronde que l'arménienne.

---

[507] F. Tournebize, p., 77, 635; Lazare de Pharbe, XI; Langlois, p. 267; Moïse de Khorène, III, 53; in F. Tournebize, p. 635.

[508] Gorioun, p. 10; M. de Khorène, III, 54; G. Dumézil, I, p. 125; in R. Grousset, p. 176-177.

[509] CHANIDZE, *L'alphabet des Albaniens du Caucase récemment découvert et son importance pour la science*; in Bulletin de l'Institut Marr de langues, d'histoire et de culture matérielle, t. 4, 1, p. 1-68, Tiflis, 1938 (*en russe avec résumé en français*); in R. Grousset, p. 176-177.

Les signes arméniens sont tellement harmonieux qu'ils permirent toutes sortes de variations dans les enluminures tout en conservant intacts l'esprit et la forme de l'invention du saint. Ils sont un chef-d'oeuvre de calligraphie. Depuis le V° siècle l'oeuvre de Mesrob n'a pas été modifiée. Elle donne à la langue arménienne une précision rare. Les lettres correspondent tellement bien aux intonations qu'elles peuvent même rendre la majorité des sons des langues étrangères[510].

«*Le système de l'alphabet arménien est un chef-d'oeuvre. Chacun des phonèmes du phonétisme arménien est noté par un signe propre, et le système est si bien établi qu'il a fourni à la nation arménienne une expression définitive du phonétisme, expression qui s'est maintenue jusqu'à présent sans subir aucun changement, sans avoir besoin d'obtenir aucune amélioration, car elle était parfaite dès le début*»[511].

L'opposition de Constantinople et Ctesiphon, formation des traducteurs et des lettrés, influence de la culture et des écrits arméniens sur l'Europe

Une difficulté apparaissait désormais: faire admettre l'usage d'une écriture commune dans les deux Arménie. Aucun des Empires n'avait l'intention de tolérer cette réunification scripturale. Byzance espérait, dictant l'usage exclusif du grec, assimiler définitivement les Arméniens qu'elle tenait sous sa coupe. La Perse caressait le même dessein. Il est évident que l'absorption des Arméniens par l'Iran pouvait paraître plus facile. Une certaine parenté entre les deux peuples, les usages iraniens bien ancrés en Arménie depuis une existence de plus de trois siècles de la dynastie parthe arsacide y auraient contribué sans l'obstacle de la religion. Il fallut toute la maîtrise de la situation par le saint patriarche Sahac pour triompher d'obstacles en apparence infranchissables. Toute sa puissance de travail et tout son charisme furent nécessaires pour susciter et maintenir l'enthousiasme des traducteurs afin de doter l'Arménie d'une littérature religieuse et même profane de premier ordre.

«*Aussi c'est à ce dernier que les Arméniens reconnaissants ont décerné le titre d'*Illuminateur *des intelligences par la littérature, comme S. Grigor avait été celui des âmes par la foi, et S. Nersès celui des coeurs par les bonnes moeurs*»[512].

---

510 M. Ormanian, p. 18.

511 A. Meillet, *cél. ... du XV° centenaire de la traduction de la Bible*, p. 18, 1938; in R. Grousset, p. 174.

512 M. Ormanian, p. 18.

Sahac et Mesrob envoyèrent leurs disciples dans les centres de la foi, de l'esprit, de la culture du monde chrétien aux frais du trésor royal que le roi Vramchabouh mit à leur disposition. Ils étudièrent à Antioche, Edesse, Alexandrie, Césarée, Constantinople et Athènes. Rome, en pleine décadence, était tombée dans l'obscurantisme. Parmi ces étudiants se trouvaient quelques futures gloires littéraires dont, Moïse de Khorène, Eznic de Kolb, Gorioun Sqantchéli (*Gorioun l'Admirable*).

Le catholicos voulait introduire très rapidement l'enseignement de l'arménien dans les écoles. Il pensait, eu égard à ses amitiés helléniques et à la religion commune, y parvenir aisément en Arménie byzantine. Désirant s'informer des modalités pratiques il se rendit en personne à Garin, la capitale de l'Arménie occidentale. Elle périclitait depuis que Byzance l'avait occupée. Le patriarche n'y rencontra que réticence et même hostilité de la part des hauts dignitaires de l'Eglise byzantine. L'archevêque de Césarée se montra le plus opposé à l'introduction de l'alphabet arménien. Il désirait s'approprier la direction de l'Eglise arménienne occidentale et y maintenir, à cet effet, le grec comme langue liturgique. Manoeuvre qui lui permettrait de prendre le pas sur le patriarche de Constantinople. Il reçut très mal Sahac 1°, lui déniant toute juridiction sur l'Eglise arménienne en Arménie Occidentale. Il parvint même à gagner à sa cause l'empereur Théodose II le Jeune et le patriarche de Constantinople, Atticus (*405-425*), qui venait de succéder à saint Jean Chrysostome. Ceux-ci reprochèrent à Sahac et à Mesrob d'avoir fait appel à des savants syriens et non aux Grecs, notamment à saint Jean Chrysostome[513].

Notons la différence d'attitude entre l'Eglise byzantine et l'Eglise syriaque en ce qui concernait leur soeur arménienne. Certains évêques byzantins auraient voulu faire disparaître la langue arménienne afin d'assimiler l'Eglise arménienne. Les Syriens, eux, allaient jusqu'à vouloir doter les Arméniens d'un alphabet afin qu'ils puissent lire les textes sacrés dans leur propre idiome. Si un Daniel, un Rabboula ou un Platon n'y étaient point parvenus ce n'était pas par manque de bonne volonté mais par incapacité d'écrire l'arménien avec des lettres araméennes.

Le catholicos se livra à une intense activité diplomatique entre Ctesiphon et Constantinople tout en maintenant les traducteurs dans leurs travaux sans qu'ils n'aient à s'inquiéter de la tournure des événements.

«L'oeuvre de Mesrop était principalement conçue dans un but de prosélytisme religieux, mais elle avait également en vue l'affranchissement des Arméniens vis-à-vis des clergés étrangers; aussi les premières oeuvres en langue arménienne furent-elles des traductions

---

[513] F. Tournebize, p. 504.

de textes grecs et syriaques portant toutes sur des ouvrages de piété. Ce fut la Bible et les Evangiles, les écrits d'Ephrem le Syrien, l'Hexaméron de Basile de Césarée, les homélies de saint Jean Chrysostome, l'Histoire ecclésiastique d'Eusèbe, celle de la conversion d'Edesse, la correspondance, apocryphe d'ailleurs, du Christ avec Abgar, par le Syrien Laroubna, la liturgie syriaque, celle de saint Basile, etc..., sans compter les ouvrages composés en langue arménienne comme la biographie de Mesrob par son élève Gorioun, la réfutation des sectes par Eznik, l'histoire de la conversion de l'Arménie au christianisme attribuée à Agathange, l'histoire de l'Arménie arsacide attribuée à Faustus de Byzance»[514].

L'un de ces élèves, Moïse de Khorène, ne se contenta pas de recueillir et de traduire les textes sacrés. Sa curiosité d'historien le conduisit à rassembler les légendes transmises oralement de village en village par les achough (*bardes, aèdes, troubadours*) qui circulaient encore durant l'ère chrétienne. Ils vantaient les exploits légendaires des héros qui firent l'Arménie. Moïse de Khorène sut garder la fraîcheur des récits, reliant le passé païen de l'Arménie à son présent et à son avenir chrétiens. Sans lui nous ne saurions rien du géant blond aux yeux clairs, Haïg, venu du nord pour fonder la race arménienne et de bien d'autres.

Prenons un seul exemple, celui du prince Ara Qeghetsiq (*le Bel Ara*). Il était poursuivi par la passion de Sémiramis (*Chamiram*). Ara refusait de trahir son épouse Nwart et l'Arménie. Il s'enfuit devant la reine d'Assyrie de montagnes en vallées. Sur l'un des sommets du pays, ajoute la tradition populaire, la reine d'Assyrie tapa du pied en s'écriant: «*Ara gadz!*», ce qui veut dire: «*Ara arrête-toi!*» ou en abrégé: «*Ara stop!*». Depuis, cette montagne s'appelle l'Aragadz. Mais Ara ne voulait toujours pas de l'amour de la belle reine. Furieuse elle le contraignit au combat. Ara fut tué dans la bataille, fidèle jusqu'au bout à Nwart et à son pays. Apprenant la mort du beau prince, Chamiram se fit apporter le corps et, se tordant de douleur, le veilla nuit et jour. Elle répandit le bruit qu'il allait ressusciter grâce aux divinités canines qui léchaient ses plaies[515]. Ce conte a un fond de vérité puisque les Assyriens, vers le VIII° siècle avant J.-C., avaient envahi l'Ourartou. Ils furent vaincus sous les murs de Touchpa par le roi Menoua.

Les historiens estiment que le personnage de Sémiramis est légendaire. Elle personnifie, en tout cas, l'envahisseur assyrien contre qui les

---

[514] J. de Morgan, p. 304.
[515] F. Tournebize, p. 11.

Hourrites puis leurs descendants, les Ourartéens, eurent à lutter. Toujours est-il que l'aqueduc long de 80 km construit par Menoua pour amener l'eau des montagnes à Van existe toujours et se nomme le «*canal de Sémiramis*». Imprégné de ces contes et légendes le peuple avait besoin d'y puiser de l'espoir au milieu des vicissitudes auxquelles les exposaient les ennemis de l'intérieur et de l'extérieur. Voilà pourquoi ces désirs du peuple ne furent pas occultés par les ecclésiastiques qui travaillaient surtout sur les écrits religieux. Saint Grégoire l'Illuminateur, lui-même, n'avait-il pas intégré certaines fêtes païennes dans le calendrier de l'Eglise ? Au cours des siècles sous la pression populaire les clercs eux-mêmes finirent par puiser une certaine inspiration à ces sources profanes, magnifiant leurs hymnes et leurs prières par ces réminiscences.

Tant que régna Vramchabouh cette création, cette créativité se développèrent dans la sérénité. A temps. De sombres nuées s'amassaient à nouveau dans le ciel arménien. L'unité de langue et d'écriture allait cimenter la nation face à l'adversité.

«Si en ces heures tragiques, la nation arménienne put résister, si elle parvint à maintenir malgré tout son individualité culturelle et sa foi religieuse, ce fut parce que cette foi et cette individualité venaient d'être rendues indestructibles grâce à l'oeuvre géniale des Sahak et des Mesrop. Jamais en effet génies littéraires n'auront fait davantage pour leur nation, et cela en pleine conscience de la portée de leur acte. A l'heure, disons-nous, où l'Arménie allait perdre pour un temps son indépendance politique, ils ont définitivement assuré son indépendance spirituelle, condition et gage de toutes les résurrections. En créant la langue arménienne littéraire, ils ont égalé d'un seul coup leur patrie aux peuples de vieille culture qui cherchaient à profiter d'une antériorité culturelle pour assimiler le pays. Ils ont rendu cette assimilation impossible. Ils ont donné à l'Arménie la conscience définitive de sa personnalité historique et morale. Ils ont assuré, à travers les vicissitudes politiques, sa survie et son immortalité»[516].

Pour reprendre les termes du grand historien et orientaliste René Grousset, si les Sahac et les Mesrob avaient pu égaler «*d'un seul coup leur patrie aux peuples de vieille culture*» c'est que l'Arménie contenait le substrat qui ne demandait qu'à s'épanouir. Elle était civilisée depuis la plus haute Antiquité. Ses ascendants hourrites étaient déjà détenteurs d'une civilisation raffinée. Avant eux les habitants mystérieux de l'Arménie actuelle, plus de deux mille ans avant J.-C., avaient découvert

---

[516] R. Grousset, p. 176.

le moyen de faire de l'acier[517]. L'Empire de Tigrane le Grand avait été un pôle important d'art, de littérature, de théâtre. Il ne manquait aux Arméniens que le moyen de noter, sur parchemin ou papier ou pierre ou métal, leur richesse culturelle. On comprend mieux alors la rapidité de l'explosion de **l'âge d'or**. L'arbre recevait de ses racines la sève nourricière, il ne manquait plus que l'ardeur du soleil, - plutôt celle de l'Esprit Saint animant les Sahac et les Mesrob -, pour faire éclater les bourgeons endormis en feuillages, en fleurs et en graines fécondes qui influenceront même l'Occident.

«Enfin, parmi les contributions les plus curieuses apportées par les Arméniens à la civilisation, il faut compter l'influence qu'ils ont exercée sur un peuple germanique qui allait jouer un rôle dans l'histoire de l'Europe, les Goths. C'est ainsi que l'évêque goth Wulfila (ou Oulfila) était le fils d'un prisonnier arménien. On sait que c'est à lui qu'on doit, au IV° siècle, la première traduction de la Bible en langue gothique (traduction où l'on trouve du reste nombre de mots d'origine arménienne) et l'invention des caractères gothiques[518].

Lorsque les Goths, qui venaient à l'origine de Suède, étaient établis au nord de la Mer Noire, ils furent en rapports assez étroits avec l'Arménie par des missionnaires, des commerçants et des émigrés arméniens. On pense du reste que c'est par eux que l'architecture arménienne a fait sentir son influence en Europe. Il est aussi à noter qu'au début du VIII° siècle, pendant la domination des Goths en Espagne, un de leurs princes portait le nom arménien d'Artavasdès[519].

Nansen souligne que cette influence arménienne s'est fait sentir même en Scandinavie. Il signale la grande ressemblance existant entre les pierres tombales et les constructions trouvées dans certaines localités du nord, par exemple à Bohuslen et Blekinge, avec celles de l'Arménie ancienne ainsi que la présence en Islande, au XI° siècle, de trois évêques arméniens: Petros, Abraham et Stephan, au moment de l'évangélisation de cette île»[520].

A Agathange, Gorioun, Faustus de Byzance, Moïse de Khorène, Eznic de Kolb on peut ajouter Lazare de Pharbe, Zenon de Glac, Elisée Vartabed et quelques autres.

---

[517] Jean VIDAL, *Medzamor: le plus vieux complexe industriel du monde*, Revue Science et Vie, p. 82-91, Juillet 1969.
[518] Nansen, p. 208; BASMADJIAN, p. 17; BÜGGE, *Ueber der Einfluss der Armenischen Sprache auf die Gotische*, Ingoderm. Forsch., V, p. 168-181; in H. Pasdermadjian, p. 117.
[519] Nansen, p. 208; STRZYGOWSKI, II, p. 728. in H. Pasdermadjian, p. 117.
[520] H. Pasdermadjian, p. 116-117.

Démarche du catholicos à Constantinople, la question de la secte gnostique

Malheureusement le roi Vramchabouh devait mourir en 414. Il laissait un fils, Ardachès, âgé d'une dizaine d'années[521]. Une ère troublée s'installa en Arménie. Yezdiguerd 1° régnait en Iran. En 399 il avait succédé à Vahram IV qui fut tolérant pour les Arméniens et témoigna toujours un grand respect envers le catholicos Sahac 1°.
Au début Yezdiguerd 1° suivit l'exemple de son prédécesseur au sujet des chrétiens arméniens et syriens. Comme Vahram IV, il fut favorable à Sahac. Il gouvernera l'Iran jusqu'en 421[522]. Les nakhararq, trouvant Ardachès trop jeune, demandèrent au patriarche de solliciter de Yezdiguerd 1° le retour de Khosrov III, frère aîné de Vramchabouh. Il était enfermé dans la Forteresse de l'Oubli. Yezdiguerd 1° agréa la requête de Sahac 1° et restitua à Khosrov III le trône d'Arménie[523]. Affaibli par sa longue détention, Khosrov ne survécut que huit mois de 414 à 415.
Les bonnes dispositions de Yezdiguerd 1° envers les chrétiens allaient changer radicalement à la fin de son règne à cause d'incidents provoqués par les Syriens de Perse. Autour de 419 un prêtre syrien, Hachou, ne supportant pas, à Hormizdardachir, l'existence, à côté d'une église, d'un atech-gah (*pyrée*) mazdéen, il le détruisit. Son évêque Abda approuva ce geste. Yezdiguerd 1° les convoqua. Hachou lui tint tête revendiquant la responsabilité de son acte. Le souverain proposa son pardon si Abda restaurait l'atech-gah. L'évêque refusa. Le roi des rois les fit exécuter tous deux et devint l'ennemi des chrétiens[524].
Un autre conflit entretint la mauvaise humeur de Yezdiguerd 1°, la fronde de ses propres satrapes; aussi engloba-t-il dans son ressentiment tous les aristocrates qu'ils soient perses ou arméniens[525]. Il ne permit pas à Ardachès encore enfant de succéder à son oncle Khosrov III. Il fit de son fils aîné Chahpouhr le nouveau roi d'Arménie avec mission d'y éradiquer complètement le christianisme pour le remplacer par le mazdéisme. Il lui ordonna, toutefois, d'éviter violence et persécution.

---

[521] R. Grousset, p. 178.
[522] R. Grousset, p. 179.
[523] R. Grousset, p. 178-179; F. Tournebize, p. 501.
[524] F. Tournebize, p. 334; LABOURT, *Le christianisme dans l'empire perse* (*sources syriaques*), p. 105 et suiv.; HOFFMANN, *Auszüge aus syrisch. Acten pers. Martyrer*, p. 34, Leipzig, 1886; BEDJAN, *Acta martyrum et SS.* IV, 250 et suiv., Leipzig, 1890-1895; in F. Tournebize, p. 502.
[525] R. Grousset, p. 179.

Elles n'avaient jamais fait la preuve de leur efficacité chez les Arméniens; elles avaient toujours renforcé leur foi.

Chahpouhr inaugura à la cour d'Arménie le luxe, le faste, l'opulence, l'étiquette sassanide qui n'étaient égalés nulle part au monde, même pas chez l'empereur byzantin. Chahpour était chargé d'attirer les rudes nakhararq arméniens aux moeurs austères dans le miroir aux alouettes de la religion du soleil et du feu. Espérant, après les avoir achetés de la sorte, qu'ils abandonneraient le christianisme, imités en cela par leurs gens. Le catholicos n'avait plus l'oreille de Ctesiphon. Il dut user en direction des seigneurs arméniens de tout son charisme apostolique pour maintenir et sauvegarder le christianisme.

Chahpouhr le Sassanide, qui venait de prendre la place du souverain arsacide d'Arménie, était en butte à la risée et au mépris de ses sujets à cause de son comportement efféminé. Le nakharar Adom, prince de Mog, l'avait surnommé «*l'homme-femme*»[526].

En Perse la position de Yezdiguerd 1° devenait délicate. En 421 sa noblesse se souleva contre lui et le massacra en Hyrcanie, vaste région de la côte sud-est de la mer Caspienne[527]. L'occasion se présentait pour les Arméniens de reconquérir leur pays mais ils ne surent pas en profiter. D'autant que Chahpouhr avait abandonné son trône d'Arménie pour se précipiter en Perse et y revendiquer la succession de son père. Les satrapes iraniens l'égorgèrent aussitôt[528]. Son frère cadet, Vahram surnommé Gor (*onagre*), se fit couronner roi des rois sous le nom de Vahram V. Les seigneurs perses ne se soumirent pas pour autant. Vahram dut chercher des alliés dans la caste la plus influente de Perse, celle des prêtres mazdéens, les mages. Ils lui imposèrent, en contrepartie de leur appui, une grande persécution de chrétiens syriens et arméniens. Les mages eux-mêmes ne répugnèrent pas à martyriser des chrétiens de leurs propres mains. Cela ne suffit pas à rétablir la paix en Iran.

Enfin sous la conduite de Nersès Djidjragatsi les nakhararq parvinrent à s'unir pour se soulever à leur tour. Ils démantelèrent les garnisons perses en Arménie et chassèrent les Iraniens hors du pays nous dit Moïse de Khorène. Malheureusement, ajoute-t-il, les dissensions entre féodaux aboutirent à l'anarchie. Chaque seigneur se déclara souverain dans son fief et s'y retira[529].

---

[526] M. de Khorène, III, 55; in Tournebize, p. 70; F. Tournebize, p. 334.

[527] F. Tournebize, p. 502.

[528] F. Tournebize, p. 502; R. Grousset, p. 180.

[529] M. de Khorène, III, 56; in R. Grousset, p. 180-181; Tournebize, p. 502.

Le catholicos était désespéré. L'alphabet était inventé, les traducteurs travaillaient nuit et jour afin de mettre les textes sacrés à la portée du peuple, et pendant ce temps des nakhararq orgueilleux se prenaient pour des roitelets. L'anarchie dura trois ans.

Sahac 1° décida de parer au plus pressé: faire admettre par l'empereur et le patriarche de Constantinople la nécessité de répandre l'alphabet arménien en Arménie byzantine. Le haut clergé byzantin lui était toujours hostile. Les critiques de Théodose II étaient davantage politiques. Il reprochait au patriarche ses bonnes relations avec le monarque sassanide et d'avoir laissé Mesrob se livrer à ses recherches auprès des seuls Syriens. Sahac 1° délégua auprès de l'empereur et du patriarche de Constantinople son coadjuteur Mesrob Machtots et son petit-fils Vartan Mamikonian[530]. Il leur adjoignit le général byzantin Anatole, commandant les troupes d'Orient.

Mesrob exposa que son oeuvre n'était en rien dirigée contre la langue grecque. S'il n'avait pas recouru aux conseils de saint Jean Chrysostome cela ne l'avait pas empêché de faire des caractères helléniques la base de son alphabet. Son invention permettait aux Arméniens, en Arménie occidentale et en Arménie orientale, de se pénétrer de la culture grecque dont les textes avaient été brûlés par les Perses en Arménie. Le catholicos, lui-même et leurs collaborateurs les avaient traduites, y compris les homélies de saint Jean Chrysostome. Voilà qui allait permettre la propagation de la vraie foi dans le pays. Sans la grâce du Seigneur auraient-il pu aboutir ? L'empereur et le patriarche Atticus furent touchés par l'argumentation de saint Mesrob[531]. Ils furent persuadés que cet alphabet pourrait soustraire les Arméniens à l'influence perse.

Sahac avait chargé ses ambassadeurs d'obtenir la reconnaissance officielle de son autorité sur l'Eglise arménienne en territoire byzantin afin d'ôter toute velléité d'appropriation à l'archevêque de Césarée. Il est vrai que Théodose II et Atticus n'auraient pas apprécié que le Siège de Césarée étendît sa juridiction sur l'Eglise arménienne, ce qui aurait amoindri l'importance de celui de Constantinople. La demande du patriarche de l'Eglise arménienne fut agréée. Théodose II rappela que l'Eglise arménienne en Arménie occidentale n'était soumise qu'à la seule autorité du catholicos de l'Eglise arménienne. Il donna le grade de général dans l'armée byzantine à Vartan Mamikonian, dont les fiefs se situaient des deux côtés de la ligne de démarcation. Le patriarche Atticus décerna les titres de docteur et d'ecclésiastès (*prédicateur*) à Mesrob

---

[530] F. Tournebize, p. 504.

[531] Moïse de Khorène, III, 53, 57, 58; in F. Tournebize, p. 313-314.

Machtots. Enfin l'empereur ouvrit le trésor impérial. Il mit à la disposition de Sahac 1° toutes les sommes nécessaires à la création et à l'entretien des écoles arméniennes en Arménie byzantine[532]. Il s'intéressa du même coup au bien-être des habitants de l'Arménie occidentale. Anatole reçut pour mission de reconstruire Garin, l'antique capitale royale arménienne, ravagée par les guerres et les exactions. Garin fut rebaptisée Théodosiopolis[533]. Théodose II demanda au patriarche Sahac 1° d'éliminer les hérétiques borborides qui propageaient leurs doctrines pernicieuses dans l'Eglise. Il semble que le patriarche de Constantinople et l'archevêque de Césarée n'y étaient pas parvenus.

Les Borborides formaient une secte gnostique introduite dans l'Eglise afin de la désorganiser. Ils s'opposaient au ritualisme et à la hiérarchie. Le gnosticisme, thèse assez protéiforme, ne s'adressait pas seulement aux chrétiens arméniens mais aussi aux chrétiens grecs et syriens. Bien que les Borborides eussent simulé des attitudes chrétiennes ils n'avaient rien à voir avec une quelconque religion. Ils étaient traversés par divers courants philosophiques.

Le gnosticisme était une vieille façon de penser. Le fondateur du manichéisme au III° siècle, Manès, s'en était inspiré tout comme il s'était aussi imprégné de mazdéisme. Les Borborides auraient pu devenir une passerelle vers la religion du soleil et du feu à laquelle le souverain perse voulait soumettre l'Arménie.

Le patriarche de l'Eglise arménienne chargea son coadjuteur d'examiner cette épineuse question et de mettre tout en oeuvre pour la régler[534]. Pendant que Garin se reconstruisait Mesrob, missionnaire dans l'âme, prenant son bâton de pèlerin entreprit une campagne d'explication auprès des fidèles qui s'étaient fourvoyés dans la secte.

Il parvint à éliminer les hérétiques sans conflit armé. Il accueillit avec mansuétude au sein de l'Eglise tous ceux qui se repentaient. Il laissa ses disciples en Arménie grecque afin d'enseigner et de consolider la foi et revint en Arménie perse où les Borborides prospéraient. Il commença son périple par le Nakhitchevan où il avait converti le district de Goghtn. De là il passa sur les rives du lac Sevan puis se dirigea vers l'Outiq (*Bas-Karabagh*). Enfin il remonta au Gougarq chez le gouverneur de la marche arménienne le seigneur Achoucha[535].

---

[532] F. Tournebize, p. 504-505; R. Grousset, p. 181.

[533] R. Grousset, p. 181.

[534] Gorioun Sqantchéli, p. 11; in Langlois, M. de Khorène, III, 57; in F. Tournebize, p. 505.

[535] Moïse de Khorène, III, 60; N. AKINIAN, Hantess Amsoreah (*Publication mensuelle*), p. 121-126 et 296-300, 1907; Gh. Movsessian, *Histoire des rois Kurikian de Lori*, Revue des Etudes Arméniennes, t. 7, 2, p. 214, 1927; in R. Grousset, p. 182.

Le Gougarq se trouve près de Tiflis (*Tbilissi*) au nord de l'Akhalkalak, vieille et riche province arménienne aujourd'hui aux mains de la Géorgie.

Le coadjuteur du catholicos, Mesrob Machtots, parvint à mettre les Borborides hors de l'Eglise.

On ne peut qu'admirer l'intense activité du vice-patriarche Mesrob. Il combattait pour la foi sur tous les fronts. Il était missionnaire, inventeur de trois alphabets, traducteurs de nombreux livres saints. Il avait permis aux Géorgiens et aux Aghouans de faire de même en leurs langues nationales. Il avait parfaitement secondé le catholicos Sahac 1° dans la direction de l'Eglise et les relations avec les mondes byzantin et perse, dans sa lutte contre les hérétiques, dans la formation d'une élite de religieux et d'intellectuels.

Cet homme, cet ecclesiastès, ce docteur de l'Eglise était au fond de lui-même demeuré moine. Il ne quitta jamais le cilice et la chaîne de fer autour des reins. Il se nourrit sa vie durant d'herbes et de racines, ne mangea jamais de viande, ne but que de l'eau, dormit par tous les temps à même le sol et vécut un temps en ermite dans les grottes[536]. Où puisait-il son énergie ? Sinon dans sa foi profonde. Comment pouvait-il mener de front tant d'activités ? Sinon par la grâce de l'Esprit Saint.

Sahac et Mesrob envoyèrent Eznic de Kolb et Hovsep (*Joseph*) de Balin à Edesse où ils étudièrent la Bible en araméen puis à Byzance pour parfaire leur connaissance du grec[537]. Ghevond (*Léonce*) du Vanand et Gorioun Sqantchéli les rejoignirent à Byzance.

Le dernier roi arsacide d'Arménie est déposé, disgrâce du catholicos, Sahac rentre d'exil, on termine la traduction des livres saints

Pendant que ces jeunes traducteurs se rendaient d'Edesse à Constantinople pour étudier tous les textes anciens et modernes, les malheurs s'abattaient sur l'Arménie.

Les seigneurs finirent par s'apercevoir que leur attitude menait à la désagrégation du pays. Ils en appelèrent au catholicos, qui était en Arménie occidentale, pour décider de la conduite à tenir. Sahac 1° revint en Arménie orientale et réunit les seigneurs dans l'Ayrarat. Il décida d'user de son crédit auprès de la cour de Ctesiphon. Il y envoya une

---

[536] F. Tournebize, p. 610.

[537] R. Grousset, p. 174-175.

délégation dirigée par son petit-fils Vartan Mamikonian et l'asbed (*commandant de la cavalerie*) Sembat Bagratouni[538].

Ils avaient pour mission d'obtenir de Vahram V l'amnistie pour les danouders arméniens, révoltés contre les Perses, et la restauration de la dynastie arsacide en la personne du prince héritier Ardachès, fils de Vramchabouh 1°. La démarche était osée. A l'heure où l'Iran venait de mettre la main sur l'Arménie les féodaux lui demandaient en quelque sorte de se déjuger. Vahram V se débattait dans des conflits internes, il n'avait pas les moyens d'entreprendre une longue campagne en Arménie. Il accorda tout ce qu'on lui réclamait. Après tout cette autonomie interne ne faisait pas sortir les Arméniens de l'orbite perse.

En 423 Ardachès IV récupérait le trône de ses pères. Il avait dix-huit ans. Il allait régner jusqu'en 428[539]. Il serait le dernier roi arsacide d'Arménie. Vahram V fut satisfait d'avoir réglé la question arménienne. Il respectait et complimentait les évêques arméniens qu'il appelait ses fidèles «*vosdigans*», qu'on peut traduire par préfets[540].

Ardachès IV était amateur de jolies femmes. Lazare de Pharbe nous parle de ses moeurs déréglées. En quoi il était le digne héritier de ses aïeux Diran, Archac, Bab. Il manquait, à cause de son jeune âge, de l'autorité et de l'expérience des armes nécessaires pour dominer ou mater les nakhararq. Ceux-ci, outrés par les appétits hétérosexuels d'Ardachès IV comme ils l'avaient été de l'homosexualité de Chahpouhr, décidèrent de lui substituer un vice-roi perse. Le catholicos essaya de les faire changer d'avis. Il reconnut qu'Ardachès menait une vie dissolue, mais ne valait-il pas mieux conserver sur le trône un roi arménien et chrétien, même mauvais chrétien, plutôt que de livrer le pays à un gouverneur mazdéen ? Ce discours lui attira l'animosité de la plupart des aristocrates[541]. Ils n'admettaient pas qu'on s'opposât à leurs avis, on pourrait dire à leurs caprices de grands seigneurs, persuadés de détenir la vérité.

Quelqu'un les poussaient à s'entêter dans leur dessein, un personnage qui voyait l'occasion d'évincer le saint patriarche Sahac. Cet individu, curé d'Ardzghé, se nommait Samuel ou Sourmac de Manazkert[542]. Ardzghé se situait sur le lac de Van. Ce Sourmac de Manazkert trouva une oreille disposée à l'entendre en la personne d'un satrape perse, Souren Bahlav.

---

[538] Asbed dérive du sanscrit Asva ou Asba (*cheval*). Moïse de Khorène, III, 58; in R. Grousset, p. 182; F. Tournebize, p. 505.

[539] F. Tournebize, p. 505; R. Grousset, p. 182-183.

[540] Elisée Vartabed, Ch. III; in F. Tournebize, p. 505.

[541] L. de Pharbe, XIII; M. de Khor., III, 63; in R. Grousset, p. 183; F. Tournebize, p. 506.

[542] Lazare de Pharbe, XIV; in R. Grousset, p. 183; F. Tournebize, p. 506.

Souren rapporta à Vahram V les accusations calomnieuses de Sourmac, à savoir que le catholicos Sahac 1° rechercherait l'amitié et l'alliance des Grecs contre la Perse[543]. Il arguait du fait que le pontife avait de bonnes relations avec Théodose II et le patriarche Atticus, qu'il jouissait de l'amitié du général grec Anatole. Il l'accusait de vouloir supprimer le syriaque comme langue liturgique pour le remplacer par l'arménien. Son coadjuteur avait créé un alphabet arménien entraînant, ipso facto, la disparition du pehlvi. Souren suggéra à son souverain de suivre les désirs des danouders. Ils demandaient le remplacement d'Ardachès par un marzpan. Ils abandonneraient le patriarche qui s'opposait à la nomination d'un gouverneur perse pour l'Arménie. Qu'on juge de la joie de Vahram V. Alors qu'il ne s'attendait pas à une telle soumission, les seigneurs arméniens eux-mêmes lui livraient leur pays. Il convoqua le catholicos et le roi Ardachès IV. Sahac 1°, avec courage et noblesse, refusa de se désolidariser de son roi. Vahram fit jeter le jeune monarque dans la Forteresse de l'Oubli. Les Sassanides avaient atteint l'un de leurs objectifs: la disparition de la dynastie arsacide qui avait régné plus de trois siècles sur l'Arménie (*428*). Vahram V combla les féodaux arméniens de richesses et d'honneurs. Il nomma marzpan (*gouverneur ou vice-roi*) un de ses plus grands aristocrates, Vehmirchahpouhr et lui adjoignit un nakharar arménien Vahan Amadouni comme lieutenant-général. Le catholicos Sahac 1° fut déposé et exilé. Le calamiteux Sourmac de Manazkert toucha le prix de sa trahison. Il hérita du palais patriarcal et devint le premier anticatholicos.

Nous étions en 428[544]. L'année suivante, en 429, l'incapable Sourmac fut déposé à son tour par les nakhararq. Les Perse lui donnèrent en compensation le diocèse de Bznouniq dans lequel il avait été simple prêtre. Vahram V désigna un second antipatriarche, le Syrien Birkischo[545]. L'Eglise syriaque était tolérée en Iran car les Syriens n'avaient ni les aptitudes belliqueuses ni le sens national des Arméniens. Vahram V voulait que l'Eglise arménienne n'utilisât que le syriaque plutôt que l'écriture arménienne; sinon ils se détourneraient de la Perse au profit de Byzance. Surtout que les gestes amicaux et généreux de Théodose II disposaient tous les Arméniens, de l'est et de l'ouest, en faveur des Grecs. Mauvais prêtre, piètre évêque, inconsistant pontife, plein de vices Birkischo réussit à usurper le Siège de saint Thaddée de

---

543 Christensen, p. 108-109; in R. Grousset, p. 183; F. Tournebize, p. 506.
544 M. Ormanian, p. 20-21; F. Tournebize, p. 506; Lazare de Pharbe, XV; Moïse de Khorène, III, 64 et III, 67; Thomas Ardzrouni, I, 10, p. 64-65; in R. Grousset, p. 184.
545 M. Ormanian, p. 21; L. de Pharbe, XV; Moïse de Khorène, III, 64; in R. Grousset, p. 184.

429 à 432 grâce au soutien perse. Les nakhararq se plaignirent auprès de Vahram V de la vie déréglée de Birkischo et lui demandèrent le retour de saint Sahac. Le général Anatole, au nom de l'empereur, se fit presque menaçant envers Vahram V pour qu'il délivre le vrai chef de l'Eglise et lui permette de siéger en Arménie occidentale. Le roi des rois ne pouvait se permettre le luxe d'un affrontement avec Byzance.

Si Théodose avait eu du cran et un sens politique il aurait tenu là l'occasion de vaincre définitivement la Perse, d'étendre son protectorat sur l'Arménie, comme au temps de Rome. Les Arméniens reconnaissants auraient probablement grossi les rangs de l'Eglise byzantine.

Mais voilà l'habileté était plutôt l'apanage de Vahram V. Il choisit un moyen terme. Il libéra Sahac 1°. Craignant qu'il ne s'installe à Garin il ne lui laissa pas le droit d'user de son autorité entière mais seulement la gestion des affaires spirituelles. Le temporel fut dévolu à un troisième anticatholicos, le Syrien Schimuel. Celui-ci fut en quelque sorte vice-marzpan, chargé de la justice et de la répartition des impôts. Bien que Sahac eût seul le droit d'ordonner les évêques, c'était Schimuel qui les désignait. Vahram V permit à Sahac de s'installer dans une de ses résidences familiales; le saint pontife se consacra avec son coadjuteur et leurs disciples aux travaux religieux[546].

Schimuel s'avéra encore plus vénal et plus débauché que Birkischo. Il vivait au milieu d'un harem. Pour subvenir aux exigences de sa dépravation il s'emparait des revenus des prélats décédés et empêchait Sahac de les remplacer. Cet indigne personnage mourut en 437. L'intrigant Sourmac, qui l'avait encouragé dans ses vices, revint occuper le Siège pontifical.

«*Toutefois l'épiscopat, le clergé et le peuple refusèrent d'approuver le nouvel état de choses car aux yeux de la nation, S. Sahak restait toujours le chef spirituel. De retour en Arménie (432), il se retirait à Blour (Yahnitépé), dans la province de Bagrévand (Alaschkert), où S. Mesrop et S. Ghévond l'assistaient dans les affaires religieuses et spirituelles; à aucun moment ses ouailles ne furent abandonnées par lui*»[547].

Sahac et Mesrob aimaient travailler dans le calme à Achtichat, domaine des Bartev, où leurs disciples, de retour de leur voyage d'étude, rapportèrent en 432 les documents recueillis: oeuvres des Pères de l'Eglise, canons des conciles[548]. Ghevond, Gorioun l'Admirable

---

[546] F. Tournebize, p. 507; R. Grousset, p. 185.

[547] M. Ormanian, p. 21.

[548] F. Tournebize, p. 141; Adontz, *Machtots et ses élèves d'après les sources étrangères*, Hantess Amsoreah, Mai-Juin 1924; in R. Grousset, p. 175; F. Tournebize, p. 506.

(*biographe de saint Mesrob*), Eznic et Hovsep procurèrent au catholicos et à son coadjuteur les textes du concile de Nicée. Saint Aristakès, fils et successeur de saint Grégoire l'Illuminateur, les avait apportés en Arménie mais les Perses les avaient brûlés. Les élèves avaient joint aux canons de Nicée ceux de la récente assemblée d'Ephèse. Tout fut répertorié, classé et traduit en pure langue arménienne.

En 431 s'était tenu le 3° concile oecuménique à Ephèse. L'Eglise arménienne décapitée n'avait pu y envoyer de représentant. Dès son retour d'exil en 432 le patriarche Sahac 1° convoqua un synode à Achtichat pour examiner et entériner les décrets du concile.

«*Cela fait, on s'occupa des livres liturgiques, comme la messe, les rituels du baptême, de la confirmation, de l'ordination, du mariage, de la consécration des églises et des funérailles, les offices du jour et le calendrier ... Cette organisation liturgique s'inspire de celle de S. Basile, c'est-à-dire de la liturgie de l'Eglise de Césarée ... Ce qui est absolument propre à la liturgie arménienne, ce sont les hymnes* (scharakan) *d'une saveur si originale, et qui résonnent comme un écho des vieux chants nationaux. Ils offrent aussi quelque analogie avec les hymnes syriaques de S. Ephrem*»[549].

On voit qu'on puisa dans les rites des deux Eglises-soeurs tout en conservant l'originalité nationale. Avec une nette préférence pour saint Jean Chrysostome (*saint Jean Bouche d'Or*); ses manuscrits sont plus nombreux chez les Arméniens que les écrits d'autres pères contemporains.

«*Le rite et la discipline arménienne, tels qu'ils ont été formulés par les anciens Pères de l'Eglise arménienne, ne contiennent aucun usage en désaccord avec la doctrine de l'Eglise catholique. Les principaux livres ecclésiastiques de l'Eglise arménienne sont en effet le Bréviaire, la Liturgie, le Livre des hymnes et le Rituel. Les premiers furent, disent les Arméniens, composés en grande partie par saint Isaac et saint Mesrob, et perfectionnés par Kioud et Mantagouni. Quant au dernier, le Rituel, il fut appelé* maschdotz, *du surnom de Mesrob*»[550].

Le livre des hymnes ou hymnaire se traduit par **charagan** en arménien et le rituel ou lectionnaire par **machtots**. On mit enfin la dernière main à la traduction définitive de la Bible. Vers 422 le catholicos avait envoyé Mesrob et Dinth, l'évêque de Terdjan, à la recherche de textes grecs[551].

---

[549] M. Ormanian, p. 19.

[550] F. Tournebize, p. 338.

[551] Peeters, *Origine de l'alphabet*, p. 212; in R. Grousset, p. 174.

Avant son départ de Constantinople Mesrob avait reçu des mains du patriarche Atticus une traduction de la Bible par les Septante basée sur les Hexaples d'Origène[552]. Rappelons que les Septante sont les 70 ou 72 docteurs juifs qui traduisirent l'Ancien Testament en grec à Alexandrie au III° ou au II° siècle avant J.-C.; les Hexaples forment un ouvrage célèbre d'Origène disposé sur six colonnes, on y compare le texte hébreu avec les différentes versions de l'Ancien Testament.

En 433 la Bible recevait sa forme définitive, traduite non pas à partir du mot mais à partir du sens. Les études des versions syriaque et grecque, selon les Septante, aboutirent à ce merveilleux résultat.

«C'est à l'époque de Vramchabouh qu'ont vécu le patriarche Sahac Bartev et saint Mesrob, lesquels, selon le désir du roi, se sont mis à la recherche des lettres arméniennes. Saint Mesrob trouva les caractères arméniens (406) et, immédiatement, des écoles s'ouvrirent partout dans lesquelles furent instruits de nombreux élèves. Beaucoup d'entre eux devinrent célèbres. Ils traduisirent si admirablement le Souffle de Dieu que la traduction arménienne se dit «la reine de toutes les traductions». Ils composèrent aussi des oeuvres originales, en particulier des traités doctrinaux et religieux, des ouvrages de commentaires et d'histoire, et tout ceci en une langue pure et belle. Le règne de Vramchabouh marqua le début de l'époque qui s'intitule «l'âge d'or»[553].

En 435 le patriarche de Constantinople, Proclus, écrivit tous les détails du concile d'Ephèse au catholicos Sahac 1°. Celui-ci convoqua alors un synode d'évêques arméniens, géorgiens et aghouans et leur fit approuver la condamnation de l'hérésie nestorienne et celle des écrits de Théodore de Mopsueste, l'inspirateur de Nestorius. Saint Sahac écrivit une lettre dogmatique afin d'attirer l'attention de Proclus sur les déviations de Théodore et la nécessité de condamner les Trois-Chapitres; ce qui avait échappé à l'attention des Pères conciliaires. Sur cette lettre, le concile de Constantinople de 553, condamnera enfin ces Trois-Chapitres, rédigés par Théodore de Mopsueste, Diodore de Tarse et Ibas d'Edesse[554].

Le 5 Septembre 439 saint Sahac 1° le Grand rendait sa belle âme à Dieu. Son petit-fils Vartan Mamikonian lui fit des obsèques solennelles à Achtichat dans le fief des Bartev. Sur son tombeau fut bâtie l'église saint Sahac[555]. Le clergé et le peuple désignèrent pour lui succéder son coadjuteur Mesrob Machtots. Le roi des rois n'entérina pas le choix.

---

[552] F. Tournebize, p. 77.
[553] F. Feydit, p. 258 (*traduit de l'arménien par l'auteur*).
[554] M. Ormanian, p. 21, 22, 31.
[555] R. Grousset, p. 187.

Mesrob expédia les affaires courantes et s'éteignit peu après son patriarche le 17 Février 440[556]. Le lieutenant-général du royaume Vahan Amadouni s'occupa des funérailles du saint à Ochagan[557].

Les disciples de Sahac et Mesrob poursuivirent leur oeuvre. Eznic de Kolb écrivit, entre 445 et 448, la «*Réfutation des sectes*» contre les Borborides; il sera évêque de Bagrevand[558]. Les saints noms du catholicos Sahac et de son coadjuteur Mesrob restent gravés dans le coeur et l'esprit de chaque Arménien. Car ils ont rendu indissociables le qualificatif de chrétien de celui d'arménien.

La suite des patriarches en ligne directe de la famille de saint Grégoire l'Illuminateur s'arrêtait avec saint Sahac. Son héritage spirituel se transmit à son petit-fils Vartan Mamikonian qui, lui aussi, gagnera la demeure du Seigneur après avoir bien mérité de l'Eglise et de la nation.

---

[556] M. Ormanian, p. 173.
[557] Moïse de Khorène, III, 67; Lazare de Pharbe, XVIII; in Grousset, p. 187.
[558] R. Grousset, p. 175.

> *Nous te magnifions, ô Mère de la Vraie Lumière, et nous te glorifions, ô Sainte Vierge, Mère de Dieu, parce que tu as enfanté pour nous le Sauveur de l'univers entier.* (Saint Cyrille d'Alexandrie).

CHAPITRE VIII

L'orthodoxie de l'Eglise arménienne soulignée par le concile d'Ephèse

Avènement de Théodose II, les empires d'Orient et d'Occident gouvernés par des femmes, saint Cyrille d'Alexandrie, les pélagiens

Le patriarche Sahac 1° exilé par les Perses, l'Eglise arménienne, décapitée, était tombée entre les mains d'antipatriarches douteux. Sous l'égide du coadjuteur, saint Mesrob Machtots, les pères et les moines, fidèles au catholicos prisonnier des Sassanides, tentaient de maintenir l'orthodoxie face aux diverses hérésies se multipliant en Orient.

A Constantinople régnait Théodose II le Jeune ou le Calligraphe. Il avait succédé à son père Arcadius en 408 vers l'âge de huit ans. Son éducation politique devait se faire au jour le jour. Il montait «*sur un trône avili par les intrigues d'indignes favoris*»[559]. Tant que l'Eglise byzantine fut dirigée par des patriarches comme Atticus ou Sisinnius, le jeune souverain resta dans la droite ligne dogmatique. Au point de vue administratif il eut la chance d'être soutenu et conseillé par le sage Anthemius, nommé consul en 405, par Arcadius.

La décadence de l'Empire romain s'accentuait. L'oncle de Théodose II, Honorius, régnait, si l'on peut dire, à Rome. Il ne trouva rien de mieux que de faire assassiner son plus ferme soutien, le général Stilicon, en 408, l'année de la mort de son frère Arcadius. Rien ne s'opposa désormais aux Wisigoths d'Alaric. Ils pillèrent Rome en 410. Affolé Honorius partagea son pouvoir avec un autre de ses généraux, Constance, auquel il accorda la main de sa fille Galla Placidia.

Anthemius conseilla à Théodose II de ne pas reconnaître Constance ni comme empereur ni comme co-empereur. Mais le jeune monarque ne montrait pas de bonnes dispositions pour son métier. Devant les signes de son incapacité et de sa pusillanimité futures Anthemius favorisa

---
[559] Biographie universelle, T. 6, p. 59.

l'accession au pouvoir de la soeur de Théodose II, Pulchérie, d'un an son aînée. Douée d'une maturité politique peu commune elle fut déclarée Augusta, en 414, à l'âge de quinze ans. Elle succéda à Anthemius. Ayant pris la mesure des faiblesses de son frère, elle décida de se consacrer au gouvernement de l'Empire d'Orient. Elle aurait fait voeu de célibat en y entraînant ses soeurs Arcadie et Marine[560].

On leur doit, sans doute ainsi qu'au patriarche de Constantinople Atticus, le bon accueil réservé par l'empereur à saint Mesrob Machtots et à Vartan Mamikonian pour diffuser l'alphabet dans l'Arménie occidentale. Pulchérie, conseillère discrète et efficace, sut rester dans l'ombre et faire rejaillir sur Théodose II la gloire des succès et les honneurs de sa charge. Elle choisit pour épouse à son frère, Athenaïs, une jeune et belle Athénienne, qu'on baptisa sous le prénom d'Eudoxie.

Un conflit éclata entre Byzance et l'Iran vers 421. Mihr-Nerseh, ministre et général du roi des rois, fut vaincu par les Byzantins. C'était une occasion inespérée pour Théodose II de chasser les Iraniens d'Arménie et de réunifier celle-ci sous son autorité. Il se contenta de signer un traité en 422 avec Vahram V par lequel la Perse s'engageait à laisser la liberté de culte aux chrétiens arméniens et syriens. Byzance promettait, en retour, de protéger les mazdéens chez elle. Il va sans dire que Vahram V ne respecta pas cette clause et poursuivit la persécution des chrétiens[561].

Autour de ces dates le patriarche Atticus décernait titres et honneurs à saint Mesrob Machtots, Théodose II élevait Vartan Mamikonian au grade de général de l'armée byzantine, le patriarche et l'empereur reconnaissaient l'autorité du catholicos sur l'Eglise arménienne en Arménie occidentale, l'empereur ordonnait au commandant de la milice d'Orient, le général Anatole, de reconstruire la capitale de l'Arménie byzantine, Garin (*Erzeroum*), en la rebaptisant Théodosiopolis.

René Grousset relate un passage de Moïse de Khorène décrivant cette réalisation: «*Le pays est fertile, bien arrosé, peu éloigné d'une des sources de l'Euphrate. La région est poissonneuse, avec une grande variété d'oiseaux. Les montagnes voisines sont remplies de troupeaux de bovidés d'une belle race qui s'engraissent merveilleusement. Au pied de ces monts se trouvent quantité de sources limpides. Ce fut là qu'Anatole fonda la nouvelle cité. Il l'entoura d'un large fossé, jeta les fondations des murailles à une grande profondeur et éleva sur les remparts des tours formidables dont la première fut, en l'honneur de l'empereur,*

---

[560] Biographie universelle, T. 5, p. 86.

[561] J. LABOURT, *Le christianisme dans l'empire perse*, p. 125; in F. Tournebize, p. 335.

nommée la tour Théodosie. Au milieu de la ville, sur une éminence, il bâtit de nombreux magasins et appela cet endroit l'Augusteum. Il remplit la ville d'armes et de troupes»[562].

S'étant persuadé qu'il avait fait beaucoup pour les chrétiens d'Orient l'empereur ne se préoccupa plus que de l'Occident. Il donna sa fille, Eudoxie, en mariage à son petit-cousin l'empereur Valentinien III. Ce dernier était le fils de Constance et de Galla Placidia. Elle régnait à la place de Valentinien[563]. Décidément les «*hommes*» de cette famille étaient les femmes. Pulchérie gouvernait l'Empire d'Orient pour son frère Théodose II. Sa cousine Galla Placidia gérait l'Empire d'Occident à la place de son fils. Les deux femmes tentaient de sauver l'héritage de leur grand-père, Théodose 1°, avec plus ou moins de succès.

L'Eglise égyptienne était dirigée par Cyrille, patriarche d'Alexandrie. L'Eglise syrienne par Jean, patriarche d'Antioche. L'Eglise arménienne par le patriarche Sahac 1°. L'Eglise byzantine par Atticus, patriarche de Constantinople. L'Eglise romaine par le pape Célestin 1°.

Sahac et son vicaire Mesrob avaient réussi à mettre hors de l'Eglise la secte gnostique des Borborides. Célestin 1° avait des difficultés à Rome avec les pélagiens. Un moine breton Pélage (*360-422*) enseignait que le péché d'Adam ne pesait pas sur sa postérité. Il niait ainsi le péché originel. Il affirmait aussi que chaque individu pouvait gagner son salut par ses seuls mérites; ce qui revenait à diminuer le rôle de la grâce. Saint Augustin, en Afrique, lutta hardiment et efficacement contre une pareille hérésie. Les conciles de Carthage, en 412 et en 416, ainsi que celui de Milève en Numidie, en 416, condamnèrent le pélagianisme. A Rome, il fallut que l'imposteur Jean 1° soit évincé par Valentinien III pour que le pape Célestin 1° réussisse à faire promulguer la constitution impériale imposant l'abjuration aux évêques pélagiens de Gaule (*425*). Celestius, un disciple de Pélage, allait propager la déviation en Orient.

Le nestorianisme, le concile oecuménique d'Ephèse, la Vierge Marie Theotokos

Le 10 Avril 428 un nouveau patriarche prenait ses fonctions à Constantinople, Nestorius. Il succédait à Sisinnius. Nestorius était Syrien, né à Marach vers 381. Il s'était fait un devoir d'éliminer les ariens de Constantinople. A Antioche il avait été disciple de Théodore de

---

[562] Moïse de Khorène, III, 59; in R. Grousset, p. 181-182.
[563] E. Albertini, p. 118.

Mopsueste. L'influence de celui-ci fut si importante sur son compatriote, le futur patriarche, qu'il faut en dire deux mots. Théodore naquit à Antioche autour de 350. Formé à l'éloquence il devint un des maîtres du barreau tout comme son condisciple le futur saint Jean Chrysostome. Lorsque celui-ci se retira pour vivre en anachorète dans les montagnes autour d'Antioche Théodore suivit son exemple. Ordonné prêtre en 382 il lutta contre les hérésies éliminant, entre autres, les ariens de Mopsueste, en Cilicie, dont il fut élu évêque en 392. Il manifesta une certaine sympathie pour le pélagianisme. Craignant d'être réprouvé Théodore s'associa à l'anathème prononcé par les Pères des Eglises d'Orient contre les pélagiens. Mais il était enclin à créer des théories nouvelles. Il est vrai que sa formation d'avocat le conduisait sans doute à tout remettre en question et à semer le trouble dans les esprits. Il se fit le promoteur d'une nouvelle hérésie que Nestorius se chargerait de répandre. On a dit que Théodore aurait publié plus de dix mille textes, cela semble exagéré[564].
Dès son accession au Siège patriarcal Nestorius se mit à diffuser l'enseignement de son maître. Sa thèse christologique étant destinée à combattre l'arianisme il tombait dans une autre déviation. Il poussait à l'extrême la séparation de la Divinité et de l'humanité en Jésus-Christ. Il professait que Jésus-Christ était un homme en qui le Logos (*le Verbe de Dieu*) habitait comme dans un temple.

L'union entre la Divinité et l'humanité serait, si l'on peut prendre cette image, semblable à la relation existant entre un appartement et son occupant. Nestorius donnait à Jésus-Christ deux personnalités distinctes: la Divinité (*le Logos*) et l'humanité (*le Christ*) indépendantes l'une de l'autre. Il ne reconnaissait que «... *l'existence d'une simple unité morale entre les deux ...*»[565].

Cette hérésie ne se contentait pas de mettre en cause l'union hypostatique entre la personne divine et la personne humaine; elle la niait carrément en enseignant que: «*La personne divine s'était unie à la personne humaine quelques temps après la naissance du Christ*»[566].

De ce fait, la Vierge Marie ne serait plus la mère de Dieu mais seulement celle du Christ, c'est-à-dire de la seule humanité de Jésus. Voilà qui attaquait la maternité de Marie, les mystères de la Trinité, de l'Incarnation, de la Rédemption. L'orthodoxie était bafouée. Nestorius

---

564 TILLEMONT, *Mémoires*, T. XII, p. 444; in Biographie Universelle, T. 6, p. 55.

565 M. Ormanian, p. 24.

566 T.R.P. Vatché IKNADIOSSIAN, *La Mère de Dieu (Theotokos)*, p. 36, imprimerie des Pères mekhitaristes, Saint-Lazare, Venise, 15/03/1991.

réduisait la vérité dogmatique à des spéculations philosophiques. L'Eglise pouvait-elle tolérer une telle agression ?
Deux foyers profondément attachés à la foi orthodoxe existaient alors en Orient, l'Eglise arménienne et l'Eglise égyptienne. La première se trouvait en plein désarroi. Son chef saint Sahac 1° était captif en Perse. Restait la seconde, désormais seule capable de s'opposer aux hérésies. Elle avait à sa tête un des plus grands pasteurs de l'Eglise universelle le patriarche d'Alexandrie saint Cyrille (*380-444*). Il avait commencé sa vie religieuse, comme c'était presque toujours le cas en Orient, par les macérations érémitiques. En 412 il succédait à son oncle Théophile à la tête de l'Eglise d'Egypte. Aussitôt il fit preuve de grandes qualités. Sa forte personnalité lui conférait toute autorité sur les décisions de l'Eglise, ses profondes connaissances biblique et théologique lui permettaient de faire entendre ses avis, sa foi ardente sous-tendait son action. Depuis Nicée les patriarches d'Alexandrie étaient devenus les gardiens de l'orthodoxie.
A la mort de Théodose 1°, en 395, l'Egypte avait été englobée dans l'Empire d'Orient. Les Egyptiens cherchaient à secouer cette tutelle. N'ayant pas, comme les Arméniens, une monarchie indigène ils reportaient leur sentiment national sur leur patriarche. Celui-ci, incarnant les aspirations de son peuple, devait affirmer son autorité morale et promouvoir l'originalité des Egyptiens. Il endossait un double rôle: spirituel et temporel. Aussi l'intransigeance en matière de dogmes des patriarches d'Alexandrie, notamment de Cyrille, était à la mesure de leur science exégétique et de leur vigilance scrupuleuse en matière de foi.
Dès 429 l'attention de Cyrille est attirée par les erreurs de Nestorius. Attaché à l'union indivise et sans mélange des deux natures de Jésus-Christ il ne peut accepter que le patriarche de Constantinople remette en question les édits de Nicée. Il est choqué par l'assertion de Nestorius qui fait de Marie la «*Christotokos*» et non la «*Theotokos*». Marie, qui l'a mis au monde, ne serait-elle pas la mère de Dieu ?
L'Ancien testament, lui-même, souligne cette vérité: «*Le Seigneur parla à nouveau à Achaz, et lui dit: Demande pour toi un signe au Seigneur ton Dieu ... Achaz répondit: Je ne demanderai rien, je ne tenterai pas le Seigneur. Et Esaïe dit alors: Ecoutez donc, maison de David ! Est-ce trop peu pour vous de lasser la patience des hommes, que vous lassiez encore celle de mon Dieu ? C'est pourquoi le Seigneur lui-même vous donnera un signe, voici une vierge deviendra enceinte, elle enfantera un fils, et elle lui donnera le nom d'Emmanuel*»[567].

---

[567] Esaïe, 7, 10-14.

Emmanuel signifie: Dieu avec nous: «*Tout cela arriva pour que s'accomplisse ce que le Seigneur avait dit par le prophète*: voici que la vierge concevra et enfantera un fils auquel on donnera le nom d'Emmanuel, *ce qui se traduit par: «Dieu avec nous»*[568].

Le Logos, - le Verbe de Dieu -, qui est de toute éternité: «*... par amour pour nous les hommes et pour notre salut est descendu des cieux, s'est incarné, s'est fait homme, est né parfaitement de Marie la Sainte Vierge par le Saint-Esprit. D'elle il prit **corps, âme et esprit** et tout ce qui est en l'homme véritablement et non imaginairement*»[569].

Cyrille va tenter fraternellement de ramener Nestorius dans le droit chemin et à abjurer ses erreurs. En vain. Alors le patriarche d'Alexandrie informe les chefs de l'Eglise et Théodose II de l'hérésie de Nestorius. Le pape Célestin 1° réunit aussitôt en août 430 un concile à Rome qui condamne Nestorius. A lui seul il n'a pas le pouvoir de déposer le patriarche de Constantinople soutenu par l'empereur Théodose II. Valentinien III et sa mère Galla Placidia ne s'intéressent pas beaucoup aux hérésies, surtout celles qui sévissent en Orient, ayant fort à faire avec leurs propres difficultés. Célestin 1° s'en remet au patriarche égyptien pour régler la question.

En Novembre 430 Cyrille convoque alors un concile à Alexandrie qui jette l'anathème sur les thèses nestoriennes. Nestorius utilise, pour se justifier, des artifices de langage et des subterfuges sans rien changer au fond de sa théorie. En Décembre 430 au reçu d'une lettre de Cyrille il déclare: «*Maintenant je le proclame plus nettement et à haute voix: la sainte vierge est mère de Dieu et de l'homme,* theotokos *et* anthrôpotokos. *Elle est mère de Dieu parce que le temple qui a été créé en elle de par le saint esprit, a été uni à la divinité. Mère de l'homme parce que Dieu a pris d'elle des prémices de notre nature*»[570].

La distorsion de cette formulation à l'appui d'une analyse erronée ne devait tromper personne; sauf l'empereur Théodose II. Comptant sur l'aide de celui-ci, Nestorius lui suggère de convoquer un concile oecuménique à Ephèse. Au début de l'été 431 s'ouvre le troisième concile oecuménique. Deux cents pères y assistent[571]. Il n'y a pas de représentants de Rome. Le pape a adhéré par avance aux décisions du concile. Il confirmera son accord au reçu de la lettre de Cyrille après

---

[568] Evangile de Matthieu, **1**, 22-23.
[569] Extrait du symbole de Nicée, prononcé dans l'Eglise arménienne.
[570] Loofs, *Nestoriana*, p. 314 s.; in C. Tresmontant, p. 203.
[571] Le calendrier de l'Eglise arménienne les fête au mois d'Août.

Ephèse. Il n'y a pas davantage d'évêques arméniens, nous savons pourquoi.

Grâce à l'action de saint Cyrille le concile oecuménique d'Ephèse, prenant pour base la profession de foi de Nicée, rétablit l'union indivise et sans mélange des natures divine et humaine dans le même Jésus-Christ. Il y a bien sûr deux natures en Jésus-Christ, la Divine et l'humaine; elles forment un seul être: **parfait Dieu, parfait homme, ces deux natures sont prises dans une union harmonieuse extraordinaire.** La formule cyrillienne résume ceci en disant: **Une nature unie dans le Verbe incarné. La Divinité et l'humanité unies en Jésus-Christ.**

De ce fait le concile d'Ephèse affirme que la Vierge Marie est bien la Theotokos. Pour l'Eglise arménienne Marie est la toujours Vierge, l'Immaculée, la Reine du ciel, des prophètes, des apôtres, des saints.

«C'est pour cela que, chez nous, les maître-autels ont tous une icône de la Sainte Vierge Marie avec l'Enfant Jésus. C'est une obligation au moment de célébrer la sainte messe afin de symboliser l'Incarnation du Fils de Dieu»[572].

Nous savons que Marie est la Theotokos depuis que Dieu l'a élue. Cette vérité dut être officiellement décrétée par le concile d'Ephèse à cause de l'hérésie nestorienne qui s'attaquait à elle[573]. La maternité de Marie, de la Vierge qui a donné naissance à Dieu, ne faisait aucun doute; la Bible, Ancien et Nouveau Testaments, la proclame.

«Mais quand est venu l'accomplissement du temps, Dieu a envoyé son Fils, né d'une femme et assujetti à la loi, pour payer la libération de ceux qui sont assujettis à la loi, pour qu'il nous soit donné d'être fils adoptifs. Fils vous l'êtes bien: Dieu a envoyé dans nos coeurs l'Esprit de son Fils qui crie: Abba - Père! Tu n'es donc plus esclave mais fils, tu es aussi héritier: c'est l'oeuvre de Dieu»[574].

Saint Paul nous apprend que Dieu prépare le salut de l'humanité depuis qu'elle existe. Quand il envoie son Fils unique prendre chair le temps est accompli: «*Il proclamait l'Evangile de Dieu et disait: «Le temps est accompli, et le Règne de Dieu s'est approché: convertissez-vous et croyez à l'Evangile»*[575].

Le Fils de Dieu, consubstantiel au Père, est de toute éternité. Pour vivre et se sacrifier dans la chair il devra naître, comme chacun de nous, d'une femme. Quelle simplicité! Quelle humilité! Quelle preuve d'amour de la

---

[572] V. Iknadiossian, p. 57.
[573] Cf. saint Paul, *1 Co.*, 11, 18-19.
[574] St Paul, *Ga.*, 4, 4-7.
[575] Evangile de Marc, 1, 15.

part de Dieu! Il prend chair et va mourir pour nous, pour nous délivrer du péché et de la loi. Ceux qui sont conduits par l'Esprit ne peuvent plus désormais être condamnés par la loi. L'homme par lui-même, autant bon, juste, charitable qu'il soit, ne peut échapper à la condamnation de la loi s'il n'est pas guidé par l'Esprit.

«Car la chair, en ses désirs, s'oppose à l'Esprit et l'Esprit à la chair; entre eux c'est l'antagonisme; aussi ne faites-vous pas ce que vous voulez. Mais si vous êtes conduits par l'Esprit vous n'êtes plus soumis à la loi»[576].

Ces quelques versets de saint Paul sont une condamnation anticipée et nette des pélagiens, **l'homme ne peut pas faire son salut par lui-même et se passer de la grâce de l'Esprit**, et des nestoriens, **la chair et l'Esprit ne sont pas deux parties distinctes mais forment la personne unique**, et soulignent le rôle de celle qui donne naissance à Dieu.

«Aussi en entrant dans le monde, le Christ dit:
de sacrifice et d'offrande, tu n'as pas voulu,
mais tu m'as façonné un corps»[577].

Et Dieu a choisi Marie de toute éternité pour façonner un corps à son Fils unique. Cependant Dieu tout-puissant n'impose jamais sa volonté. Il veut que la jeune fille soit avertie et qu'elle accepte. Il envoie à Nazareth, en Galilée, son messager l'archange Gabriel à la fiancée de Joseph.

«Sois sans crainte, Marie, car tu as trouvé grâce auprès de Dieu. **Voici que tu vas être enceinte, tu enfanteras un fils et tu lui donneras le nom de Jésus. Il sera grand et sera appelé fils du Très-Haut***»*[578]. Marie lui demande comment cela se fera puisqu'elle est vierge: *«L'ange lui répondit: «L'Esprit Saint viendra sur toi et la puissance du Très-Haut te couvrira de son ombre; c'est pourquoi celui qui va naître sera saint et sera appelé Fils de Dieu»*[579].

Le fruit des entrailles de Marie, conçu par la venue de l'Esprit Saint sur elle, qui prit d'elle **corps, âme et esprit**, comme le proclame la profession de foi nicéenne, est fils selon la chair. Ce fruit des entrailles de la Vierge est le Fils unique, éternel, du Père. Il est l'une des Personnes de la Sainte Trinité. Marie est bien la **Theotokos**. En arménien **Asdvadzadzin**, celle qui engendre Dieu. Pour l'Eglise arménienne

---

[576] St Paul, *Ga.*, **5**, 17-18.

[577] St Paul, *Héb.*, **10**, 5.

[578] Evangile de Luc, **1**, 31-32.

[579] Evangile de Luc, **1**, 35.

Marie, mère de Dieu (*Asdvadzamayr*), était, est et restera perpétuellement vierge. La dévotion à Marie y occupe une très grande place; de très nombreuses dates du calendrier le rappellent:
* *le 7 Avril: l'Annonciation*;
* *le dimanche le plus proche du 15 Août: l'Assomption*;
* *10 jours après l'Assomption: Fête de Joachim et Anne, les parents de la sainte Mère de Dieu*;
* *le 3° dimanche après l'Assomption: La découverte de la Ceinture de la Sainte Mère de Dieu*;
* *le 8 Septembre: Nativité de la Vierge Marie*;
* *le 21 Novembre: Présentation de Marie, la Sainte Mère de Dieu, au Temple*;
* *le 9 Décembre: Grossesse de sainte Anne, qui porte la Vierge Marie, Mère de Dieu.*

La fête de l'Assomption de Marie se célèbre le dimanche le plus proche du 15 Août, le jour du Seigneur étant le plus approprié pour chanter la gloire de sa Mère. A la fin de la messe on procède à la bénédiction du raisin. De même que le raisin est écrasé pour donner le vin de même le coeur de Marie est pressé au moment où son fils meurt sur la croix. Ce vin de l'autel qui devient, à chaque messe, le sang du Seigneur versé pour le salut de l'humanité. La fête des vendanges, que l'Arménie païenne célébrait à la mi-août, a été englobée par l'Eglise dans la commémoration de l'Assomption de la Mère de Dieu. Les fidèles de l'Eglise arménienne ne mangent pas de raisin avant l'Assomption.

De même qu'elle fête l'Assomption de la Vierge Marie sans en avoir fait un dogme comme une vérité qui n'a pas besoin d'être confirmée l'Eglise arménienne admet l'Immaculée-Conception comme une doctrine. Immaculée-Conception veut dire que la Vierge Marie a été conçue sans le péché originel puisqu'elle devait enfanter le Christ. Cette doctrine a été érigée en dogme par la seule Eglise latine en 1854. Tout dogme devant être promulgué par un concile oecuménique, le dernier s'étant tenu à Ephèse, l'Eglise arménienne ne s'arroge pas le droit d'en formuler de son propre chef. Toutefois de nombreuses prières évoquent la préservation de Marie du péché originel dont, ci-après, une hymne écrite au $X°$ siècle par saint Grégoire de Narègue et chantée pendant les offices surtout dans les monastères.

«*Tu es la fleur qui ne peut se flétrir.*
Ta naissance a été exemptée de la condamnation du péché originel.
Tu es née de la racine de Jessé,
Immaculée Sainte Vierge, nous te glorifions!»
Et, plus loin: «*Avec ta pureté sans souillure et sans tâche, tu es bonne!*

Avec ta sainteté immaculée, tu es une avocate tutélaire!»[580].

L'homme, expulsé du jardin d'Eden par la faute d'Eve, est racheté par le sacrifice du Fils de Dieu né de Marie.

Au cours de la consécration d'une église (*cérémonie fort longue*), pendant l'onction des images à l'aide du Saint-Chrême, l'évêque dit: «*Seigneur Dieu tout-puissant, créateur de toutes les créatures, qui créa l'homme à partir de la poussière et l'installa dans le jardin des délices où il fut trompé par le Malin et expulsé. Néanmoins, toi, Dieu de toutes les miséricordes, ne voulant pas ignorer tes créatures, tu as parlé à la race des hommes par les prophètes et tu t'es fait connaître comme le Seigneur qui prend soin de l'univers tout entier.*

Et dans la plénitude des temps tu as envoyé ton Fils Unique pour venir et naître de la Sainte Vierge Marie et devenir homme parfait étant toujours le vrai Dieu. *Qui, pour notre salut, fut crucifié, enterré, ressuscita et monta au ciel avec gloire, recommandant à ses disciples de prêcher de par le monde entier et de te proclamer comme Seigneur. Et nous, tes serviteurs pécheurs, ayant appris d'eux, avons fait pour ta gloire et ton honneur la ressemblance et la représentation des saints anges et des saints de l'humanité qui ont été dignes de toi et ont reçu de toi ton Esprit Saint ...»*[581].

Après avoir rappelé les vérités essentielles le concile d'Ephèse anathématisa Pélage et le pélagianisme, Nestorius et le nestorianisme. Nestorius fut déposé; Maximianos lui succéda[582].

Manoeuvres anti-cyrilliennes des nestoriens, conciles d'Achtichat, quelques principes de l'Eglise arménienne

Des écrits pernicieux avaient échappé à la vigilance des Pères conciliaires. Il s'agissait des Trois-Chapitres, rédigés par Théodore de Mopsueste, Diodore de Tarse et Ibas d'Edesse. En quelque sorte le texte fondateur de l'hérésie nestorienne. Un des disciples de Théodore de Mopsueste, Théodoret de Cyr (*396-458*), prit part aux travaux du concile. Controversiste habile il sut distraire l'attention des évêques de ce texte. Il osa même s'attaquer à Cyrille lui reprochant de ne pas parler de l'âme pour la chair de Jésus-Christ. Il l'accusait en quelque sorte de l'avoir remplacée par le Verbe. Or, le patriarche d'Alexandrie ne disait rien d'autre que l'apôtre et évangéliste Jean: «*Et le Verbe fut chair et il a*

---

[580] Traduction de Vatché Iknadiossian, p. 56.

[581] Extrait traduit par l'auteur.

[582] F. Tournebize, p. 508.

habité parmi nous et nous avons vu sa gloire, cette gloire que, Fils unique plein de grâce et de vérité, il tient du Père»[583].

Jésus-Christ est Dieu et homme; peut-on imaginer un homme, une chair sans âme ? Le mot chair chez Jean et Cyrille englobe l'homme tout entier. La profession de foi de Nicée, à laquelle se référait saint Cyrille, dit: «*D'elle il prit corps, âme et esprit ...*».

Les nestoriens parvinrent tout de même à répandre les graines de la confusion qui germera à Chalcédoine provoquant le premier schisme de l'Eglise universelle.

Dès son retour de captivité, en 432, le catholicos saint Sahac 1° fit ratifier, par le synode d'Achtichat, toutes les décisions d'Ephèse.

En 433 le patriarche d'Antioche Jean, chef de l'Eglise syrienne, se rallia à son tour aux formulations du 3° concile oecuménique. Cyrille dans la lettre qu'il lui adressa, s'en réjouit en la débutant par: «*Que les cieux se réjouissent, et que la terre soit dans l'allégresse*»[584].

Cyrille et les Pères conciliaires écrivirent aussi à Sahac pour l'informer et dénoncer Théodore de Mopsueste[585].

«*Cyrille a surtout attaché son nom à une définition claire de l'unité de la personne du Christ*»[586].

Proclus, le patriarche de Constantinople, adressa en 435 à Sahac le dossier contenant tous les détails des actes et les décrets du concile d'Ephèse. Au reçu de la lettre le patriarche de l'Eglise arménienne convoqua à Achtichat un nouveau concile réunissant les évêques arméniens, géorgiens et albaniens. Ils anathématisèrent Pélage, Nestorius et, aussi, Théodore de Mopsueste. Le catholicos saint Sahac 1° et son vicaire, saint Mesrob Machtots: «*... proclament, avec le concile d'Ephèse, que l'Eglise est une société parfaite, qu'elle a le droit de rejeter de son sein les hérétiques; ils condamnent aussitôt les écrits du docteur cilicien, qui tend à diviser en deux la personne du Christ; et ils le chassent avec ses disciples*»[587].

En ce concile d'Achtichat, en 435, Sahac 1° affirme qu'il existe en Jésus-Christ deux natures hypostatiquement unies adhérant à la formulation d'Ephèse: **Une nature unie dans le Verbe incarné**. Voilà ce qui a

---

[583] Evangile de Jean, 1, 14.

[584] Psaumes, 96, 11.

[585] F. Tournebize, p. 509.

[586] P. Pierrard, p. 67.

[587] Moïse de Khorène, III, 61, 65; Gorioun, p. 14, dans Langlois; MANSI, *Lettre de Proclus*, T. V, col. 422-437; MIGNE, T. LXV, col. 862-873; in F. Tournebize, p. 509.

toujours été accepté, professé et défendu par la sainte Eglise arménienne apostolique, universelle et orthodoxe.

«*Nous confessons que Notre-Seigneur Jésus-Christ, Fils unique de Dieu, est **Dieu parfait et homme parfait**, composé d'une âme raisonnable et d'un corps ... Nous le confessons consubstantiel au Père selon la divinité, consubstantiel à nous selon l'humanité*»[588].

Les Pères de l'Eglise arménienne, qui englobait les Eglises géorgienne et aghouane, n'eurent aucune peine à souscrire aux décisions d'Ephèse. Elles allaient dans le sens de l'orthodoxie qu'ils avaient toujours défendue.

«*Sahag fit adopter sans peine les décisions du concile oecuménique. Les Pères frappèrent d'anathème Nestorius qui distinguait en Notre-Seigneur deux personnes, comme leurs prédécesseurs avaient jadis frappé les blasphèmes de Macédonius contre la divinité du Saint-Esprit et ceux d'Arius contre la divinité du Verbe. Quelques années plus tard, Proclus, le saint patriarche de Constantinople, ayant écrit à Sahag et aux évêques arméniens pour leur dénoncer les erreurs nestoriennes de Théodore de Mopsueste et de Diodore de Tarse, un nouveau synode fut réuni à Aschtischat (435). Les hérésies de ces deux sectaires, qui avaient été traduites en arménien, en persan et en syriaque, furent condamnées*»[589].

Sahac 1° releva dans le dossier des actes du concile un oubli d'importance. Dans la réponse qu'il adressa au chef de l'Eglise byzantine il attira son attention sur le fait que les auteurs des Trois-Chapitres avaient été condamnés mais pas leurs écrits[590].

En 451 le concile de Chalcédoine «*oubliera*» aussi de condamner ces Trois-Chapitres. Ce n'est qu'un siècle après, en 553, au concile de Constantinople qu'on prêtera attention à la lettre dogmatique de Sahac à Proclus, sur la base de laquelle on anathématisera enfin le pernicieux écrit. Hélas! trop tard, le mal avait été entériné à Chalcédoine et persiste encore de nos jours.

L'empereur Théodose II mit du temps à renoncer à l'hérésie. Sans doute pour des raisons davantage politiques que christologiques. La condamnation de son protégé donnant de l'importance au patriarche d'Alexandrie porteur des espérances des Egyptiens. On verra par la suite que Théodose II n'avait aucune conviction personnelle au sujet des natures du Christ.

---

[588] Mansi, I, 306; in F. Tournebize, p. 86-87.

[589] F. Tournebize, p., 78.

[590] M. Ormanian, p. 21.

L'entente que Cyrille avait su cimenter avec les patriarches syrien, arménien, byzantin et romain favorisait le pape au sein de l'Empire romain. Alors que Théodose II espérait le contraire. C'est-à-dire soumettre Rome, Alexandrie, Antioche, Edchmiadzin à l'autorité de Constantinople, en un mot à la sienne. En 435 il dut accepter l'orthodoxie et ordonner la destruction de tous les écrits de Nestorius, dont les adeptes s'enfuirent et se dispersèrent en Syrie. Nestorius, qui s'était réfugié en Arabie, finit sa vie à Kharga en Haute Egypte. Kharga se situe à vol d'oiseau à environ 850 kms au sud-est d'Alexandrie, 500 kms au sud-ouest du Caire, à 200 kms à l'ouest de Louxor. Il écrivit de nombreux textes pour justifier son point de vue. Il mourut en 451 l'année où le concile de Chalcédoine réhabilitait son condisciple Théodoret de Cyr, et, ce faisant, donnait crédit à une certaine forme de nestorianisme. Le concile d'Ephèse reste pour les Eglises arménienne, égyptienne, éthiopienne, indienne, syrienne **le troisième et dernier concile oecuménique** selon la définition donnée de l'oecuménicité. Les conciles de Nicée (*325*), Constantinople (*381*) et Ephèse (*431*) ont affirmé, établi les dogmes de l'Eglise universelle sans se perdre dans des méandres spéculatifs.

«*Les trois premiers conciles se sont conformés à cette règle en proclamant la divinité de Jésus-Christ, la divinité du Saint-Esprit, l'union de la divinité à l'humanité en Christ. Les vérités essentielles qui forment l'économie dogmatique des mystères du christianisme, c'est-à-dire, la Trinité, l'Incarnation et la Rédemption, étaient complétées par les définitions des trois conciles*»[591].

Nous avons déjà donné le point de vue de l'Eglise arménienne en matière de dogmes; il paraît utile de dire comment et pourquoi elle différencie doctrines et dogmes. La doctrine précède le dogme. Elle est dans les livres saints. Si un individu ou un groupe d'individus s'avisaient d'assujettir la doctrine à des spéculations plus ou moins basées sur une approche personnelle on tomberait dans la philosophie qui est l'antagoniste de la religion. La philosophie est à tout moment soumise à variation, sujette à caution, suggérée par une opinion nouvelle ou contraire. La philosophie travaille à asservir la doctrine religieuse aux fantaisies de l'entendement individuel ouvrant la porte aux hérésies. Ces déviations conduisent l'Eglise à réunir des conciles oecuméniques pour rétablir la vérité et transformer la doctrine en dogme.

---

[591] M. Ormanian, p. 80.

«Cependant ils ne sauraient s'écarter des données de la tradition, ni s'arroger la liberté de suivre leurs propres inspirations, ni les raisonnements purs et simples de l'entendement individuel»[592].

Toutes les doctrines ne deviennent pas des dogmes. Il n'est d'ailleurs pas nécessaire ni utile de les multiplier. Inattaquable, devant être accepté tel quel par le croyant sous peine de quitter l'Eglise, le dogme doit renforcer la cohésion des fidèles.

En ce début de millénaire alors que la foi est attaquée de tous côtés, que prolifèrent les faux prophètes, les sectes, les conceptions philosophiques, de plus en plus primaires se donnant pour des religions ou l'inverse, le chrétien ne doit pas douter. Les dogmes sont de ce fait indispensables. Le dogme est la vérité énoncée par le concile oecuménique ayant reçu *«la promesse de l'assistance divine»* selon le mot de Malachia Ormanian. Sans dogme il n'y a pas de religion. Se cantonnant aux dogmes essentiels, l'Eglise arménienne considère comme doctrines tout ce que les conciles suivants, à partir de Chalcédoine, ont cru bon d'ériger en dogmes.

L'exégèse en matière de doctrines doit permettre aux théologiens d'exprimer leurs opinions sans toutefois sortir du domaine de l'orthodoxie. Ceci favorise une souplesse de la pensée en évitant les hérésies car la doctrine ne peut être imposée à tous. Elle a pour base les textes sacrés et ne peut s'isoler de la tradition.

«Par suite, elle peut être admise comme une assertion saine ou certaine ou quasi-certaine; mais rien n'oblige les fidèles à s'y soumettre absolument. Dans tous les cas, ils ne sauraient être exclus de l'église, la doctrine ne relève que de l'école. Les dogmes appartiennent à la religion, les doctrines à la théologie»[593].

Cette distinction fondamentale entre doctrines et dogmes trace une limite nette pour l'entendement des fidèles.

Nous avons cité plus haut, avec Malachia Ormanian, les dogmes de l'Eglise arménienne.

«Le petit nombre de dogmes qui caractérise l'église arménienne ne doit pas être attribué à un cas fortuit ou à un événement inconsidéré. Il résulte uniquement d'un principe sage en matière d'économie doctrinale. Nous avons émis le principe que la principale base de l'autorité des conciles oecuméniques réside dans l'unanimité des diverses églises; car c'est par elle que s'exprime effectivement et réellement l'opinion de l'église universelle. Cette unanimité a été pratiquement réalisée dans les trois conciles, convoqués de 325 à 431, c'est-à-dire au cours du siècle

---

[592] M. Ormanian, p. 76.

[593] M. Ormanian, p. 76-77.

qui suivit son triomphe. Pendant cette période toutes les grandes églises ont été unanimes dans leur manière de concevoir les dogmes ... On remarquera également que pendant cette première période, aucune querelle de préséance ou d'influence ne surgit entre elles»[594].
Le fidèle de l'Eglise arménienne peut adhérer ou non aux doctrines. Il ne sera pas exclu de l'Eglise s'il ne s'y soumet pas. Il ne pourra pas demeurer en son sein s'il rejette le moindre dogme. Prenons des exemples de doctrines:

* Le jugement particulier et les peines du Purgatoire: L'Eglise arménienne n'admet pas, en tant que dogmes, le Jugement particulier et les peines du Purgatoire; pour la raison que nulle part dans l'Evangile il n'est fait mention de Jugement particulier et qu'on y cherche en vain le mot Purgatoire. Pour elle il s'agit de doctrines et non pas de dogmes. D'après l'Evangile il n'y a qu'un seul jugement: le Jugement Dernier.
«Pour l'Eglise arménienne les âmes des défunts attendent dans des demeures ou des séjours jusqu'au moment de la résurrection. Elles ne sont pas toutes cependant dans des demeures semblables; il y a les demeures des justes et celles des pécheurs. Le Christ a dit: *«Dans la maison de mon Père, il y a beaucoup de demeures»* (Jean, **14**, 2); *et, comme l'écrit le catholicos saint Nersès IV le Gracieux*: *«Laisse-moi reposer en paix dans l'espoir de ta Grâce dans les demeures des justes jusqu'au jour de ta Grande Venue». Dans ces demeures-là les âmes attendent leur rétribution dans la joie, estimant qu'elles seront acquittées. A ce sujet écoutons le patriarche saint Jean Chrysostome* : *«Il est clair qu'au moment où les âmes partent d'ici, elles vont en un lieu de repos ... et elles attendent le terrible jour du Jugement». Lebnouna d'Edesse dit aussi*: *«Les âmes lorsqu'elles sortent du corps ne meurent pas mais elles vivent dans les demeures de repos, et elles attendent le Jugement Dernier». ... L'organisation rituelle de l'Eglise, les coutumes de l'Eglise primitive, les textes de l'Eglise témoignent de cette conviction que les prières, les bonnes oeuvres, la sainte messe, l'office de requiem, les holocaustes, célébrés au nom et pour les morts, intercèdent pour que soient accordés assistance et repos à ceux qui se sont endormis avec la foi et des péchés excusables»*[595].
C'est pourquoi au cours du requiem l'Eglise chante l'hymne suivante:
«Ceux que tu as illuminés à la naissance dans ton saint baptistère ne les punis pas selon ta colère, et ne les réprimande pas selon ton courroux

---

[594] M. Ormanian, p. 79-80.

[595] Karékine BEKDJIAN, archevêque des Arméniens d'Allemagne, *Le service funèbre*, Cologne, 2002 (T. D. A.).

lorsqu'au magnifique son des trompettes ressusciteront les morts qu'ils se tiennent devant ton splendide autel».

Ou encore: «*Alleluia, Alleluia, du tréfonds de mon être je gémis vers toi, Seigneur, Seigneur entends ma voix. Que tes oreilles écoutent la clameur de mes prières*»

* **La transsubstantiation:** Le Jeudi-Saint Jésus-Christ institua la messe. Le pain et le vin sont offerts (*oblation*), consacrés et partagés pendant le saint Sacrifice. Au cours de la Cène, le dernier repas que Jésus partagea avec ses apôtres au moment de la Pâque, il prit du pain, le rompit et dit: «*Prenez, mangez, ceci est mon corps qui, pour vous et pour la multitude, est partagé pour l'expiation et la rémission des péchés*». Puis il prit du vin et dit: «*Buvez-en tous, ceci est mon sang, sang de la nouvelle alliance, qui est versé pour vous et pour la multitude pour l'expiation et la rémission des péchés*». Il ajouta: «*Vous ferez ceci en mémoire de moi*». Le pain de l'autel et le vin de l'autel deviennent le corps et le sang de Jésus-Christ, c'est la présence réelle. Cela est le dogme, la vérité. Quant à la question de savoir si les espèces changent dans leur substance l'Eglise arménienne ne se prononcera pas à ce sujet tant qu'un concile oecuménique n'en aura pas décidé. D'ailleurs saint Ignace d'Antioche, saint Irénée, saint Cyprien, saint Hilaire, saint Ambroise tiennent pour la présence réelle en corps et en esprit sans parler de transsubstantiation. A l'offertoire l'officiant prononce la prière de saint Jean Chrysostome dans laquelle il est dit: «*Celui qui mange ma chair et boit mon sang demeure en moi et je demeure en lui*».

Rappelons cette prière: «*Mon Seigneur et mon Dieu, je te remercie, je t'exalte et te glorifie, car aujourd'hui, moi qui en étais indigne, tu m'as rendu digne de prendre part au divin et terrible mystère de ton corps immaculé et de ton sang précieux. Ils intercèdent pour moi maintenant. Je t'en prie garde-moi dans ta sainteté chaque jour et à chaque heure de ma vie pour que, me rappelant ta bonté, je vive avec toi qui as souffert, qui es mort et ressuscité pour nous. Mon Seigneur et mon Dieu, quand mon âme sera scellée de ton précieux sang éloigne de moi le destructeur. Toi le tout-puissant, l'unique sans péché, par ton saint Corps et ton saint Sang, débarrasse-moi de mes actions inutiles. Fortifie ma vie, ô Seigneur, contre toute tentation, et éloigne de moi mon adversaire, car j'ai honte et suis déconcerté chaque fois qu'il m'attaque. Fortifie chacun des actes de mon esprit et de ma langue et chaque mouvement de mon corps. Sois toujours avec moi selon ta fidèle promesse:* «**Celui qui mange ma chair et boit mon sang demeure en moi et je demeure en lui**». *Tu l'as dit, Dieu d'amour. Fais respecter les mots de tes divins commandements irrévocables. Car tu es un Dieu de pitié, de compassion, d'amour et le dispensateur de tous les bienfaits. Tu es digne* de gloire, en union avec le Père et le Saint-Esprit, maintenant et toujours et d'éternité en éternité. Amen»[596].

Au moment de la consécration l'officiant dit par trois fois: «*De ce pain bénit tu feras véritablement le corps de Notre-Seigneur et Sauveur Jésus-Christ*». Puis par trois fois: «*Et de ce calice bénit tu feras réellement le sang de Notre-Seigneur et Sauveur Jésus-Christ*». Enfin, recouvrant le calice avec la patène, il dit par trois fois: «*De ce pain et de ce vin bénits tu feras véritablement le corps et le sang de Notre-Seigneur et Sauveur Jésus-Christ grâce à la transformation opérée par ton Esprit Saint*».

* **L'Immaculée-Conception:** Nous avons déjà vu qu'elle était admise comme doctrine et non comme dogme toujours pour les mêmes raisons. La position de l'Eglise arménienne en matière de dogmes et de doctrines lui permet de s'adresser à ses ouailles avec mansuétude. Pour elle l'Eglise universelle est constituée par toutes les Eglises réunies autour des éléments essentiels du christianisme. Aussi ne trouve-t-elle rien à redire au fait qu'un de ses fidèles rejoigne une autre Eglise. Il suffit que celle-ci admette les dogmes édictés par les trois premiers conciles oecuméniques, et universellement acceptés. Ce qui a favorisé le prosélytisme parmi ses membres d'autres chrétiens moins scrupuleux.

L'excommunication n'existe pas dans l'Eglise arménienne.

En ce qui concerne les péripéties de la vie elle tente d'éviter attitude rigide et sentence hâtive. Prenons deux cas, le divorce et l'avortement.

~ *Le divorce*: Jésus-Christ, confirmant la loi mosaïque, a condamné le divorce. L'Eglise arménienne se plie à cette volonté.

«*Si quelqu'un répudie sa femme - sauf en cas d'union illégale - et en épouse une autre, il est adultère*»[597].

L'union illégale peut signifier quelque chose de honteux.

«*Lorsqu'un homme aura pris et épousé une femme qui viendrait à ne pas trouver grâce à ses yeux, parce qu'il a découvert en elle quelque chose de honteux, il écrira pour elle une lettre de divorce, et, après la lui avoir remise en main, il la renverra de sa maison. Elle sortira de chez lui, s'en ira, et pourra devenir la femme d'un autre homme*»[598].

L'union illégale ce peut être l'adultère, mais aussi les incompatibilités entre époux, les conduites sexuelles avilissantes ou imposées, la brutalité

---

[596] D'après la traduction de la Faculté St Nersès, séminaire arménien, New-Rochelle, New-York, 1998; texte fourni par le T. R. P. J. TASHJIAN.
[597] Evangile de Matthieu, **19**, 9.
[598] Deutéronome, **24**, 1-2.

cause d'invalidité avec risque de mort, en un mot quelque chose de honteux. Une fois ces raisons élucidées, l'Eglise ne condamne pas le divorce et donne même une seconde fois le sacrement du mariage. La loi mosaïque ne permet pas à la femme de demander elle aussi le divorce, dimension à prendre en compte aujourd'hui. Les conditions imposées aux couples par la société moderne, leur méconnaissance de l'importance du sacrement favorisent les séparations souvent inconsidérées. Si les exigences de la vie actuelle ont conduit les époux à divorcer l'Eglise doit-elle les rejeter ? Surtout s'ils viennent à elle pour demander une consolation et y trouver une espérance. C'est alors le moment de reprendre leur éducation religieuse et de renouveler les séances de préparation au mariage, voire de catéchisme. La hiérarchie laisse toute latitude à l'évêque pour résoudre chaque cas dans le secret de sa conscience et le respect de la foi.

~ *L'avortement*: En cette matière l'Eglise arménienne se refuse à prononcer des exhortations définitives. Elle dispense à ses fidèles toutes les informations relatives au respect de la vie. Nulle femme ne décide un avortement de gaieté de coeur. Les raisons peuvent paraître impératives sur le moment alors que plus tard elles n'auraient, sans doute, pas eu lieu d'être. L'Eglise, les considérant comme des adultes responsables, place le débat entre leur conscience et Dieu. La conscience du couple, et non seulement celle de la femme. L'Eglise doit exercer son autorité morale en attirant leur attention sur le fait, en ordonnant ce qui est utile mais aussi en les soulageant. Elle n'est pas là pour augmenter le désarroi de leurs âmes par une condamnation sans appel mais pour intercéder auprès du Père, du Fils et du Saint-Esprit pour en obtenir le pardon de leurs faiblesses, pour aider à les surmonter et ne pas succomber à nouveau au péché. Ce faisant elle ne favorise pas les erreurs ni ne les accepte, elle ne fait pas preuve de permissivité. Elle doit sans relâche remettre ses ouailles dans le droit chemin. Ce n'est ni par la dureté ni par le rejet ni par les jugements sans appel qu'elle les sauvera mais par la charité, la douce sévérité maternelle et par la diffusion du message du Sauveur.

La question disciplinaire du célibat dans le sacerdoce, manifestation de la Divinité du Fils de Dieu à travers sa Nativité

D'où l'importance de l'organisation sacerdotale et la question du célibat. Les catholicos surent ne pas brusquer le cours des événements. On a fort peu d'informations sur le célibat du clergé à l'époque apostolique. On ignore si les évêques qui succédèrent à saint Thaddée et saint Barthélémy étaient mariés ou non.

A partir de la proclamation du christianisme comme religion d'Etat on a davantage de renseignements. On sait que le premier patriarche de l'Eglise institutionnalisée, onzième successeur des apôtres, saint Grégoire l'Illuminateur était marié.

Face aux pouvoirs temporels que lui imposèrent les circonstances le clergé arménien resta farouchement attaché à son indépendance souvent jusqu'au martyre. Elle garantissait la fidélité à l'enseignement de J.-C. avec ses valeurs de bonté, de charité, de pardon, mais aussi de fermeté devant les péchés et de condamnation des vices. Chaque clerc se devait d'être un exemple de foi. L'homme étant ce qu'il est, ce ne fut pas le cas de tous. La majorité des prélats, cependant, sut maintenir la bonne orientation par l'action et le verbe. Saint Grégoire lui-même avait un penchant pour le célibat puisqu'il préféra choisir en premier son fils cadet saint Aristakès parce qu'il était célibataire. L'aîné, saint Vrtanès marié, ne montera sur le Siège patriarcal qu'à la suite de son frère; il nommera à son tour son fils Krikoris, âgé de seize ans, catholicos des Ibériens et des Aghouans parce qu'il vivait dans le célibat. Bien que les circonstances et les coutumes des prêtres païens, qu'on avait convertis, aient nécessité le maintien de l'hérédité sacerdotale, les catholicos et l'immense majorité des évêques vécurent loin de leurs femmes, dans la continence dès leur consécration. Les épouses entrant alors dans la vie monastique de leur plein gré.

Le premier qui marqua ouvertement son goût pour le célibat fut saint Nersès 1°, arrière-arrière-petit-fils de saint Grégoire l'Illuminateur. Pour y parvenir il créa et organisa le monachisme et l'érémitisme. Il aurait aimé aussi que le clergé séculier suivît les paroles du Seigneur.

«*Tous ne comprennent pas ce langage, mais seulement ceux à qui c'est donné. En effet il y a des eunuques qui sont nés ainsi du sein maternel; il y a des eunuques qui ont été rendus tels par les hommes; et il y a ceux qui se sont eux-mêmes rendus eunuques à cause du Royaume des cieux. Comprenne qui peut comprendre*»[599].

Mais saint Nersès avait pris la mesure des faiblesses humaines sachant que peu sont capables de vivre dans la continence totale.

«*Il est bon pour l'homme de s'abstenir de la femme. Toutefois pour éviter tout dérèglement que chaque homme ait sa femme et chaque femme son mari*»[600].

Et plus loin: «*Ne vous refusez pas l'un à l'autre, sauf d'un commun accord et temporairement, afin de vous consacrer à la prière; puis*

---

[599] Evangile de Matthieu, **19**, 11-12.

[600] Saint Paul, *1 Co.*, **7**, 1-2.

retournez ensemble, de peur que votre incapacité à vous maîtriser ne donne à Satan l'occasion de vous tenter»[601].
Saint Paul nous enseigne que célibataires et mariés ont chacun leur charisme. Se conformant à ce point de vue Nersès 1° laissa diacres et prêtres séculiers vivre dans le mariage. Se trouvant dans le monde ils pouvaient ainsi échapper aux tentations.
«*Dieu ne s'occupe pas de savoir si l'on est marié ou moine, mais il ne voit que le coeur et donne l'Esprit Saint à qui veut le servir*»[602].
Au V° siècle Agathange et d'autres nous disent que le sacerdoce est d'institution divine; que le ministère sacerdotal sert d'intermédiaire entre Dieu et les hommes. Il est communiqué par l'Esprit Saint au moment de l'ordination. Il permet à celui qui en est investi d'approcher l'autel et d'y offrir, en sacrifice de Rédemption, le corps et le sang de Jésus-Christ. De ce fait le prêtre doit se détacher des biens de ce monde. Cette approche de l'absolu, ce travail intérieur favorisés par la prière, la dévotion, l'eucharistie se font mieux à l'écart de la société, dans un couvent, un cloître, un ermitage. Afin d'élever leurs âmes et leurs esprits les moines doivent, par les macérations, imposer silence aux pulsions de leurs corps. C'est pour cette raison que l'Eglise arménienne choisit ses prélats dans les ordres monastiques. Afin d'avoir des évêques saints et dignes.
Le fils de saint Nersès 1°, saint Sahac 1° resté veuf, se conforma au désir de son père en matière de célibat. Au sein du palais patriarcal il continua à vivre dans des conditions aussi dures que dans sa cellule de moine.
Les Perses, qui voulaient toujours imposer le mazdéisme à l'Arménie, tentèrent d'empêcher cette évolution. Ayant emmené Sahac en captivité ils installèrent, à sa place, des anticatholicos dépravés. L'un d'eux le Syrien Birkischo (*ou Perkicho*) y vécut entouré d'hommes et de femmes.
«*Ils ne vivaient pas selon les saintes et pures constitutions, établies dans toutes les Eglises et prescrites par saint Grégoire. Aussi, les saints prêtres, surtout ceux qui avaient reçu l'ordination sacrée de la main apostolique du patriarche Sahag ... déposèrent ignominieusement Perkicho du pontificat arménien*»[603].
Le gouverneur perse fustigeait les évêques arméniens qui ne mangeaient jamais de viande, donnaient leurs biens aux nécessiteux, vivaient dans la pauvreté, la chasteté et la charité comme dans leurs monastères. Lazare de Pharbe nous rapporte les argumentations des mazdéens: «*Vos supérieurs ecclésiastiques (Aradschnort) conviennent qu'il est permis de*

---

[601] Saint Paul, *I Co.*, 7,5.
[602] Saint Macaire; in P. Pierrard, p. 153.
[603] Lazare de Pharbe, n. 15; in F. Tournebize, p. 611.

prendre une femme; et, quant à eux, ils ne veulent même pas les regarder ... Si vous les écoutez, continuent-ils, vous ne vous approcherez plus des femmes, et la fin du monde arrivera bientôt»[604].
Les successeurs directs de Sahac 1° seront célibataires. Son vicaire, saint Mesrob Machtots, qui n'eut pas le temps d'être consacré, saint Hovsep 1° (*Joseph*), Melité 1°, Movses 1° (*Moïse*), saint Kud 1°, saint Hovhannes 1° (*Jean*) Mantagouni, ... tous savants théologiens. Leurs homélies, leurs écrits témoignent de leur science, de leur foi fervente, de leur éloquence, de l'austérité de leurs vies. Partout où le christianisme avait besoin d'être consolidé, partout où les fauteurs d'hérésies, les sectaires, tentaient de détourner les fidèles de l'enseignement de l'Eglise ils se dressaient courageusement face aux corrupteurs.
Le catholicos Hovhannes 1°, né en 420, élu en 478, décédé en 490, fixa les règles du mariage et arrêta la question disciplinaire du célibat. Il développa aussi les textes liturgiques, notamment le livre des heures (*Jamaqirq*), le lectionnaire, l'hymnaire. Il officialisa la date du 6 Janvier pour la célébration de la Theophanie.
Avant le IV° siècle les chrétiens ne fêtaient que le jour du Seigneur et la Pâque. A partir du IV° siècle on commença à célébrer la Nativité ou plutôt l'Epiphanie (*Manifestation de Dieu sur terre*) dont la date fut fixée, par saint Grégoire de Nazianze, au 6 Janvier du calendrier julien en Orient, afin de la faire coïncider avec la croissance de la lumière.
«*Le solstice vient le jour même où la vie divine se manifeste (épiphanie) aux hommes: tu vois grandir la lumière; dis-toi que la parousie de la vraie lumière illumine le monde entier des rayons de la bonne nouvelle*»[605].
L'Eglise arménienne a maintenu cette tradition. Elle n'a jamais séparé la naissance de Jésus-Christ de l'Epiphanie. Dans la nuit du 5 au 6 Janvier elle commence à fêter la Nativité, et le lendemain matin, 6 Janvier, elle poursuit les cérémonies célébrant la Nativité et la Manifestation de la Divinité du Seigneur à travers sa Naissance. Ce même jour, à la fin de la messe, l'officiant procède à la bénédiction de l'eau pour rappeler le baptême du Seigneur dans le Jourdain.
«*Dans le premier groupe se place d'abord la fête de la Théophanie, où se synthétisent tous les mystères qui précédèrent la vie évangélique du Christ. On réunit ainsi en une seule solennité l'Annonciation, la Noël, l'adoration des mages, le baptême et les révélations du Jourdain. C'est dans cet esprit que la Théophanie était jadis célébrée par les églises*

---

[604] L. de Pharbe, n. 15; Langlois, 272 b, n. 15, p. 80-82 du texte arménien, Elisée, Ch. II; Langlois, 191 b; t. arm., p. 21; in F. Tournebize, p. 611-612.
[605] Saint Grégoire de Nazianze, P. G., 46, 1129; in Michel MESLIN, Dict. des Rel., p. 1202.

primitives; et ce ne fut que plus tard que les églises syrienne, latine et grecque firent de la Théophanie deux fêtes distinctes, la Noël et l'Epiphanie. Mais l'église arménienne a gardé intacte la tradition. La Théophanie y est célébrée le 6 Janvier, en y comprenant la veille, le 5, et l'octave jusqu'au 13»[606].

Les hymnes chantées à cette occasion sont très anciennes. La plus récente est de saint Grégoire de Narègue, et date du X° siècle.

Clergé régulier et clergé séculier, projection dans le troisième millénaire

Depuis saint Jean 1° Mantagouni ces traditions se sont maintenues. L'organisation du clergé a peu évolué. En ce qui concerne le clergé régulier le nombre de communautés religieuses s'est considérablement réduit à la suite des malheurs sans nombre s'abattant sur l'Arménie. Aujourd'hui le clergé régulier est formé principalement dans trois monastères qui ont conservé de l'époque ancienne leur double vocation de spiritualité et d'enseignement. Les élèves peuvent y recevoir l'instruction puis quitter l'établissement pour une vie laïque. Ils peuvent aussi, si leur vocation s'est éveillée, entrer dans les ordres. Ces trois hauts lieux sont:

Edchmiadzin en Arménie: Siège du patriarche suprême et catholicos de tous les Arméniens;

Antelias au Liban: Siège du patriarche particulier et catholicos de la Grande Maison de Cilicie;

Congrégation Saint-Jacques à Jérusalem: Siège du patriarche apostolique de Jérusalem.

Quant au quatrième: **le patriarcat de Constantinople à Istanbul,** qui fut un des phares de la vie religieuse arménienne, il lui est pratiquement interdit par les autorités de former le moindre ecclésiastique.

Après le génocide de 1915 le temps des anachorètes et des moines contemplatifs a été à peu près révolu en Arménie. Pour s'offrir ce luxe un pays doit être riche, vivre en paix, ou pouvoir s'assurer un certain périmètre de sécurité.

Le dernier lambeau de la peau de chagrin qui est l'Arménie d'aujourd'hui ne s'est pas encore remis du terrible séisme du 7 Décembre 1988, et s'avère incapable de nourrir ses enfants. Les quelques monastères à peu près restaurés, grâce à la ténacité de feu le catholicos Vazken 1° en plein

---

[606] M. Ormanian, p. 140.

régime soviétique, ne disposent d'aucun moyen matériel pour héberger le moindre moine ou le plus petit séminariste. Les communautés existantes préparent le clergé aux fonctions sacerdotales afin d'envoyer des pasteurs aux paroisses dispersées dans le monde entier.

D'une façon générale les ordres mineurs sont conférés aux séminaristes célibataires dans les couvents et aux laïques dans les églises paroissiales. Rappelons-en la gradation sans entrer dans les détails.

Avant d'être admis dans les ordres le candidat doit obtenir le rang de **clerc** en recevant la tonsure des mains de l'évêque. Puis viennent: 1° ordre: **portier**, 2° ordre: **lecteur**, 3° ordre: **exorciste**, 4° ordre: **acolyte**. Jusque là l'ordinand peut prendre épouse. S'il était séminariste dans un monastère il le quittera, s'il se marie, et pourra exercer dans une église paroissiale. Dès l'accession au 5° ordre: **sous-diaconat** il conservera son statut antérieur d'homme marié, célibataire ou veuf. Le 6° ordre est celui de **diacre**. L'**archidiaconat** est une distinction. Le diaconat est considéré comme un ordre-jonction entre les ordres mineurs et majeurs.

Dans les églises paroissiales le curé est choisi parmi les diacres mariés et il est ordonné par l'évêque. Quels que soient son âge et son ancienneté le prêtre marié doit céder le pas à tout membre du clergé célibataire, fut-il jeune abbé.

Le haut clergé est issu des monastères. Chaque congrégation est indépendante et se soumet sans contrainte aux prescriptions de règles monastiques. Chasteté, obéissance et pauvreté sont acceptées librement sans prononcer de voeux. Ayant reçu les ordres mineurs le jeune séminariste doit prendre la décision de poursuivre dans la voie ecclésiastique. S'il la prend, et s'il en est reconnu digne par la hiérarchie de sa communauté, il est ordonné diacre puis prêtre: il est abbé (*apegha*). S'il obtient une licence en théologie il devient archimandrite (*vartabed*). Avec un thèse de doctorat en théologie il est nommé archimandrite suprême (*dzayrakoyn vartabed*). Les candidats à l'épiscopat sont choisis par leurs congrégations parmi les vartabeds. Elles les désignent à l'ordination par le catholicos. Tous les archimandrites ne seront pas évêques, mais tous les évêques ont été archimandrites.

De nos jours la majorité des diacres dans les églises paroissiales préfère accomplir sa fonction tout en vivant de son travail ou de son métier plutôt que de postuler pour la prêtrise. Cette carence d'hommes mariés a conduit la hiérarchie à confier des paroisses à des archimandrites. Ce sont la plupart du temps des jeunes hommes que la vie en communauté n'a pas préparés à l'immersion brutale dans la pernicieuse société actuelle déchristianisée et athée. La pauvreté est facile à respecter dans des églises souvent désertes; mais les tentations fragilisent l'engagement de chasteté. Livré à lui-même l'ingénu vartabed aura bien du mérite à résister aux attraits sataniques du monde qui l'entoure. Il était destiné à vivre à l'abri des murs de son cloître pour en sortir au moment où l'âge mûr lui aurait ouvert la responsabilité d'un diocèse. Le voilà projeté dans une société de toutes sortes de consommations. Cette réduction à l'état de curé de paroisse peut l'éloigner d'une promotion épiscopale éventuelle sous peine de laisser ses ouailles à l'abandon. Il aura à prier beaucoup et ardemment.

Les diacres mariés ne marquent pas de préférence pour la prêtrise, les promotions étant limitées pour le clergé séculier. Elles sont au nombre de trois, distillées tout au long de leur vie, et tous n'en bénéficieront pas.

La première, est le droit de porter une **croix pectorale**. La seconde celui de recouvrir leurs épaules, durant les mâtines, les offices et les cérémonies en dehors de la messe, d'un **pluviale orné de fleurs peintes ou brodées** au lieu du pluviale noir ordinaire. La troisième, enfin, leur permet d'accéder au rang **d'archiprêtre**.

Quels que soient leur grade universitaire, leur capacité intellectuelle, ou leur formation théologique ils n'entreverront pas la moindre possibilité d'accession à l'épiscopat. Avoir une épouse les maintient dans une sorte de clergé subalterne. La vocation ne touche pas les hommes mariés qui auraient une solide instruction générale ou des diplômes importants. Dès lors se crée un fossé entre les clercs célibataires et les curés de paroisse. Il y a près d'un siècle déjà le patriarche de Constantinople, Malachia Ormanian, avait constaté cette carence. Il donnait le moyen de rapprocher les deux catégories ecclésiastiques avec une vision d'avant-garde alliant célibat et mariage d'autant que la limite entre les deux états fluctua tout au long de l'Histoire de l'Eglise arménienne:

«*A l'examiner dans son essence, l'épiscopat n'est que la plénitude du sacerdoce, voué au service des âmes, et c'est là précisément la définition des devoirs qui incombent au clergé marié. Jadis les évêques se recrutaient parmi les archi-prêtres, qui, alors, prenaient le titre de kahanaïapet, c'est-à-dire chef des prêtres du diocèse, de même que l'avaguéretz (grand-prêtre ou archiprêtre) était le chef des prêtres d'une église donnée. Rien donc n'empêche que l'usage actuel, si répandu qu'il soit, ne puisse être remplacé par les moeurs de l'église primitive, et qu'on n'ouvre au clergé marié l'accès des hautes dignité ecclésiastique*»[607].

---

[607] M. Ormanian, p. 108.

Nul n'a d'amour plus grand que celui qui se dessaisit de sa vie pour ceux qu'il aime. (Saint Jean; **15**, 13)

CHAPITRE IX

Résistance au mazdéisme

Vassac prince de Siounie marzpan, avènement de Yezdiguerd II

Avec le décès de saint Sahac le Grand s'éteignit la lignée mâle de saint Grégoire l'Illuminateur. Jusqu'alors les Bartev avaient représenté, par la volonté populaire, une famille de saints patriarches de 301 à 439. Elle avait été l'égale de la dynastie arsacide, la soutenant et l'aidant à conserver le trône grâce à la valeur et au courage des catholicos.

La fille unique de saint Sahac, Sahacanouche, avait épousé Hamazasp Mamikonian. Ils eurent trois fils, Vartan, Hmayac et Hamazasp, porteurs des vertus chrétiennes de la branche maternelle ainsi que de la bravoure et de l'habileté dans les combats des Mamikonian. Ils seront la synthèse des qualités religieuse et nationale des Arméniens.

L'Arménie était séparée en deux mais l'oeuvre de saint Sahac et de saint Mesrob Machtots avait sauvegardé l'unité de langue, d'écriture, de religion, de liturgie, de civilisation.

Les Sassanides ne voyaient pas d'un bon oeil la communion entre les Eglises arménienne et byzantine; ils auraient préféré orienter les Arméniens davantage vers l'Eglise syriaque. Celle-ci n'ayant pas la possibilité, comme sa soeur arménienne, de s'appuyer sur une nation guerrière pouvait difficilement se dégager de l'emprise du roi des rois. Au lendemain du concile d'Ephèse, Vahram V avait même donné l'hospitalité aux nestoriens. Afin de semer l'hérésie chez les Syriens, il interdit au patriarche d'Antioche de s'y opposer.

Tant que Vahram V régna en Perse les Arméniens ne furent pas inquiétés dans leur pratique religieuse. Intelligent et diplomate le roi des rois voulait conduire en douceur les Arméniens à adopter le mazdéisme. Il fut très bien secondé par son marzpan, Vehmihrchahpouhr, qui tenta de placer l'Eglise arménienne dans l'orbite syriaque; tentative vouée à l'échec eu égard au mauvais choix d'antipatriarches syriens dépravés qu'il installa à la tête de l'Eglise arménienne.

En 440, sur la recommandation que saint Mesrob Machtots leur fit sur son lit de mort, les évêques choisirent Hovsep 1° (*Joseph 1°*) de Hoghotsim comme catholicos[608]. Hovsep avait été disciple de saint Mesrob. Avec Eznic, Gorioun et Ghevond il avait été envoyé à Byzance. Ils en avaient rapporté les décrets de Nicée et d'Ephèse[609]. L'anticatholicos Sourmac, créature des Perses, dirigeait toujours l'Eglise arménienne. Ce n'est qu'à sa mort, en 444, que Joseph 1° de Hoghotsim sera accepté comme catholicos par les Sassanides[610]. C'est à Vassac prince de Siounie que nous devons cette reconnaissance. La principauté de Siounie avait été définitivement christianisée par saint Mesrob et ses disciples grâce à l'aide de Vassac de Siounie qui avait aussi recommandé le lettré Benjamin à saint Mesrob pour l'invention de l'alphabet aghouan. C'est pourquoi, à l'époque, Vassac Siouni (*ou Suni*) jouissait de l'estime et de la considération de tous ses compatriotes[611].

Cherchant à gagner les bonnes grâces des Arméniens le souverain perse décida de nommer un marzpan arménien. Le plus important danouder était Vartan Mamikonian mais ses possessions s'étendaient de part et d'autre de la ligne de démarcation, et il avait été nommé général par Théodose II. Il aurait échappé, à un moment ou à un autre, à l'autorité perse. Vassac, prince de Siounie, sut faire valoir, auprès de la cour de Ctesiphon, la bonne opinion que le peuple avait de lui. Arguant du fait que la Siounie était une province-tampon entre l'Iran et le Vaspouragan il se fit nommer marzpan. Ce fut un acte primordial pour le Sassanide qui devait à tout prix être sûr de son vice-roi arménien[612]. Si le choix eut lieu en 438 on peut l'attribuer à Vahram V; s'il se fit en 442 ce fut à l'initiative de son successeur Yezdiguerd II[613].

Au décès de Sourmac, Vassac Suni fit ressortir auprès de Yezdiguerd II l'intérêt pour la paix civile de valider l'élection de Hovsep 1° à la tête de l'Eglise. Le marzpan s'attachait, par cet acte qu'il sut faire apprécier par le clergé, la nation et les prélats. Prince souverain héréditaire de Siounie, il n'avait qu'un dessein: rétablir la monarchie à son profit[614]. Il est vrai

---

[608] Moïse de Khorène, III, 67; Lazare de Pharbe, XVIII; Elisée Vartabed, VIII, p. 242; in R. Grousset, p. 188; F. Tournebize, p, 512.
[609] F. Tournebize, p. 506.
[610] R. Grousset, p. 188.
[611] Kévork ASLAN; in R. Grousset, p. 188.
[612] R. Grousset, p. 188.
[613] R. Grousset, p. 188, fixe la date à 438; F. Tournebize, p. 515, la place en 442.
[614] Père Paylaguian, p. 57.

qu'il descendait de la reine Parantzem. Sa filiation le destinait à prendre la relève de la dynastie arsacide d'Arménie.
En 439, à la mort de Vahram V, son fils Yezdiguerd II accède au pouvoir. Il dirigera l'Empire sassanide de 439 à 457[615]. Il n'aura de cesse que d'imposer le mazdéisme à l'Arménie, à l'Ibérie et à l'Aghouanie. Contrairement à son père, qui savait temporiser pour arriver à ses fins, Yezdiguerd II se montrera violent.

Héroïsme de Vartan Mamikonian, l'édit de 449

Mazdéen fanatique Yezdiguerd II (*ou Yazdgard, Yezdedjard, Yezdeguert, Iazguerd, Hazguerd, selon les auteurs ou les orthographes régionales*), imbu de sa personne, conscient de sa puissance, ne s'embarrassait pas de détours. Il décida d'en finir avec le christianisme en Arménie.
«*Ajoutez à cela qu'il réunissait un bizarre alliage de droiture et de fausseté, de violence et de mysticisme ignorant et superstitieux, dont on vit plus d'un exemple chez les plus terribles persécuteurs*»[616].
Cet attachement à un paganisme intolérant venait à point nommé servir des desseins politiques et des dispositions vénales parmi les conseillers du roi des rois. Les mages mazdéens guignaient sur les richesses de l'Eglise arménienne. Le ministre et général du monarque, Mihr-Nerseh, aussi fanatique que lui, le poussait à imposer la religion du soleil et du feu à l'Arménie. Il avait été battu par les armées de Théodose II en 421. Il rêvait de prendre sa revanche sur les Arméniens qui avaient aidé les Byzantins à triompher des Perses. Il était Grand Commandeur de l'Iran et de l'Aniran ce qui se dit en iranien: «*Vuzurg framâdhar*» et en arménien: «*Vzurg hramanadar*»[617]. Il démontrait à son souverain que si les Arméniens adoptaient le mazdéisme les Ibères et les Aghouans se soumettraient à la loi des Arya[618].
Un autre personnage gravitait dans l'orbite de Yezdiguerd II, Varazvahan. Aristocrate de Siounie il avait épousé la fille de Vassac. Individu sans foi ni loi il battait sa femme, et se signalait par sa brutalité; au point que son beau-père avait décidé de le faire exécuter. Varazvahan

---

[615] R. Grousset, p. 189.
[616] F. Tournebize, p. 513-514.
[617] Hübschmann, *Armenische Grammatik*, I, p. 182-183; Christensen, p. 108, 273; in R. Grousset, p. 189; F. Tournebize, p. 514.
[618] Lazare de Pharbe, XIX; in R. Grousset, p. 190. Iran vient du mot Arya (*le pays des Aryens*).

s'enfuit à Ctesiphon où il se lia d'amitié avec Mihr-Nerseh. Il abjura le christianisme et devint mazdéen sectaire et inconditionnel. Il ambitionnait de succéder à Vassac Siouni dans la vice-royauté avant de se faire couronner roi d'Arménie. Il poussait Mihr-Nerseh à entraîner Yezdiguerd II dans une sanglante répression de l'Arménie.

En Arménie certains nakhararq, plus attachés à leurs titres et privilèges qu'à l'Eglise, étaient tout prêts à suivre les traces de Vassac Suni pourvu que cela leur rapportât davantage de prébendes. Le catholicos Hovsep 1°, son clergé, le peuple, Vartan Mamikonian et les seigneurs parents ou alliés restaient fermement attachés à la foi chrétienne. Le marzpan se trouvait tiraillé entre sa fidélité toute relative au trône sassanide et le change qu'il voulait donner au patriarche et aux prélats.

Avant de contraindre les Arméniens à accepter la religion du soleil et du feu, Yezdiguerd II voulut éprouver les capacités de résistance ou les velléités guerrières de l'Empire byzantin. Il dénonça le traité que le chef de la milice d'Orient, Anatole, avait négocié avec Vahram V et il occupa Nisibe en Mésopotamie arménienne. Il narguait Théodose II. Au lieu de reprendre la ville par les armes l'empereur de Constantinople préféra, en 441, la racheter au roi des rois. Il s'engagea de plus à démanteler ses propres places fortes aux frontières[619]. Assuré que Théodose II ne se mêlerait plus de ses affaires, Yezdiguerd II décida d'éloigner les contingents arméniens qui formaient l'élite de l'armée perse. En 445 il les envoya guerroyer au Caucase, au Turkestan et en Afghanistan.

Les Huns avaient conquis les possessions des Kouchans (*Scythes indiens*). Les Huns Kidarites, les Tchols et les Huns Hephtalites écumaient ces contrées[620]. Les Arméniens les écrasèrent. Au lieu de les remercier Yezdiguerd II attribua ses victoires à ses dieux, au feu, au soleil, etc... Il était très mécontent de la présence de prêtres, d'aumôniers se déplaçant avec les troupes arméniennes, et célébrant ouvertement la messe dans le camp iranien. Il réunit un jour ses officiers pour leur déclarer son aversion des chrétiens. Il tourna en dérision le dogme de la Résurrection, émit des avis fallacieux sur la christologie. Un jeune aristocrate arménien de son état-major, Karékine, réfuta toutes ses assertions. Il conclut, rapporte Elisée Vartabed: «*Si, du moins, les souffrances du Christ te semblent croyables, crois davantage à sa seconde et redoutable apparition*».

---

[619] Théodoret, V, 37; Migne, t. LXXXII, 1275; in F. Tournebize, p. 514.
[620] R. Grousset, p. 190; F. Tournebize, p. 514.

Yezdiguerd le fit dégrader séance tenante, martyriser et exécuter[621].
Les seigneurs présents n'eurent pas tous le courage de Karékine. Certains abjurèrent en faveur du mazdéisme et obtinrent en échange biens et honneurs. Ceux qui refusèrent d'apostasier furent dégradés, enfermés dans des forteresses ou envoyés à la mort aux frontières dans les postes les plus périlleux. Vartan Mamikonian, qui guerroyait entre l'Afghanistan et le Turkestan, se couvrit de gloire à Merv. Yezdiguerd II dut se résigner à le féliciter[622].

«*Vardan Mamikonian, petit-fils par sa mère du patriarche Sahak, était l'un des seigneurs les plus puissants de l'Arménie, et à son autorité sur la nation s'ajoutaient encore l'estime et la confiance que le peuple avait en lui. Commandant des contingents nationaux, élevé à la dignité de stratélat par l'empereur Théodose II, il jouissait d'un grand crédit aussi bien à la cour de Perse qu'à celle de Constantinople*»[623].

Durant ses campagnes Vartan Mamikonian tissa des liens avec les Huns Kidarites et les Huns Tetraxites qu'il combattait. Les vrais guerriers savent s'apprécier mutuellement.

Malgré tout le mal que Varazvahan disait de son beau-père, Yezdiguerd laissa à Vassac de Siounie sa fonction de vice-roi. Cependant il n'aimait pas le lieutenant-général du royaume, Vahan Amadouni, un chrétien pieux, vénéré comme un père par les Arméniens. Il le destitua et le remplaça par le Perse Meschkan. Il doubla les impôts de l'Arménie, écrasa les églises et les monastères sous des redevances nouvelles inconnues jusqu'alors du clergé[624]. Les taxes extorquées à l'Eglise arménienne firent la fortune des mages mazdéens, caste puissante dont le roi des rois avait besoin du soutien. Les scissions s'installèrent dans les familles des nakhararq ayant accepté le mazdéisme alors que leurs femmes, leurs enfants, leurs frères restés chrétiens le leur reprochaient. Ayant réussi à semer la discorde pour régner, Yezdiguerd II et son âme damnée Mihr-Nerseh crurent la partie gagnée. Mihr-Nerseh tenait le discours suivant à son souverain: «*Vous savez combien est grande et nécessaire la nation des Arméniens; leur frontières confinent aux possessions de l'empereur* (sous-entendu de Constantinople); *ils ont les mêmes usages et le même culte que lui, car l'empereur a du pouvoir sur eux. Si nous les familiarisons avec nos us et coutumes ... alors ils vous*

---

621 Elisée Vartabed, I, p. 186-187; in R. Grousset, p. 190; F. Tournebize, p. 514-515.

622 Elisée, II, p. 188-189; Lazare de Pharbe, XXXVIII, p. 302; in R. Grousset, p. 190.

623 J. de Morgan, p. 112.

624 F. Tournebize, p. 515.

aimeront ainsi que la nation des Arya, ils se détacheront de l'empereur et s'en éloigneront ouvertement. Après quoi ils s'uniront à l'unanimité et intimement à notre nation»[625].

On constate que le dessein politique forme la base du raisonnement de Mihr-Nerseh. L'importance de l'Arménie comme Etat-tampon, ses richesses font qu'elle ne doit pas échapper au monde des Arya. Sa religion, sa civilisation la rapprochent de Constantinople. Si l'Arménie se tournait entièrement vers le monde byzantin l'Iran serait très vulnérable. Il fallait que l'Arménie devînt mazdéenne. Arméniens et Iraniens étant cousins de race, l'obstacle de la religion étant levé rien ne s'opposerait plus à la fusion des deux peuples. Voilà un discours-type de politicien enrobant ses arguments à courte vue et à court terme dans de grands sentiments.

Yezdiguerd II décida de frapper un grand coup. En 449 il promulgua un édit imposant la religion du soleil et du feu à l'Arménie. Le décret était accompagné d'une lettre de Mihr-Nerseh exprimant son hostilité envers le christianisme qu'il contestait à l'aide d'arguments spécieux. Il y vantait la supériorité du mazdéisme. Renforçant l'oukase de son monarque il mettait les prélats arméniens en demeure de renoncer à leur foi. Les termes de ces textes étaient inacceptables. Surtout les injonctions du «*Hazarabed tran Ariats*»[626]: c'est ainsi que les Arméniens dénommaient Mihr-Nerseh.

A cette époque Eznic de Kolb avait rédigé sa «*Réfutation des sectes*» en quatre volumes. Ils traitaient du paganisme, du mazdéisme, de la philosophie grecque et du manichéisme[627]. Eznic faisait la différence entre la vraie foi et les attitudes sectaires. De ce fait le mazdéisme n'était pas acceptable pour les Arméniens.

Synode d'Achtichat, colère de Yezdiguerd II, il convoque les nakhararq et les met en demeure d'apostasier

Les seigneurs transmirent les documents au catholicos Hovsep 1°. Le patriarche réunit un synode à Achtichat. Y assistaient 17 évêques, de nombreux chorévêques, une grande foule de prêtres, 18 chefs des plus grandes familles féodales[628]. Le peuple se pressait dans les jardins et les

---

625 Lazare de Pharbe, p. 118, 121; in Père Paylaguian, p. 49.

626 «*Chiliarque de la porte des Arya*», un chiliarque est un officier commandant mille hommes; «*Hazarabed*» veut dire, en arménien, «*chef de mille*»; F. Tournebize, p. 515; R. Grousset, p. 189.

627 Venise, 1863; trad. all. de J.-M. Schmidt, Vienne, 1900; in F. Tournebize, p. 79.

628 F. Tournebize, p. 516.

couloirs de la vénérable demeure des Bartev où se tenait le concile. Parmi les nakhararq que cite Lazare de Pharbe nous pouvons relever: le vice-roi Vassac prince de Siounie, le sbarabed Vartan Mamikonian, Artac de Mog, Nerchabouh Ardzrouni, Chmavon Antsevatsi l'aïeul du futur saint Grégoire de Narègue, Kud Vahevouni, Manedj Abahouni, Aravan prince du Vanand, Archavir Archarouni, l'ex-lieutenant-général du royaume Vahan Amadouni descendant de la suivante qui convertit la soeur de Tiridate III au christianisme, Atom Gnouni, Varazchabouh Palouni, Hrarat Achotsi[629]. Les origines de toutes ces familles remontaient à la plus haute antiquité. Les plus récentes d'entre elles pouvaient exciper de plusieurs dizaines de quartiers de noblesse à l'heure où l'aristocratie européenne n'existait même pas.

Le saint patriarche, Joseph 1°, fit approuver par l'assemblée d'Achtichat, en réponse à l'édit du roi des rois, une lettre prenant la défense du christianisme. Elle fut sans doute rédigée, sinon entièrement du moins en grande partie, par Ghevond Eretz (*Léonce le Prêtre*).

«*De même qu'Aharon pour Moïse, Léonce était la langue et la bouche du catholicos Joseph, et son collaborateur inséparable. Bien qu'il fût simple curé de paroisse il était présent à Achtichat (en 449), et, par son éloquence énergique, il fit preuve d'une impressionnante autorité sur les nakhararq et les évêques*»[630].

La missive assurait le roi des rois de l'obéissance des Arméniens. Ils étaient prêts, comme ils venaient de le faire, à verser leur sang pour la Perse mais ils ne renonceraient jamais à leur religion révélée de Jésus-Christ. Reprenant point par point les attaques et les remarques blasphématoires de Mihr-Nerseh le synode d'Achtichat les réfutait une à une. La lettre apologétique expliquait au monarque iranien la supériorité de la Révélation sur les conduites païennes ridicules préconisées par la religion du soleil et du feu. Elle menaçait Yezdiguerd II et ses conseillers des feux de l'enfer, et concluait par cette forte affirmation: «*Le Christ est mort pour nous; nous, mourons pour lui*»[631].

L'instigateur de cette lettre apologétique, Léonce le Prêtre, avait été le condisciple du catholicos Hovsep 1°, de Gorioun Sqantchéli et de Eznic de Kolb. Ghevond Eretz était né dans le Vanand à Itchevan à la fin du IV° siècle. En compagnie de Gorioun il collabora avec l'évêque grec de

---

[629] Lazare de Pharbe, XXII; in R. Grousset, p. 191.

[630] Pasteur K. KHAYIGUIAN, *Trois Saints*, p. 12, Marseille, 1954; T. D. A..

[631] Elisée Vartabed, II; Langlois, p. 196; Lazare de Pharbe, n° 21 et suiv., p. 281 et suiv.; in F. Tournebize, p. 79 et 516.

Mélitène en Arménie occidentale. Puis Ghevond et Gorioun se rendirent à Constantinople pour y retrouver Eznic. Profondément érudit et versé dans la connaissance des langues de l'époque, Léonce contribua à la traduction des livres saints. Moïse de Khorène a dit de lui: «*Zélé et remarquable par son instruction, excellent en littérature hellénique, il était rompu à l'entreprise de traduction et d'écriture*»[632].

Ordonné prêtre séculier par le catholicos saint Sahac 1° en personne, il servit l'Eglise avec ferveur et abnégation. Ghevond Eretz, par son action, creusa un fossé définitif entre l'Arménie chrétienne et la Perse mazdéenne. Désormais, malgré tergiversations et trahisons diverses, l'Arménie devenait l'unique rempart du christianisme.

Qu'on juge de la surprise et de la colère de Yezdiguerd II devant la réponse du clergé et des seigneurs arméniens. Non seulement ils refusaient d'abjurer leur foi mais encore ils osaient le braver. Les mages de Ctesiphon, Mihr-Nerseh, Varazvahan aiguisèrent la fureur de leur souverain. Une telle audace prouvait que les Arméniens avaient sans doute reçu des assurances de la part de Théodose II.

Les mages convoitaient les richesses de l'Eglise arménienne. Mihr-Nerseh était plein de ressentiment et assoiffé de vengeance. Varazvahan espérait ainsi prendre la Siounie à son beau-père.

Le borgne Yezdiguerd II convoqua sur le champ les grands seigneurs arméniens avec leurs alliés et vassaux ibériens et albaniens[633]. Le marzpan Vassac de Siounie conduisait le groupe. Il se composait de Nerchabouh Ardzrouni, Artac Rechtouni, Gadecho Khorkhorouni, Vartan Mamikonian, Artac de Mog, Manedj Abahouni, Vahan Amadouni, Kud Vahevouni, Chmavon Antsevatsi[634]. Le prince géorgien Vazken, gendre de Vartan Mamikonian, était accompagné par le margrave (*bdeachkh*) du Gougarq, Achoucha, beau-frère de Vartan[635]. Le roi des Aghouans, Vatché, faisait aussi partie du groupe[636].

Habituellement quand les généraux ou seigneurs arméniens venaient à Ctesiphon un protocole solennel se déroulait selon l'étiquette de la cour sassanide. Un haut-fonctionnaire venait s'enquérir du bien-être des habitants de l'Arménie, de l'état du pays puis il passait les troupes en

---

632 K. Khayiguian, p. 11-12.
633 F. Tournebize, p. 516-517.
634 Elisée, p. 196; Lazare, XXV; E. Orbelian, *Siounie*, I, XVII, p. 37; in Grousset, p. 191-192.
635 F. Tournebize, p. 518 et 871.
636 *Vie des saints arméniens*, t. 2, p. 297; Brosset, *Histoire de la Géorgie, Additions*, III, p. 72-73, 74, n. 4; in R. Grousset, p. 192; F. Tournebize, p. 518-519.

revue, leur prodiguait des louanges pour leur comportement sur les champs de bataille. Le roi des rois, enfin, entouré de ses courtisans en tenue d'apparat apparaissait à la porte du palais. Il félicitait le danouder et ses hommes pour leur héroïsme, leur rappelait les faits d'armes de leurs ancêtres et se réjouissait qu'ils en fussent les dignes descendants[637].
Ce cérémonial était destiné à raffermir les liens entre l'Arménie et l'Iran. Cette fois les aristocrates arméniens ne reçurent point le même accueil. Nul satrape ne se présenta à eux.
Ils durent comparaître comme des prisonniers devant un Yezdiguerd II furieux se répandant en reproches véhéments. Les seigneurs lui opposèrent leur loyalisme. Les Arméniens rappelèrent le sang versé au service du trône sassanide. Ils soulignèrent la confiance et la reconnaissance que les prédécesseurs du roi des rois, notamment son père Vahram V, leur témoignaient. Ils énumérèrent les énormes tributs versés par l'Arménie et ses diocèses au trésor des Arya.
Yezdiguerd le Borgne leur rétorqua qu'il n'avait que faire de la bravoure et des impôts de sujets qui osaient le braver, lui souhaitaient de rôtir en enfer et refusaient d'adopter la seule vraie religion, la religion d'Etat de la Perse: le mazdéisme.
Il ajouta que les Arméniens blasphémaient à longueur de journée en méprisant les dieux. Ils tuaient le feu en l'éteignant. Ils souillaient l'eau en s'y baignant. Ils corrompaient la terre en y ensevelissant leurs morts au lieu de les laisser en pâture aux oiseaux du ciel.
Puis il s'en prit au clergé. Il n'admettait pas le célibat et la chasteté des prélats ni la monogamie qu'ils imposaient à leurs fidèles. Ils faisaient ainsi triompher Ahriman le principe mauvais.
Il termina sa longue diatribe par un serment au nom du soleil, le dieu suprême. Si les nakhararq ne se prosternaient pas le lendemain au lever de l'astre du jour en sa compagnie en proclamant dieu le soleil ils seraient suppliciés, enfermés dans des forteresses en plein désert. Beaucoup d'entre eux mourraient de la chaleur avant d'y arriver.
Puis il ravagerait l'Arménie, la livrerait à ses éléphants de combat et déporterait leurs femmes et leurs enfants en Susiane[638]. Vartan Mamikonian répondit: «*J'ai décidé dans mon coeur de me sacrifier désormais, s'il est possible, et de consacrer au seigneur des Arya et à son pays toute ma force et mon énergie, ma vie, mes biens, tout ce que je*

---

[637] Elisée Vartabed, p. 196-197; in R. Grousset, p. 192; F. Tournebize, p. 516.

[638] Elisée Vartabed, II, p. 198; in R. Grousset, p. 192. Elisée Vartabed, *Oeuvres complètes*, in-18, Venise, 1859; Lazare de Pharbe, *Histoire des Arméniens et Lettre*, in-32, Venise, 1892; trad. coll. Langlois; in F. Tournebize, p. 516-517.

possède dans ma maison. Mais changer de religion, en changer par crainte des hommes, je ne le puis!»[639].
Le roi des rois leur laissa un délai de réflexion, les chassa hors de sa vue et les fit enfermer sous bonne garde.

L'apostasie des Grands, l'insurrection

Les nakhararq sont réunis dans une des grandes salles du palais de Ctesiphon transformée en prison. Une scène dramatique s'y déroule à cause de l'ordre d'apostasier donné par le roi des rois. Descendant en droite ligne par sa mère de saint Grégoire l'Illuminateur, Vartan Mamikonian ne veut pas renoncer à sa foi. Il conjure ses compagnons d'accepter le martyre. La plupart d'entre eux s'apprêtent à aller jusqu'au sacrifice suprême. Alors s'élève la voix du marzpan. Il est prêt, lui, à embrasser le mazdéisme. Au tollé d'indignation que soulève son observation Vassac Suni oppose la volonté de Yezdiguerd de ravager l'Arménie. Il peut se résoudre lui-même à être déporté mais ont-ils pensé à leurs femmes et à leurs enfants qui seraient martyrisés, aux églises et aux monastères d'Arménie pillés et rasés, aux malheurs du peuple privé de ses chefs ? Ils savent tous qu'il ne faut pas compter sur Théodose II qui les a abandonnés et oubliés. Il vaut mieux se montrer habiles pour une fois et n'attacher aucune importance à une prosternation devant le soleil. Ainsi pourront-ils rentrer chez eux et y organiser la résistance. Ce raisonnement commence à ébranler les seigneurs.
Assis dans un coin un proche conseiller de Yezdiguerd II a suivi l'analyse du vice-roi. Que fait-il là ? Est-ce une espèce de «*mouton*» agissant pour le compte de Mihr-Nerseh ? Toujours est-il qu'il se prétend secrètement converti au christianisme. Ce qui ne l'empêche pas de donner le change à son monarque en accomplissant les rituels mazdéens. Soutenant Vassac Siouni il leur suggère de faire comme lui, et en se prosternant devant le soleil de refuser cette simagrée au fond de leurs coeurs. La majorité des féodaux trouve la proposition séduisante sauf Vartan Mamikonian et deux ou trois autres. Ils répugnent à un tel subterfuge. Les nakhararq se pressent autour de Vartan pour le convaincre. Son beau-frère Achoucha, son ami Artac de Mog développent leur argumentation. Ils le rendent responsable des malheurs qui s'abattront sur leurs familles et l'Arménie, du bain de sang dans

---

[639] Lazare de Pharbe, XXVI; in R. Grousset, p. 192-193.

lequel elle baignera. Certains, versés dans la connaissance des livres saints, lui citent saint Paul.

«*En Christ je dis la vérité, je ne mens pas, par l'Esprit Saint ma conscience m'en rend témoignage: j'ai au coeur une grande tristesse et une douleur incessante. Oui, je souhaiterais être anathème, être moi-même séparé du Christ pour mes frères, ceux de ma race selon la chair, eux qui sont les Israélites ...*»[640].

Saint Paul avait désiré être «*herem*», pour sauver ses frères les Israélites. Vartan serait-il plus grand que saint Paul ? En abjurant il sauverait les Arméniens, les Ibères et les Aghouans. Mamikonian se plia à cet argument.

«*Des nakharars arméniens, qui n'étaient ni des théologiens ni des casuistes, purent donc croire, avec quelque bonne foi, à la liceité de leur stratagème. C'est donc sans remords que ces ingénieux ou naïfs croyants se prêtèrent à adorer le soleil, à lui offrir des victimes, et accomplirent les cérémonies mazdéistes. Quand à Iezdiguerd, il crut bonnement à un prodige, réalisé en sa faveur par ses divinités. Au comble de la joie, il rendit aux satrapes leurs anciens privilèges et les combla de nouveaux honneurs et de dons en or, en terre et en villages*»[641].

Quelques aristocrates arméniens, fidèles à la foi du Christ, choisirent le martyre immédiat plutôt que d'abjurer[642]. Yezdiguerd convia les apostats à un grand festin, les couvrit de présents et les renvoya en Arménie. Il les fit accompagner par 700 mages mazdéens munis de leurs baguettes, escortés par une forte garde à cheval[643]. Méfiant, le roi des rois avait gardé des otages: les deux fils de son marzpan, Babic et Adrnerseh, Vazken prince d'Ibérie, Vatché roi des Aghouans, Achoucha le margrave du Gougarq.

A la veille d'événements tragiques qui allaient une fois de plus s'abattre sur l'Arménie il nous semble utile de situer brièvement la religion du soleil et du feu. Elle fut inventée par un certain Zarathoustra (*ou Zoroastre*) qui serait né en Médie, près d'un millénaire avant J.-C., et mort en Bactriane. Platon et Pythagore le connaissaient. Pythagore aurait même été, selon saint Clément d'Alexandrie, le disciple de Zarathoustra. Ce qui prouve que les mondes hellène et perse communiquaient. Prenant ses racines en Inde, le mazdéisme développa ses rameaux dans le monde

---

[640] Saint Paul, *Ro.*, **9**, 1-4.

[641] F. Tournebize, p. 519.

[642] Elisée Vartabed, p. 198-199; Lazare de Pharbe, XXVII; in R. Grousset, p. 193.

[643] M. Ormanian, p. 22; R; Grousset, p. 193; F. Tournebize, p. 519.

iranien. Zarathoustra délimita et donna un sens au bien et au mal. Le principe du bien, Ormuzd (*ou Ahura Mazda*) et celui du mal, Ahriman (*ou Angra Mainyu*) sont en lutte permanente. A la fin du monde Ormuzd (*dont Zarathoustra se déclarait le prophète*) triomphera définitivement. Zoroastre institua le rituel de l'adoration du feu entretenu dans les pyrées ou atech-gah. D'autres divinités telles que Zurvan, Mihr, Mithra (*le soleil*), Adhour (*le feu*) et Bedoukht étaient adorées en Perse[644].

Les mages avaient un an, de navassart (*Août*) 449 à navassart 450, pour fermer les églises, les monastères en confisquer les biens et supprimer définitivement le christianisme d'Arménie[645]. Il fallait interdire la lecture de la Bible, obliger le clergé à quitter la soutane. La polygamie devait être de mise pour prêtres et laïques ainsi que le mariage entre parents très proches, y compris entre frères et soeurs. Il serait interdit de jeter du fumier dans le feu, de se laver avec de l'eau, - l'urine de vache y suppléerait -, afin de ne souiller ni l'eau ni le feu[646]. Un prêtre syrien, échappé de Ctesiphon, rapporta ces dispositions et l'arrivée imminente des mages aux évêques. Aussitôt la résistance s'organisa, une résistance opiniâtre à laquelle ne s'attendait pas le monarque sassanide.

«*Les évêques gagnèrent chacun leur diocèse, envoyèrent leurs chorévêques dans les villages, dans les campagnes et dans beaucoup de châteaux des cantons montagneux. Ils parvinrent à rassembler les foules*»[647].

Les apostats, les mages et l'escorte militaire ne parvinrent en Arménie qu'au mois de dré (*Novembre*) 449[648]. Les mages et les soldats perses poussèrent la plupart des seigneurs qui les accompagnaient à détruire les églises afin de les couper définitivement du peuple[649]. Ils atteignirent dans les montagnes le bourg d'Ankgh où des hommes, des femmes, des enfants, des vieillards se dressèrent devant eux. Ils étaient encadrés par leurs curés tenant la croix dans une main, l'Evangile dans l'autre. Certains prêtres portaient des reliques de saint Grégoire l'Illuminateur. Il y avait dans cette foule des épouses, des fils, des filles, des parents des nakhararq apostats auxquels ils reprochaient leur abjuration et leurs

---

644 Christensen, p. 154; in R. Grousset, p. 193; Fernand NIEL, *Albigeois et Cathares*, p. 13-16; P.U.F., coll. «*Que sais-je*», 1976.

645 R. Grousset, p. 193-194; M. Ormanian, p 22-23, situe les dates d'Août 450 à Août 451.

646 F. Tournebize, p. 519-520; Elisée Vartabed, p. 199-200; in R. Grousset, p. 194.

647 Elisée Vartabed; in R. Grousset, p. 194.

648 R. Grousset, p. 194; F. Tournebize, p. 520.

649 F. Tournebize, p. 520.

mauvaises actions. Au bout de 25 jours de face à face les mages voulurent se livrer à une action spectaculaire: détruire l'église d'Ankgh. Il s'agissait d'un haut lieu de la résistance, et pour cause, l'archiprêtre en était Ghevond Eretz.

Lorsque le dimanche, en pleine messe, les mages décidèrent de briser les portes du sanctuaire, Léonce le Prêtre prit la tête de ses fidèles. Ils sortirent de l'église, s'armèrent de bâtons et de pierres et chassèrent les mazdéens. Avertis par la rumeur les habitants des bourgs voisins, les paysans prenant faux, fourches et gourdins accoururent sous la conduite de leurs pasteurs. Ghevond Eretz dirigea l'insurrection. Affolés les mages blessés se réfugièrent auprès de Vassac de Siounie[650]. Ils lui reprochèrent son incapacité à faire exécuter les ordres de son maître.

Disons à la décharge de cet ambitieux sans foi ni scrupules que ses deux fils, Babic et Adrnerseh, étaient retenus en otages à Ctesiphon où son propre gendre, Varazvahan, complotait contre lui. Il avait apostasié avec les autres nakhararq et ne faisait plus la différence entre le christianisme et le paganisme. Se posait-il seulement la question ? Etre renégat ou apostat ne signifiait rien pour lui.

En archétype de l'homme politique prêt à toutes les compromissions et toutes les bassesses pourvu qu'il conservât sa place, les honneurs et même une bribe de pouvoir, Vassac Suni tentait de sauver sa position. Espérant que sa fidélité à Yezdiguerd lui vaudrait la couronne d'Arménie il lui fallait, tout en appliquant l'oukase du roi des rois en douceur, ménager ses compatriotes, ses futurs sujets.

Il se livra à son occupation favorite, le double jeu. Il expliqua aux mages que s'il épousait trop ouvertement leur cause il ne pourrait plus maîtriser les Arméniens. Il leur conseilla d'agir en finesse, de renforcer le mazdéisme des apostats, d'instruire leurs enfants dans la religion du soleil et du feu, de la propager dans l'armée ce qui serait aisé eu égard à l'abjuration de la plupart de ses chefs. Il logea les mages chez les aristocrates apostats.

Cette politique commença à porter ses fruits. Pour la renforcer Vassac avait besoin de troupes plus aguerries que l'escorte iranienne qui avait montré son incapacité à s'opposer à une jacquerie. Dix mille cavaliers arméniens incorporés dans l'armée perse tenaient garnison en Aghouanie. Le marzpan obtint de Yezdiguerd II leur transfert chez lui en Siounie. Il en augmenta le nombre en recrutant des hommes d'armes dans sa principauté. Alors il se mit en devoir de saper l'entente entre les féodaux et le clergé. Il certifia aux évêques qu'il faisait tout son possible

---

[650] Elisée Vartabed, p. 202; in R. Grousset, p. 194; F. Tournebize, p. 521.

pour prévenir une sanglante répression de la part des Perses en temporisant de son mieux.

En l'honneur des nakhararq, il donna de somptueux banquets qui se terminaient en orgies avec des danseuses expertes en sensualité. Les épouses des soldats devenus mazdéens agressaient les moniales arméniennes en leur lacérant les vêtements[651].

En réalité, Vassac de Siounie attendait de voir quelle attitude Byzance adopterait pour se ranger dans le camp du plus fort.

Pour s'opposer à cette tentative de destruction de l'Arménie il aurait fallu que Vartan Mamikonian prît le commandement des rebelles.

Le retour de Vartan Mamikonian, Marcien abandonne l'Arménie, la reconquête, trahison de Vassac de Siounie

L'apostasie du prince le plus puissant d'Arménie, vénéré par le peuple, avait décontenancé les Arméniens. Lui-même, chrétien sincère, était honteux de s'être prosterné devant le soleil. Son sens aigu du devoir l'empêchait de se rebeller contre le monarque sassanide dont il était l'un des généraux. Tourmenté, malheureux il s'était réfugié dans ses terres de l'Arménie occidentale, dans l'un de ses châteaux du Bagrevand, près de Garin à Aramana[652]. Ses possessions s'étendaient des chaque côté de la ligne de démarcation entre les deux Arménie. Elles contenaient le Daron, le district de Manazkert (*Mantzikert*), le Bagrevand et l'Archarouniq. Ces fiefs d'un seul tenant avaient une superficie d'environ 45.000 km² [653]. Vassac Suni craignait que Mamikonian n'obtînt l'aide de Théodose II dont il était aussi le général. En quoi il se trompait. Mamikonian s'étant fait mazdéen se croyait rejeté par les chrétiens. Il n'aurait jamais osé demander une assistance à l'empereur. Vassac de Siounie, pervers et perverti, ne pouvait imaginer ou comprendre les sentiments chevaleresques d'un Vartan. Il ne pensait qu'à soustraire Mamikonian à l'influence byzantine et le faire revenir à l'est afin de mieux le surveiller. Il lui envoya une délégation d'évêques et de nakhararq amis et respectables pour l'y inviter. Vartan Mamikonian se laissa convaincre et rentra en Arménie orientale. Dès son retour Vahan Amadouni, qui n'aimait pas Vassac, le poussa à entrer en rébellion. Mamikonian demeurait indécis. A tout hasard il rassembla ses gens. Il prit ses

---

[651] F. Tournebize, p. 521-522; R. Grousset, p. 195.

[652] F. Tournebize, p. 520; R. Grousset, p. 195.

[653] H. Pasdermadjian, p. 109.

quartiers dans le district de Dzaghgodn près de la forteresse d'Ankgh, bourg désormais symbolique. Alors les évêques décidèrent d'agir.

«*Une nuit qu'ils tenaient conseil avec le clergé, ils l'y appelèrent, l'interrogèrent, l'éprouvèrent et reconnurent qu'il ne s'était éloigné en rien de l'amour du Christ. Tous ensemble prièrent pour lui et le reçurent à la communion*»[654].

Puis ils se rendirent au camp de Vartan, élevèrent l'Evangile au-dessus de la tête des soldats et les exhortèrent à combattre pour le christianisme. Officiers et hommes de troupe se prosternèrent devant le saint livre et reçurent la bénédiction des prélats. Aux formations de Vartan Mamikonian se joignirent les troupes de Vahan Amadouni, d'Archavir Ardzrouni et d'autres apostats repentants. Ils se concentrèrent dans l'Ayrarat.

Vassac de Siounie était victime de ses manigances. Il avait fait revenir Vartan Mamikonian afin de le soustraire à la tentation de pousser les Grecs à s'opposer aux Perses, et voilà qu'il devenait le catalyseur de la révolte.

Sans plus attendre Vartan Mamikonian attaqua l'armée iranienne, enfonça son centre, la mit en déconfiture et se saisit de Vassac Suni. Celui-ci se jeta aux pieds des évêques accompagnant les combattants, jura sur l'Evangile qu'il resterait fidèle à l'Eglise et à sa patrie. Pour preuve de sa bonne foi il apposa son sceau sur le livre sacré[655]. On le crut à moitié mais comme il mettait sa petite armée à la disposition de Vartan Mamikonian on l'accepta. Les Arméniens tombèrent sur les mages dont une bonne partie fut massacrée. Les garnisons perses furent dispersées, passées au fil de l'épée, les atech-gah renversés et détruits, les énormes richesses prises à l'Arménie et à l'Eglise récupérées. Nul même le plus pauvre ne mit la moindre pièce dans sa poche.

«*On méprisait l'or, personne ne prenait d'argent pour son usage personnel, on dédaignait les vêtements précieux*»[656].

C'était une guerre sainte, une Croisade avant la lettre. Elisée Vartabed ajoute, nous rapporte René Grousset.

«*Le maître avait cessé de se montrer le supérieur de son serviteur, le riche semblait l'égal de l'homme du peuple. Hommes et femmes, vieillards et enfants n'avaient plus qu'un seul coeur dans le Christ. Tous étaient prêts à mourir pour leur foi*».

---

[654] Elisée, p. 204; Lazare de Ph., XXVIII, p. 290; in R. Grousset, p. 196.

[655] F. Tournebize, p. 521-523.

[656] Elisée Vartabed, III, p. 205; in R. Grousset, p. 197.

Si les Arméniens avaient su maintenir cette belle cohésion ils auraient pu libérer et même réunifier leur pays. L'Iran vaincu, Byzance gérée par un Théodose II sans envergure se seraient retirés d'une contrée qu'ils n'avaient jamais réussi à dominer ni même à contrôler. Les Huns d'Attila avaient contourné l'Arménie à laquelle ils n'osaient pas se frotter. Ils campaient aux limites de l'Empire byzantin qui leur payait tribut. Les Huns Kidarites menaient razzia après razzia sur les confins de la Perse. Les Huns Kidarites avec lesquels Vartan Mamikonian avait tissé des liens d'amitié au cours de ses campagnes à la tête des troupes du monarque sassanide.

Mais voilà il y avait un danouder félon, et il faisait des émules. Tout serait remis en question à cause d'un Vassac prince de Siounie.

Au cours de leur histoire de plus de 6.000 ans les Arméniens ont à peu près tout perdu. Les 300.000 km² de l'Ourartou, les 700.000 km² de l'Empire de Tigrane le Grand, les 180.000 km² de l'Arménie chrétienne se sont réduits comme une peau de chagrin aux 29.800 km² de la république d'aujourd'hui. Malgré les vicissitudes de l'Histoire ils n'ont jamais trahi leur foi chrétienne qu'ils ont chevillée au corps. Ils ne se livrent pas à des manifestations religieuses ostentatoires mais discrètement, simplement ils savent se sacrifier pour le christianisme. Yezdiguerd II n'allait pas rester sans réagir devant la déroute et le massacre de ses mages et de ses soldats, la destruction des pyrées et la réouverture des églises. Des bataillons arméniens emportés par la fougue guerrière avaient passé la frontière et brisé des atech-gah en Atropatène. Les Perses retirèrent un de leurs corps d'armée engagé sur la frontière du Daguestan pour l'installer en Aghouanie. Ils voulaient empêcher une éventuelle jonction entre Arméniens et Huns Kidarites. Devant cette menace le catholicos Hovsep 1° se résigna à appeler la soeur chrétienne d'Occident au secours de l'Arménie. Avec l'accord de Vassac Suni, qui apposa son sceau sur le document, il envoya une délégation porter sa lettre à Théodose II.

Toujours timoré et incertain, Théodose II se contenta d'offrir sa médiation. Elle aurait peut-être suffi à arrêter les Perses quand il mourut des suites d'une chute de cheval le 28 Juillet 450. Son successeur, Marcien, vieillard ambitieux et inconséquent, ne pensait qu'à asseoir l'autorité du patriarche de Constantinople, c'est-à-dire la sienne, sur le pape de Rome. Il avait fait preuve d'un semblant de courage en refusant de continuer à verser son tribut à Attila campé dans la Hongrie et la Roumanie actuelles. Le Hun s'apprêta à mettre Constantinople à sac[657].

---

[657] R. Grousset, p. 199.

Il fut détourné vers la Gaule. Marcien, incapable d'entrevoir les risques qu'encourait le christianisme si l'Arménie devenait mazdéenne, se fia aux avis de ses haut-fonctionnaires. On sait que ceux-ci sont pour la plupart gens frileux, attachés à leur confort et peu enclins à l'héroïsme. Les technocrates byzantins ainsi que Florentin le comte d'Orient, Anatole lui-même lui conseillèrent de ne pas se frotter aux Iraniens et d'abandonner les Arméniens à leur sort[658]. Alliés aux Arméniens les Grecs auraient aisément triomphé des Perses qui devaient engager une bonne partie de leur armée contre les Huns Kidarites et les Huns Tetraxites. Dix siècles auparavant Themistocle, avec des forces insignifiantes, avait vaincu le grand Xerxès à Salamine. Grâce à sa logistique militaire et à l'intrépidité arménienne, Marcien aurait fait de Byzance la première puissance mondiale. Il aurait amené l'Eglise arménienne reconnaissante, et dans son sillage les Ibères, les Aghouans et les Syriens, à rallier le patriarcat de Constantinople. La Perse, elle-même, serait peut-être devenue chrétienne, et la face du monde en aurait été changée. Marcien manquait du courage des anciens Grecs. Non seulement il refusa son aide mais il interdit aux nakhararq d'Arménie occidentale de secourir leurs frères de l'est. Les historiens occidentaux lui donnent pour excuse les soucis que lui occasionnait Attila. Les seigneurs arméniens d'Arménie byzantine n'étaient pas indispensables à la défense des frontières occidentales de l'Empire. Ils ne l'auraient affaibli en rien s'ils s'étaient portés au secours de leurs frères menacés par le Sassanide. Après tout Marcien n'était qu'un sexagénaire ambitieux[659].

Qu'aurait-on pu espérer d'un vieux politicien timoré ? Ceci fait dire aux historiens contemporains de l'empereur Marcien qu'il «*préféra conserver l'alliance avec les païens, pour maintenir la paix, plutôt que de secourir par les armes une nation chrétienne*»[660].

De son côté Vassac Suni travaillait à éloigner les Ibères des Arméniens; leur roi, Vakhtang 1°, observa une stricte neutralité[661]. Occupés par les Perses les Aghouans demandaient plutôt l'assistance des Arméniens[662]. Leur souverain, Vatché, était retenu en otage en Iran. Il ne restait plus aux Arméniens qu'à combattre seuls et à mourir pour leur foi.

---

[658] R. Grousset, p. 198-199; F. Tournebize, p. 523.

[659] P. Pierrard, p. 201.

[660] Elisée Vartabed, p. 206-207; Lazare de Pharbe, XXIX et XXXVI; in R. Grousset, p. 198.

[661] F. Tournebize, p. 80, Brosset, *Histoire de la Géorgie*, I, p. 148; in R. Grousset, p. 192; F. Tournebize, p. 550.

[662] R. Grousset, p. 199.

Avant que l'ambassade ne revînt de Constantinople les hommes de Vartan Mamikonian avaient déjà commencé la reconquête. Ils reprirent Artachat avec ses faubourgs, la ville de Van, les forteresses d'Ardakert, d'Oghagan et d'Orotn en Siounie. Vartan divisa son armée en trois corps. Le premier, sous les ordres de Nerchabouh Remposian, s'installa à la frontière sud-est entre le Vaspouragan et l'Atropatène. Le second fut confié, bon gré mal gré, au marzpan. Vartan Mamikonian prit le commandement du troisième, le plus exposé. Il devait défendre le Karabagh, à la frontière de l'Albanie Caspienne occupée par les Iraniens. Bien qu'ayant juré sur l'Evangile son attachement au christianisme, Vassac de Siounie espionnait pour le compte des Perses, entretenant des relations avec Mihr-Nerseh et lui communiquant les positions de Mamikonian. Il avait entraîné dans son camp la plupart des princes apostats. Il les avait mis en garnison dans ses châteaux de Siounie pour les avoir sous sa main. Ceux qui avaient suivi Vartan Mamikonian comptaient parmi les plus fervents chrétiens et les plus braves du royaume. On y trouvait des parents de Vassac Suni.

«Il fut décidé que Vartan marcherait au secours des Aghouans. Avant de partir, il entra dans l'église, avec tous ses hommes, pour implorer la bénédiction de Dieu. Là, raconte Lazare, il prit le saint Evangile et la croix «vivifiante»; il les baisa et les pressa avidement sur ses paupières et sur son front. Ses compagnons l'imitèrent. Ce digne précurseur des Croisés se mit ensuite en route»[663].

Les messagers de Vassac Suni étaient déjà à Ctesiphon pour informer les Perses du mouvements des troupes arméniennes. Vassac s'empressa de prévenir son homologue, le commandant de la garnison de Derbend, lui recommandant de boucler l'Artsakh et l'Outiq[664]. Le général perse traversa le fleuve Kour pour prendre ses quartiers d'hiver dans la résidence des rois d'Aghouanie. Bien qu'inférieurs en nombre les hommes de Vartan Mamikonian tombèrent sur les Iraniens et les mirent en déroute. Dans leur fuite la plupart d'entre eux se noyèrent dans le Kour. Victorieux, Vartan remonta le rivage de la mer Caspienne jusqu'à Derbend la capitale du Daguestan. Là, par l'entremise des Aghouans, il signa un traité d'alliance avec les Huns[665].

Les Huns, venant des steppes d'Asie centrale, avaient conquis un immense territoire de la mer Caspienne jusqu'au Rhin. Les tribus

---

[663] F. Tournebize, p. 524-525.

[664] F. Tournebize, p. 525.

[665] Elisée Vartabed, III, p. 208; Lazare de Pharbe, XXX, p. 294; Brosset, III, p. 75, 174-175; in R. Grousset, p. 200; F. Tournebize, p. 525.

hunniques étaient formées par les Huns Kidarites amis des Arméniens, les Huns Hephtalites, tantôt alliés tantôt ennemis des Perses, les Huns d'Attila qui, en cette année 451, entraient en Gaule. Le fait de s'entendre avec des peuplades décrites comme sauvages et sanguinaires sur un terrain de respect mutuel prouve que Vartan Mamikonian n'était pas seulement un grand chef de guerre mais aussi un bon politique. Ses succès inspiraient de l'amour et de l'admiration au peuple arménien mais ils indisposaient Vassac de Siounie, jaloux de la popularité de Mamikonian et inquiet des liens qu'il venait de consolider avec les Aghouans et les Huns.

A l'annonce des glorieux faits d'armes de son rival le marzpan rassembla ses fidèles. Parjures à leur serment prêté sur l'Evangile ces apostats entreprirent de réoccuper au bénéfice des Perses les villes reprises par les hommes de Vartan Mamikonian. Ils investirent Garni, Ochagan, Armavir et Artachat. Cherchant à gagner d'autres danouders à sa cause Vassac Suni faisait ressortir le danger mortel consistant à se battre contre les Iraniens sans l'appui de Byzance. Il leur promettait d'énormes avantages s'ils le rejoignaient ou même s'ils se cantonnaient dans la neutralité. Il prit pour otages les enfants des Mamikonian et des Kamsarakan pour les emprisonner dans sa forteresse de Siounie afin de les livrer aux Perses[666]. Les femmes armèrent leurs gens pour tenir tête à ce rapt mais elles n'étaient pas de taille face aux troupes du vice-roi en l'absence de leurs époux.

Vassac Suni avait tramé cette machination pour faire revenir Vartan Mamikonian et dégarnir les passes de Derbend afin que les Iraniens pussent couper les Arméniens et les Aghouans de leurs alliés, les Huns. C'est ce qui arriva. Vassac s'enfuit devant Vartan, évacua les villes occupées. Il battit en retraite en brûlant tout sur son passage. C'était le rude hiver arménien pendant lequel le thermomètre descend à -30° centigrades. Mamikonian dut se résoudre à renvoyer ses hommes chez eux. Le catholicos Joseph 1° lança un nouvel appel au secours à Marcien. Celui-ci n'y répondit même pas.

Vassac Suni emmena ses otages à Ctesiphon. Il se prévalut auprès de Yezdiguerd II de sa capacité à rallier la noblesse arménienne à la cause sassanide si le roi des rois se montrait plus souple en promulguant un édit de tolérance pour les chrétiens assorti d'une promesse d'amnistie pour les rebelles. Grâce à ce décret les nakhararq seraient démobilisés. Il se targuait d'en faire des mazdéens sous réserve que le souverain sassanide leur prodiguât des prébendes. Il espérait ainsi, en échange des

---

[666] Elisée Vartabed, p. 209; Lazare de Pharbe, XXXI, p. 295; in R. Grousset p. 201; F. Tournebize, p. 526.

rejetons Mamikonian et Kamsarakan, récupérer ses fils. Il rentra au pays sans ses enfants. Il se répandit auprès des seigneurs leur assurant que le roi des rois ne punirait personne, ne vengerait pas le massacre des mages. Il leur pardonnerait même leur révolte. Ils devaient pour cela abandonner le parti de Vartan Mamikonian[667]. Il tint le même langage aux Ibères et aux Aghouans parvenant à en convaincre certains. Il sut persuader des évêques et des prêtres des bonnes intentions de Yezdiguerd. Pour montrer que le roi des rois laisserait toute liberté de culte aux Arméniens il parcourait les provinces derrière la croix et l'Evangile se faisant accompagner par des ecclésiastiques. Certains, parmi ceux-ci, étaient convaincus de sa bonne foi, d'autres étaient achetés par lui. En politicien sans scrupules Vassac de Siounie utilisait les religions auxquelles il n'attachait pas d'importance; pas davantage pour le camp qu'il servait pourvu que cela lui rapportât pouvoir et honneurs.

«Il sema la division à travers toute l'Arménie, séparant le frère du frère et le fils du père»[668].

Yezdiguerd II et son marzpan trompent les Arméniens, Vassac et les danouders félons passent à l'ennemi

Très habilement le vice-roi parvint à isoler Vartan Mamikonian. Un des membres de la famille de ce dernier, Vassac Mamikonian, commandant de Garin en Arménie occidentale, convaincu des nobles intentions du marzpan, choisit lui aussi la neutralité. Il ne restait plus à Vartan Mamikonian comme alliés fidèles que les Huns Kidarites[669].

Vassac Suni avait bien travaillé pour les ennemis de son pays. Il savait que Yezdiguerd n'avait pas l'intention de renoncer à son projet initial et que l'édit de tolérance ne serait jamais appliqué. Il était lui-même à l'origine de cette fourberie. De ce fait l'accusation des historiens du V° siècle est fondée: Vassac de Siounie est, et restera dans la mémoire collective, traître à l'Eglise, traître à l'Arménie.

La désunion des nakhararq, la division et l'affaiblissement de l'Arménie déterminèrent Yezdiguerd à passer à l'attaque. Au printemps 451 Mihr-Nerseh prit le commandement de l'armée iranienne en Albanie Caspienne. Il la réorganisa. Il s'installa au nord-est de l'Arménie entre le Kour et l'Araxe, les deux fleuves enserrant l'Artsakh et l'Outiq. Sur les

---

[667] Elisée, p. 211; L. de Pharbe, XXXII; in Grousset, p. 201-202; Tournebize, p. 527-528.

[668] Elisée Vartabed, p. 214; in R. Grousset, p. 202.

[669] R. Grousset, p. 202; F. Tournebize, p. 528.

conseils de Vassac Suni il bloqua les passes de Derbend et coupa les Huns des Aghouans et des Arméniens. Enfin il ordonna à son lieutenant Mouchgan Niousalavourd de descendre vers le sud en longeant la frontière entre la Perse et l'Arménie, et il rentra à Ctesiphon[670]. Vassac et les apostats se retirèrent en Siounie.

Mais les enfants, frères, cousins et neveux des félons s'unirent aux danouders bons chrétiens pour rejoindre Vartan Mamikonian. La majorité de la noblesse arménienne se trouvait dans le camp de la vraie foi. Ils représentaient cette aristocratie jeune, brillante, brave jusqu'à la mort. S'il arrivait à certains d'entre eux de se laisser circonvenir par les honneurs et les richesses beaucoup savaient, symbolisant la mission de la noblesse, verser leur sang au service de l'Eglise et de la nation.

Les fêtes de Pâques étaient à peine passées que la rumeur d'une intense activité militaire perse parvint aux oreilles de Vartan Mamikonian. Mouchgan Niousalavourd venait d'atteindre l'Atropatène où Vassac Suni et ses complices avec leurs troupes s'étaient joints à lui. A partir de Khoy, au nord-est du lac d'Ourmia, l'armée iranienne pénétra en Arménie par le Vaspouragan. En quelques jours Mamikonian réunit ses maigres troupes que vinrent grossir les nakhararq fidèles et les officiers royaux, tous avec leurs hommes. Armée hétéroclite composée de bataillons n'ayant jamais manoeuvré ensemble. La plupart des soldats étaient des gens du peuple et des paysans peu formés aux techniques de la guerre. Le catholicos Hovsep 1°, Ghevond Eretz, les évêques, les prêtres, les moines les accompagnaient[671]. Vartan envoya sa cavalerie, sous les ordres d'Arantzar Amadouni, pour surveiller et harceler l'arrière-garde perse à laquelle il fit subir de lourdes pertes[672]. Maigres escadrons: 300 cavaliers, selon Lazare de Pharbe, 2000, d'après Elisée.

La bataille d'Avarayr, ses conséquences, la résistance de l'Arménie

L'immense armée perse avec ses éléphants de combat avait besoin d'espace pour manoeuvrer. Elle choisit la plaine d'Avarayr dans le Vaspouragan. Le village d'Avarayr est près de Makou, Siège du premier patriarche de l'Eglise arménienne l'apôtre saint Thaddée. Au milieu de la plaine coulait le Deghmout (*Aqtchay*). Les belligérants s'établirent de

---

[670] F. Tournebize, p. 529.

[671] Elisée, V, p. 216; in R. Grousset, p. 203-204; F. Tournebize, p. 529.

[672] Elisée, V, p. 217-218; Lazare, XXXIV, p. 296; in Grousset, p. 204; Tournebize, p. 529.

part et d'autre du cours d'eau. Les Perses s'étaient retranchés derrière des palissades[673].

Le vendredi 25 Mai 451, après la Pentecôte au soir, l'armée arménienne arriva en vue du camp ennemi. A peine 60.000 Arméniens en face de 220.000 Iraniens.

«Ces chiffres sont certainement exagérés, mais il est hors de doute que l'armée du Roi des rois avait une écrasante supériorité numérique»[674].

Les historiens de l'époque ont peut-être multiplié les chiffres réels par deux tout au moins en ce qui concerne les Perses. Pour les Arméniens on pourrait réduire le nombre des soldats à moins du tiers puisque, nous disent les chroniqueurs, ils étaient à un contre sept. Quoiqu'il en soit c'était la première fois qu'un Empire tentait de soumettre l'Arménie avec des forces aussi imposantes.

Ayant placé sa cavalerie sous la protection des éléphants Vassac de Siounie conseillait les Perses sur la tactique et la stratégie à utiliser contre ses frères[675].

La bataille devait s'engager le lendemain, 26 mai 451. Tournebize, Grousset, Brosset fixent la date au 2 juin 451. Ils suivent Elisée Vartabed historien, témoin oculaire et combattant. Elisée utilisait le calendrier julien. Depuis le XVI° siècle les Arméniens ont adopté le calendrier du pape Grégoire XIII. De ce fait le 2 juin du calendrier julien correspond au 26 mai du calendrier grégorien. La nuit du 25 au 26 mai fut consacrée par les Arméniens à la prière et aux cantiques.

Vartan rappela aux seigneurs qu'ils devaient expier leur abjuration; il dit: *«Vous avez déployé tant de valeur au service d'un chef mortel; quel courage ne montrerez-vous pas, maintenant, en défendant la cause du roi immortel, devant lequel vous allez comparaître, pour n'être plus séparés de lui ? Loin de vous, par conséquent, toute frayeur; elle serait un signe que vous chancelez dans la foi, et cette foi tient à votre âme par des liens plus indissolubles que la couleur au corps»*[676].

Léonce le Prêtre enflamma les soldats par des exemples pris dans la Bible, insista sur la mort de Jésus-Christ et sa glorieuse Résurrection. A l'aube le catholicos Hovsep 1°, Ghevond Eretz, les évêques célébrèrent la messe, baptisèrent les catéchumènes. Toute l'armée communia en

---

[673] F. Tournebize, p. 81 et 530.
[674] H. Pasdermadjian, p. 119.
[675] R. Grousset, p. 204.
[676] F. Tournebize, p. 530.

s'écriant: «*Que Dieu accepte notre sang comme celui des martyrs et ne livre pas son Eglise aux mains des païens*»[677].

Les prélats, prêtres, moines, diacres, clercs coiffèrent le casque, prirent l'épée à la main, et, se rangeant par ordre hiérarchique, s'apprêtèrent à faire de leurs corps un rempart pour les fantassins. Ne voulant pas donner la mort ils sacrifieraient leurs vies pour la sauvegarde des guerriers comme le leur recommandait Léonce le Prêtre. Ils n'avaient pas l'intention de rester à l'arrière pour prier mais de donner l'exemple d'une Eglise militante et combattante.

Vartan Mamikonian déploya ses troupes en arc de cercle. Il mit son centre et ses ailes sous le commandement des seigneurs qui l'accompagnaient. Il prit la direction de la partie la plus faible de l'armée. Quelques nakhararq avaient succombé aux sirènes de la propagande de Vassac Suni. Ils obéissaient mollement à Vartan. Au matin, après avoir reçu la bénédiction du clergé, Vartan Mamikonian traversant le Deghmout se jeta sur l'ennemi. Alors, dans le fracas des cuirasses et des fanfares ponctué par les barrissements des éléphants, s'ébranla la formidable multitude perse. Les pachydermes s'avançaient en masse compacte sous le commandement de Mouchgan Niousalavourd. Leurs cornacs les piquant de leurs crochets les dirigeaient comme plusieurs divisions de chars d'assaut. Entre chaque éléphant 300 fantassins bardés de fer marchaient leurs lances pointées sur l'ennemi. Derrière venait la cavalerie comprenant les escadrons de Vassac de Siounie et des seigneurs arméniens félons. Elle était flanquée à droite par des nomades scythes, mercenaires rompus à la guerre sous toutes ses formes, et à gauche par les Huns Hephtalites ralliés aux Perses. Enfin l'élite des Iraniens: la phalange des **Immortels** avec leurs sarisses redoutables manoeuvrant, dit Elisée Vartabed, comme un **taureau puissant** ou un **château imprenable**.

Vartan ordonna à Arantzar Amadouni d'éviter les éléphants et d'attaquer l'aile droite perse. Mouchgan Niousalavourd retournant ses pachydermes vers la cavalerie d'Amadouni la désorganisa. A ce moment des seigneurs arméniens se retirèrent sans combattre. Avec une poignée de fidèles Vartan Mamikonian appuyé par son arrière-garde, sous les ordres de son frère Hamazasp, contourna les éléphants et dispersa les Scythes de l'aile droite ennemie. Malgré la défection d'une partie de ses hommes Vartan n'avait pas encore perdu la bataille. Les éléphants s'empêtraient dans cet espace réduit gênant les Immortels.

---

[677] F. Tournebize, p. 530; R. Grousset, p. 204.

Vartan Mamikonian, le prince Vahan Ardzrouni et quelques-uns de leurs fantassins se glissèrent sous le ventre des éléphants, tombèrent sur les fameux Immortels, présumés guerriers d'élite. Ils en massacrèrent 140. Les Immortels étaient désorganisés quand 3.000 Arméniens rejoignirent Vassac Suni. Mamikonian aperçut le traître se cachant parmi les éléphants. L'épée à la main il le poursuivit. L'autre l'entraînant à sa suite l'isola parmi les Iraniens. Frappant d'estoc et de taille le vaillant sbarabed succomba sous le nombre.

Vartan Mamikonian et 1.035 de ses braves gisaient dans la plaine d'Avarayr. 740 d'entre eux, blessés, furent achevés par les Perses[678]. La fine fleur de la chevalerie arménienne avait été décimée pour que vive le christianisme. 3.544 Perses, Arméniens félons, Scythes, Huns Hephtalites, etc.., jonchaient le champ de bataille[679].

Voici l'analyse d'un des meilleurs historiens de l'Arménie.

«La journée d'Avaraïr, si elle se termina par une défaite arménienne, n'en sauva pas moins l'Arménie. La résistance des Mamikonian fit réfléchir les Perses: à vouloir imposer le mazdéisme à l'Arménie, l'empire sassanide userait inutilement ses forces, alors qu'il avait à faire face à la menace des Hordes hunniques ...»[680].

La même année, en 451, l'invasion de la Gaule par les Huns d'Attila était stoppée par la victoire des Champs Catalauniques (*Champagne*). Yezdiguerd II ne put profiter de sa victoire. Ses alliés éphémères, les Hephtalites, qui avaient subi de lourdes pertes à Avarayr, se soulevèrent du côté de Bactriane. Les Kidarites firent sauter le verrou de Derbend. Ils auraient fait leur jonction avec les Arméniens si les Perses n'avaient pas rassemblé les restes de leur armée pour remonter en toute hâte vers l'Aghouanie afin de les contenir.

Revenu avec les troupes iraniennes, qui tentaient d'occuper l'Arménie, Vassac Suni jurait à qui voulait l'entendre que le roi des rois pardonnerait aux Arméniens et leur permettrait de prier dans leurs églises s'ils se soumettaient. Plus personne ne croyait cet indigne personnage. Les débris de l'armée arménienne se concentrèrent dans les montagnes du nord-ouest, près du Pont. A l'approche des Iraniens, villes et villages se vidaient de leurs habitants qui prenaient le maquis. De la frontière byzantine jusqu'au Karabagh les soldats perses devaient

---

[678] F. Tournebize, p. 81-82 et 530-531; Elisée, VI, p. 221-222; Lazare, XXXV; T. Ardzrouni, t. II, par. 1; trad. Brosset, *coll. d'historiens arméniens*, t. 1, p. 71, 1874; in R. Grousset, p. 205.
[679] Elisée, p. 222; Lazare, p. 298; in R. Grousset, p. 206.
[680] R. Grousset, p. 206.

conquérir le pays bourg après bourg, forteresse par forteresse, maison par maison. Leur cavalerie s'épuisait dans les montagnes d'embuscades en embuscades. Les Arméniens firent sauter le verrou de Derbend, ouvrant aux Huns la rive occidentale de la mer Caspienne, et refoulèrent les formations perses.

Voyant son armée fondre comme neige au soleil, mécontent de son vice-roi, Yezdiguerd II prit de fermes résolutions. Il envoya Mouchgan Niousalavourd contre les Huns à l'embouchure du Kour, destitua Vassac de Siounie et nomma marzpan le lieutenant de Mouchgan à Avarayr, Adhour-Hormizd. Ce Perse possédait de grands fiefs aux frontières de l'Arménie. Il fut vice-roi de 451 à 465 menant une politique équivoque. Il rendit les églises au culte, permit la réouverture des monastères, restitua leurs diocèses aux évêques, réduisit les taxes prélevées sur les habitants ruinés, diminua le nombre des garnisons perses[681]. Il appela prélats et seigneurs à exposer leurs doléances. Sans méfiance Sahac, évêque du Rechtouniq, et Mouché d'Aghbac, aumônier de Nerchabouh Ardzrouni, répondirent à la convocation. Les nakhararq, rescapés d'Avarayr, se rendirent aussi auprès du marzpan. Vassac Suni avait fait prisonniers le catholicos Hovsep 1°, Ghevond Eretz, le prêtre Samuel et son diacre Abraham. Il les envoya aussi à Adhour-Hormizd. Toujours prêt à collaborer, il avait expédié à Ctesiphon un autre de ses captifs Tatic, évêque du Passen, que Yezdiguerd fit déporter en Susiane. Aussi perfide que Vassac Suni, Adhour-Hormizd fit semblant d'enregistrer les plaintes des ecclésiastique et des seigneurs puis les fit arrêter. Il leur adjoignit un autre prêtre, Arsène, et un diacre, Qadchadch[682]. Vassac de Siounie s'offrit pour les accompagner à Ctesiphon. Il était persuadé d'y recevoir sa récompense: la couronne d'Arménie.

Martyre des ecclésiastiques, les Arméniens sauveurs de la civilisation occidentale

Un tribunal s'était constitué à Ctesiphon sous la présidence de Mihr-Nerseh pour juger les ecclésiastiques et les seigneurs. Varazvahan y dénonça en premier lieu son beau-père, l'accusant d'avoir attendu les défections de Théodose et de Marcien pour choisir son camp. Les nakhararq captifs confirmèrent les allégations du renégat ajoutant que

---

[681] Elisée, VII, p. 226; Lazare, XXXVI, p. 298-299; in R. Grousset, p. 208; F. Tournebize, p. 532-533.
[682] Elisée, VII, p. 255; Lazare, XXXVIII, p. 300; in R. Grousset, p. 208; F. Tournebize, p. 533-534.

Vassac Suni s'était entendu avec Vartan Mamikonian pour demander l'aide de Byzance et celle des Huns des steppes.

Atom Gnouni, qui avait fait partie de l'ambassade envoyée à Constantinople par le catholicos, confirma l'accusation de Varazvahan. Il montra les lettres adressées à l'empereur, aux Aghouans et au comte d'Orient Florentin à Antioche. Elles portaient toutes le sceau personnel de Vassac de Siounie. Mihr-Nerseh n'aimait pas ce dernier[683].

Il soumit ses conclusions à son souverain. Yezdiguerd II convia les nakhararq apostats à un grand banquet. On mit les seigneurs captifs et les otages dans un coin de la salle.

Sans se douter des charges qui pesaient sur lui, Vassac Suni se rendit à l'invitation du monarque. Il savait que son double jeu n'était un secret pour personne. Il était convaincu que Yezdiguerd avait compris sa stratégie en faveur de la politique sassanide, aussi escomptait-il recevoir sa récompense. Il revêtit ses atours de marzpan qu'il avait reçus du roi des rois. Sur sa robe somptueuse il serra sa ceinture en or massif incrustée de perles et de pierres précieuses. Il mit autour de son cou un collier tout aussi richement monté. Il plaça sur sa tête le bandeau distinctif surmonté de la tiare de vice-roi brodée de fils d'or. Il para ses oreilles avec des boucles d'or serties de pierreries. Il couvrit, enfin, ses épaules d'une magnifique fourrure de martre. La poitrine constellée des insignes de sa fonction il se dirigea vers la salle du banquet. Nul parmi les satrapes, les courtisans, les militaires ou les haut-fonctionnaires ne brillait d'un éclat plus vif. Alors qu'il s'approchait de la table un héraut l'arrêta et lui fit part de son inculpation. Yezdiguerd II se déchaîna, lui reprochant d'avoir trahi et le trône sassanide et son propre peuple. Il l'accusa d'avoir favorisé la mort de son oncle Vaghinac pour s'approprier la Siounie. Il le fit immédiatement dégrader, dépouiller de ses beaux habits et jeter dans un cachot où il finit par mourir rongé par la vermine. On traîna son cadavre comme une charogne[684].

Varazvahan reçut la Siounie pour prix de sa fidélité au mazdéisme, et en récompense de sa haute trahison envers son beau-père et sa nation.

Les seigneurs arméniens furent déportés dans le Khorassan. Ils ne subirent pas le martyre. En 457 Yezdiguerd leur rendra même leur rang dans l'armée perse[685]. La rancune de Mihr-Nerseh se retourna vers les religieux. Le prêtre Samuel et son diacre Abraham furent flagellés, on

---

[683] Elisée, VII, p. 226-227; Lazare, XXXIX-XL; in R. Grousset, p. 209; F. Tournebize, p. 535-537.
[684] Elisée, VII, p. 227, 228, 229; in R. Grousset, p. 210; F. Tournebize, p. 537-538.
[685] Elisée, VIII, p. 237; Lazare, XLVII, p. 313; in R. Grousset, p. 212.

leur trancha la main droite puis la tête. L'évêque Tatic, qui avait été déporté en Susiane, fut torturé et décapité. Les ecclésiastiques avaient été enfermés dans des geôles puantes, affamés, battus avec des chaînes de fer qui leur avaient ensanglanté la bouche et brisé les dents. Au cours de leurs interrogatoires le catholicos Joseph 1° et Léonce le Prêtre parvinrent à convertir au christianisme le mage qui instruisait leur procès. Ghevond Eretz, qui parlait parfaitement le pehlvi, défendit sa foi avec éloquence et héroïsme. Il fut attaché à la queue d'un cheval et déchiqueté sur des rochers pointus puis le bourreau fit sauter la tête de ce pauvre corps disloqué. Mihr-Nerseh s'était acharné sur le saint prêtre qui avait été l'âme de la révolte arménienne. L'évêque Sahac refusa d'abjurer, il fut écorché et dépecé vif. Les mages proposèrent la vie sauve au catholicos Hovsep 1° s'il apostasiait. Le patriarche refusa net. Il fut martyrisé et décapité le 25 Juillet 454 et, avec lui, le prêtre Mouché et le diacre Qadchadch. Ils avaient tous été tourmentés sans relâche pendant plus de trois ans[686].

Ils sont canonisés par l'Eglise arménienne. Quant aux 1.036 saints morts à Avarayr pour que vive le christianisme leur mémoire est célébrée tous les ans le Jeudi Gras dans les églises arméniennes du monde entier[687]. Les Arméniens venaient de sauver le christianisme non seulement chez eux mais aussi en Occident.

S'il existe des saints propres à un peuple, ayant agi particulièrement pour celui-ci ce n'est pas le cas des héros d'Avarayr. A une époque où il n'existait encore aucun schisme ils ont donné leurs vies pour l'Eglise universelle. Pourquoi celle-ci ne les commémore-t-elle pas ? Est-ce la lâcheté de Marcien qui aurait mis les autres Eglises mal à l'aise ?

Si les Arméniens avaient adhéré aux thèses de Vassac Suni ils seraient devenus Iraniens. Plutôt que de vivre en païens et en esclaves ils ont préféré mourir pour leur foi et leur liberté. Ces deux concepts ont une valeur inestimable. Peu de peuples sont capables d'en payer le prix. Imaginons un instant que l'Arménie se fût convertie au mazdéisme. Alors la puissance sassanide, appuyée sur son ossature d'élite arménienne, n'aurait plus connu de bornes. Privé du bouclier arménien, l'Empire byzantin se serait dégonflé comme une baudruche livrant l'Occident tout entier à la religion du soleil et du feu. Sans commune mesure avec les hordes inorganisées d'Attila, et bien plus redoutables

---

[686] Elisée, VIII, p. 230-233, 239; Lazare XLV et LXIV; Christensen, p. 116-117; in R. Grousset, p. 211-212; F. Tournebize, p. 539 et 546.
[687] M. Ormanian, p. 23.

qu'elles, l'immense armée perse aurait asservi jusqu'à la Grande Bretagne. Dans son sillage des fonctionnaires iraniens, rodés à l'administration des grands empires, auraient maîtrisé pour des siècles l'Europe et l'Afrique du Nord devenues mazdéennes.

Que de reconnaissance aurait-on dû éprouver envers ces Arméniens qui par leur sacrifice avaient sauvé la civilisation occidentale. Il n'en fut rien! Il n'en est rien! Les manuels d'histoire ignorent la bataille d'Avarayr. Hormis l'historien britannique Toynbee qui déclare, en substance, qu'en 451 les Arméniens sauvèrent le christianisme jusqu'à l'Extrême-Occident de l'Empire romain.

Nouveaux catholicos, sacrifice des femmes arméniennes, la victoire

Melité 1° *(452-456)* succéda au catholicos martyre Hovsep 1°. Melité 1° avait participé au synode d'Achtichat en 449. Il fut l'un des signataires de la lettre apologétique adressée à Yezdiguerd II. A sa mort Movses 1° *(Moïse)* monta sur le Siège de saint Thaddée. Movses avait la faveur du roi des rois. Il appartenait, comme son prédécesseur, à la lignée des évêques de Manazkert d'origine syrienne, donc plus proche de l'Eglise syriaque que de la byzantine. Melité et Moïse furent de bons et habiles patriarches. Ils siégèrent à Dvin auprès du marzpan perse duquel ils surent se faire apprécier; ce qui leur permit de diriger l'Eglise dans une certaine sérénité. Ils vécurent dans la sainteté et le célibat.

Après le décès de Movses 1°, en 461, Kud 1° d'Araheze devint le chef de l'Eglise *(461-478)*. Il s'opposa aux Iraniens avec un grand courage ce qui lui valut d'être exilé en 471. En 472, il se retira à Othmous[688].

En 455, Yezdiguerd II avait libéré Achoucha, margrave du Gougarq. Le danouder Achoucha était certainement arménien[689]. Il paya la rançon de ses neveux Vahan, Vassac et Ardachès Mamikonian. Il les ramena à leur mère, Dzouiq[690].

Les femmes, femmes nobles ou femmes du peuple, qu'on n'a pas coutume de citer en exemple eurent une conduite édifiante, se dépouillant de tout pour apporter leur contribution à l'effort de guerre, faisant parvenir aux prisonniers tout ce qu'elles économisaient.

«... la vie des dames, même les plus nobles, se rapprochait de celle du cloître. Elles n'avaient plus recours aux services de leurs suivantes; on ne voyait plus à leur usage, ni mets délicats, ni linges fins, ni parfums, ni

---

[688] M. Ormanian, p. 23 et 173; R. Grousset, p. 212; F. Tournebize, p. 612.
[689] P. Ghevond Movsessian, *Histoire des rois Kurikian de Lori*, R.E.A., t. 7, 2, p. 215, 1927; in R. Grousset, p. 213.
[690] R. Grousset, p. 213.

vaisselle de prix; elles se contentaient d'eau pour leur boisson; elles vivaient d'herbes et de millet, au lieu de la fleur de farine et des mets délicats apprêtés jadis par leur cuisinier; elles s'habillaient avec des laines grossières, elles qui aimaient autrefois les étoffes brodées en or; elles abrégeaient les heures de leur repos et le prenaient sur la terre couverte de broussaille sèche. Elles allaient, sans chaussure, à l'église, et étaient assidûment occupées à prier et à réciter des psaumes»[691].

En 459, Firouz (*Pérôse*) monta sur le trône sassanide, second successeur de Yezdiguerd II mort en 457.

Les neveux du grand Vartan, Vahan et Vassac Mamikonian, prirent la direction de la révolte infligeant défaite sur défaite aux Iraniens. La guérilla se transforma en batailles rangées, et les Perses durent admettre leur défaite en 488. Firouz fut contraint d'accorder la liberté du culte aux chrétiens de l'Eglise arménienne: Arméniens, Ibères et Aghouans. Il dut même se résoudre à accorder une large autonomie à l'Arménie. Il nomma marzpan, Vahan Mamikonian. Celui-ci releva le pays de ses ruines durant sa vice-royauté qui dura vingt ou vingt-cinq ans, selon les auteurs, de 485 à 505 (*ou 510*)[692]. Il aurait pu se faire couronner roi d'Arménie mais, dans sa sagesse, il l'évita afin de ne pas attiser la jalousie des nakhararq.

Hovhannes 1° (*Jean 1°*) Mantagouni succéda à Kud 1° en 478. Il réorganisa l'Eglise, et en 484 s'établit lui aussi à Dvin. Il descendait en ligne directe du prince Ardavast Mantagouni qui, au III° siècle, sauva le futur Tiridate III et sa soeur la princesse Khosrovidouhte des mains des Sassanides. Le nouveau marzpan, Vahan Mamikonian, et le catholicos, Hovhannes 1°, travaillèrent dans une parfaite entente. Ils reconstruisirent les églises détruites. Vahan Mamikonian fit rénover la basilique d'Edchmiadzin à ses frais[693].

«Le vénérable patriarche Hovhannès s'empressa de transférer son siège dans la nouvelle capitale, à Douine, sous la protection du gouvernement, et là il put consacrer tous ses soins aux réformes intérieures de l'église et du peuple. Il sut si bien réparer, grâce à la sagesse de son administration, les ruines accumulées par les guerres des dernières années, que son nom reste le plus honoré après celui de S. Sahak»[694].

---

[691] F. Tournebize, p. 548, citant Elisée et Lazare.

[692] Brosset, *Historiens arméniens*, II, p. 386 et 390; Kévork Aslan, *Et. hist.*, p. 255; in R. Grousset, p. 230.

[693] SEBEOS, trad. Macler, Ch. I, par. 3-4; Asoghiq, trad. Dulaurier, II, Ch. 2, p. 114; in R. Grousset, p. 230.

[694] M. Ormanian, p. 24.

Jean 1° rejoignit la maison du Seigneur en 490. Babken 1° d'Othmous monta alors sur le Siège de saint Thaddée. Il sera catholicos de 490 à 515. Sous son patriarcat parvint en Arménie (*491*) la nouvelle du concile de Chalcédoine. Après quarante années de guerre l'Arménie, ayant tenu seule en échec les ennemis du christianisme, pansait ses plaies. Cinquante après elle apprenait qu'à Chalcédoine un Marcien, par de basses manoeuvres politiciennes, venait de briser l'unité de l'Eglise universelle.

> *Je fais hardiment la guerre aux idées que je crois fausses;*
> *mais Dieu me garde de la faire jamais à ceux*
> *qui les soutiennent.* (J.-H. Fabre)

CHAPITRE X

La blessure de Chalcédoine

Le concile de Chalcédoine, doit-on en parler ?
Les patriarcats, le temporel prend le pas sur le spirituel

«*451 est une date qui étend son ombre maléfique sur l'Histoire arménienne. Après l'épopée de Vartan Mamikonian, une seconde menace affligea la vie arménienne. Il était possible, il fut possible par la suite de remédier aux tourments de la première; mais la dernière ouvrit la porte à de rudes vexations et persécuta de façon durable l'Eglise et le peuple arméniens*»[695].

En 451 les Arméniens servirent de rempart, au péril de leur existence, à la religion de Zarathoustra qui menaçait la chrétienté. En 451 se tint le concile de Chalcédoine dans les suites duquel on allait impliquer à tort les Arméniens dans une hérésie qu'ils ne soutinrent jamais et qu'ils anathématisèrent dès qu'ils en entendirent parler.

La première agression fut maîtrisée, la religion du soleil et du feu rejetée. La seconde incrimination a ouvert une plaie qui reste vive et sensible. Cette déchirure ne concerne pas seulement l'Eglise arménienne elle affecte l'Eglise tout entière. Elle ne pourra cicatriser que par les retrouvailles. Chaque Eglise devra faire son examen de conscience afin d'ouvrir un dialogue sincère et constructif.

Au moment de rappeler ce qui détermina la réunion de Chalcédoine, ses buts avoués et ses desseins secrets on ressent une certaine appréhension; va-t-on ennuyer le lecteur de ce troisième millénaire ? On craint de le voir abandonner le sujet en se donnant pour raison que tout ceci est bien compliqué, bien ancien et sans intérêt en ce XXI° siècle. On l'entend critiquer l'opportunité de rappeler de vieilles querelles nous éloignant des douloureuses questions d'actualité telles que la faim dans le monde, les malaises de nos sociétés occidentales, les crises relationnelles entre les diverses entités constituant notre univers, les maladies, les crimes contre

---

[695] Père Paylaguian, p. 59 (*T. D. A.*).

l'humanité, la misère des enfants dans le tiers-monde ainsi que chez nous. Et ajouter que l'Eglise devrait se consacrer plutôt à lutter contre ces calamités. Il se trouve que le chrétien, même de bonne foi, qui hausse les épaules à l'évocation des conciles antiques est instruit, dirigé, formé, imprégné par les canons de ces assemblées qui régissent encore l'Eglise d'aujourd'hui. Il se trouve que ces disputes anciennes continuent à alimenter les dissensions au sein de l'Eglise universelle et contribuent à son affaiblissement. Combien plus forte serait-elle si tous les chrétiens réunis dans le même troupeau travaillaient ensemble à rendre le monde meilleur. Voilà pourquoi il est utile d'ouvrir les débats et de constater les causes des divisions. En espérant parvenir à surmonter les animosités ayant provoqué les schismes et entamer de véritables et sincères discussions. Alors pourrait s'annoncer un avenir serein et grandiose où près de trois milliards de chrétiens apporteraient au monde les solutions et les consolations dans l'attente de l'avènement du Royaume de Dieu. L'origine de ces divisions, de l'émiettement de l'Eglise universelle remonte au concile de Chalcédoine. Il faut donc examiner les motifs ayant présidé à son existence. Leur analyse objective pourrait peut-être mettre fin à plus d'un millénaire et demi d'accusations mutuelles et de visées hégémoniques entre les successeurs des apôtres. Nous n'évoquerons pas le concile de Chalcédoine en théologien mais en chrétien désirant faire partager sa soif d'information et de justice à tous ses frères. La théologie n'est-elle pas à la base de nos orientations et actes de foi ? Pourquoi serait-elle, après tout, réservée aux seuls initiés ?

Il y a fort longtemps s'est tenu, sur la rive est du Bosphore, un concile particulier aux Eglises grecque et latine, qu'elles ont décrété oecuménique après un siècle de tergiversations. C'était en 451 à Chalcédoine[696]. Ce fut le point de départ de la logomachie qui continue de nos jours à alimenter, parmi les casuistes, une théologie spéculative. Nous savons que jusqu'en 381 l'Eglise était dirigée par les patriarches d'Alexandrie, Antioche, Jérusalem et Rome. En 381 le concile oecuménique de Constantinople octroya à l'évêque de la nouvelle Rome l'autorité dans sa sphère d'influence. A partir de cette date on parla de pentarchie. La Parole était une, l'Eglise restait indivisible et universelle malgré la présence de nombreux patriarches. Une cohérence doctrinale et une harmonie dogmatique favorisaient un état de mansuétude chrétienne grâce auquel nul ne cherchait à imposer sa volonté aux autres en dehors de ses limites. Allant encore plus loin dans cet esprit de libéralisme le

---

[696] Depuis la conquête de l'Empire byzantin par les Turcs, Chalcédoine s'appelle Kadiköy.

patriarche arménien permettait aux catholicos géorgien et albanien, sous sa juridiction, de gérer leurs Eglises respectives en toute indépendance pourvu qu'ils demeurassent dans l'orthodoxie. Il leur avait même offert leur propre alphabet afin de diffuser le message du Christ dans leurs langues nationales. A Jérusalem une congrégation de moines arméniens habitait la maison de saint Jacques, premier patriarche de la Ville.

La concorde régnant au sein de l'Eglise permit au cours des trois premiers conciles oecuméniques de condamner et de rejeter unanimement les hérésies d'Arius, de Macedonius et de Nestorius. En 451 cette belle entente prendra fin. Les luttes de prééminence allaient naître, révélées par la volonté du pouvoir temporel de l'Empire d'Orient cherchant à dominer l'Empire romain tout entier en utilisant les ambitions des hommes d'Eglise. Ambitions sous-tendues par le désir de conserver ou de prendre la suprématie dans le domaine de la formulation dogmatique. Quelle que fût la puissance de l'un ou l'autre Siège, aucun désormais ne pourra plus prétendre s'exprimer au nom de l'Eglise tout entière et encore moins la représenter à lui seul. Malgré des artifices devant lui donner des apparences d'universalité.

L'Incarnation, le Siège d'Alexandrie arbitre dogmatique, Théodose II et Eutychès, le concile du patriarche Flavien, le concile du pape Dioscore

A partir du moment où le concile de Nicée (*325*) proclama la Divinité de Jésus-Christ contre Arius qui la niait, il devint impératif d'établir la relation entre la Divinité et l'humanité du Christ. Nestorius, patriarche de Constantinople, sépara la personne divine et la personne humaine du Seigneur en professant une union morale entre elles. Il fit de la Vierge Marie la mère de l'humanité et non de la Divinité. Cette aberration fut condamnée à Ephèse (*431*). Là on établit l'existence de deux natures, la Divine et l'humaine, prises dans une union harmonieuse extraordinaire. «*L'école d'Antioche, suivie en cela par le siège de Constantinople, professait un enseignement, où s'affirmait une certaine séparation entre la divinité et l'humanité en Jésus-Christ, tandis que l'école d'Alexandrie soutenait l'union étroite des deux natures dans la crainte de porter atteinte au mystère de la rédemption. Dans le troisième concile oecuménique d'Ephèse (431) avait triomphé la doctrine alexandrine, et la formule de S. Cyrille d'Alexandrie, qui reconnaissait une nature unie dans le Verbe incarné, était devenue la devise du christianisme*»[697].

---

[697] M. Ormanian, p. 24.

De nombreux prélats byzantins avaient été formés à Antioche: le byzantin Arius prêtre à Alexandrie, l'évêque de Constantinople, le semi-arien Macedonius, le Syrien Nestorius, tous trois hérésiarques condamnés par les trois premiers conciles oecuméniques. Sans oublier Théodoret de Cyr, ami de Nestorius et les rédacteurs des Trois-Chapitres: Théodore de Mopsueste, Ibas d'Edesse et Diodore de Tarse.

On ne peut pas dire que cette école fut une pépinière d'hérétiques. Mais il y régnait un bouillonnement intellectuel et un libéralisme doctrinal remarquables. Après tout le grand défenseur de l'orthodoxie le Syrien patriarche de Constantinople, saint Jean Chrysostome, reçut aussi l'enseignement d'Antioche.

L'école d'Alexandrie, elle, se caractérisait par la rigueur dans la foi et la précision dogmatique sans faille des patriarches égyptiens. Depuis Nicée ils avaient occupé le premier plan en débusquant les déviations, en provoquant la tenue de conciles oecuméniques destinés à formuler la vérité par la définition des lois qui régissent toujours toutes les Eglises. Grâce à leur fermeté et à leur rayonnement théologique les hérésies furent extirpées et l'union des chrétiens maintenue jusqu'au milieu du V° siècle. Alexandre, Athanase, Théophile, Cyrille avaient tellement influencé les énoncés des dogmes et des professions de foi que les patriarches d'Alexandrie étaient devenus des experts en la matière. Malgré la différence de leur conception dans l'enseignement, les patriarches d'Antioche et d'Alexandrie ne furent jamais en conflit. Quant aux Arméniens ils avaient davantage de relations avec les Sièges de Césarée, Constantinople et Antioche. Mais ils acceptèrent toujours les arguments du Siège d'Alexandrie, et s'y conformèrent.

Le pape de Rome et le patriarche de Constantinople étaient agacés par l'autorité des patriarches égyptiens en matière d'orthodoxie. Ils décidèrent de s'en passer; il fallait les éliminer en trouvant un prétexte. Une bonne hérésie y pourvoirait pourvu qu'on pût la faire endosser par Alexandrie. Les exégètes foisonnaient en Orient. On dénicha l'homme: un certain Eutychès. On détecta la déviation: **le monophysisme**.

On n'accorda aucune importance aux Arméniens et aux Syriens. Ils étaient, les premiers, aux prises avec les mazdéens; les seconds, déjà infiltrés par les nestoriens soutenus par les Sassanides. On était sans doute persuadé que ces deux antiques et vénérables Eglises disparaîtraient et qu'on n'entendrait plus leurs voix dans le concert de l'orthodoxie.

Revenons à Eutychès. C'était un archimandrite septuagénaire[698].

---

[698] P. Paylaguian, p. 60; M. Ormanian, p. 24.

«*Eutychès était un vieux moine. En 448, il affirmait que depuis soixante-dix ans il était consacré à la vie monastique. Il était supérieur d'un couvent qui comptait environ trois cents moines, près de Constantinople. Il exerçait une certaine influence sur l'empereur Théodose*»[699].
Eutychès, fortement hostile à la thèse de Nestorius, cherchait probablement à se distinguer en prônant sa propre théorie. Pourtant Nestorius avait été condamné en 431, et la formule de saint Cyrille d'Alexandrie s'était imposée à tous. Attitude déjà répréhensible en soi que celle d'Eutychès, consistant à remettre en cause l'orthodoxie par l'arbitraire individuel. Le vieil archimandrite faisait pratiquement disparaître la nature humaine au sein de la nature divine. Pour lui les natures se mélangeaient jusqu'à se confondre, «*... ce qui impliquait la presque disparition de la nature humaine et l'origine céleste du corps du Christ*»[700].
Ce qui revenait à nier l'Incarnation. Voilà ce qu'écrivait Eutychès:
«*Je reconnais, je professe* (homologô) *que c'est de deux natures* (ek dyo physeôn) *qu'il est engendré, le seigneur, avant l'union. Mais après l'union, je ne reconnais qu'une seule nature* (mian physin)»[701].
Eutychès avait l'oreille de Théodose II le Jeune ou le Calligraphe. L'empereur byzantin n'avait pas hérité des qualités d'homme d'Etat de son grand-père Théodose 1°. Il avait eu la chance d'être secondé et bien conseillé par sa soeur Pulchérie. Il l'avait éloignée cependant pour laisser le gouvernement à son favori, l'eunuque Chrysaphius. Sa méconnaissance de l'orthodoxie le rendait inapte à distinguer une déviation et à se conformer aux directives des conciles oecuméniques. Avant d'adhérer au monophysisme d'Eutychès il avait soutenu avec autant de conviction l'hérésie de Nestorius, diamétralement opposée à celle de son archimandrite préféré pour le moment. Il s'était montré incapable de secourir l'Empire d'Occident ravagé par Genseric le Vandale qui avait envahi l'Afrique du Nord. Impuissant à s'opposer à Attila il avait essayé de le faire assassiner. Sa tentative ratée avait attisé la barbarie du Hun. Théodose II préféra l'apaiser en lui versant un tribut régulier afin qu'il mît un terme aux pillages et aux massacres. Quand le roi des rois perse, Yezdiguerd II, occupa Nisibe en Mésopotamie arménienne, en 441, Théodose II, au lieu de le combattre, racheta la ville

---

[699] C. Tresmontant, p. 211.

[700] M. Ormanian, p. 25.

[701] C. Tresmontant, p. 211.

au Sassanide et accepta de démanteler toutes ses forteresses limitrophes aux deux Empires.

La versatilité et la pusillanimité de son souverain poussèrent, sans doute, le patriarche de Constantinople, Flavien, à tenter de se défaire de la tutelle que les empereurs d'Orient faisaient peser sur son Siège qu'ils pliaient à leur volonté ou à leurs caprices. Flavien osa s'élever contre les thèses du protégé de Théodose II, l'archimandrite Eutychès.

Le second acte d'autorité du patriarche byzantin dépassait les limites de l'Empire romain puisqu'il avait décidé de se substituer au pouvoir d'arbitrage dogmatique tacitement dévolu aux papes égyptiens. Depuis l'élévation de l'évêque de Constantinople au rang de patriarche les tenants du nouveau Siège, encouragés par le pouvoir impérial, brûlaient de prendre la tête de l'Eglise universelle.

En 448 Flavien convoqua un concile à Constantinople où il fit condamner Eutychès et son monophysisme.

Ceci créait un précédent que le pape d'Alexandrie, Dioscore, n'allait pas du tout apprécier. Jusqu'alors toutes les initiatives prises en ce sens avaient été l'apanage de son Siège. Dioscore interpréta la décision de Flavien comme une injure faite à l'autorité des patriarches égyptiens. Il faut admettre que dans sa précipitation Flavien avait commis deux erreurs. D'abord il s'était passé de l'autorisation de l'empereur pour réunir son concile, ce qui ne s'était jamais produit encore jusqu'à ce jour. Ensuite il n'avait consulté aucun chef d'Eglise pour condamner Eutychès. Il faut se reporter aux conditions de l'époque afin d'apprécier en toute impartialité les conflits à venir basés sur des questions de personnes. L'hérésie nestorienne continuait à empoisonner l'atmosphère de l'Eglise par la non-condamnation des Trois-Chapitres. Elle avait été inventée par un patriarche de Constantinople, Nestorius, et condamnée sur l'incitation d'un patriarche d'Alexandrie, saint Cyrille.

Dans l'anathème porté par Flavien contre Eutychès, Dioscore pouvait déceler comme une tentative de réhabilitation, de la part du patriarche de Constantinople, de son prédécesseur Nestorius et un retour habile vers les théories de ce dernier. Le pape d'Alexandrie sollicita Théodose II pour la tenue d'un nouveau concile. L'empereur devait être ulcéré par la désinvolture de Flavien à son égard. Il permit à Dioscore de convoquer à la fin de l'hiver 449 un concile général à Ephèse, ville symbolique où avait été rejeté le nestorianisme. Flavien y fut condamné comme suspect de nestorianisme. En obtenant le consentement de l'empereur, Dioscore avait suivi la procédure habituelle en ce domaine mais s'était mis dans la position d'un défenseur d'Eutychès. Aucun historien objectif de l'Eglise, aucun théologien impartial ne peuvent affirmer que Dioscore soutenait le monophysisme eutychien.

Le pape d'Alexandrie ne cherchait qu'à extirper définitivement le nestorianisme tout en rétablissant la primauté de son Siège en matière de décisions fondamentales. Mais il s'y prenait tout aussi maladroitement que Flavien. Il est vrai que les chefs de l'Eglise d'Egypte se montraient tellement stricts à propos de l'orthodoxie que leur attitude frisait parfois l'intransigeance.

Le pape de Rome Léon 1° vit là un moyen de renforcer son autorité. Flavien avait réuni un concile de son propre chef mettant quelque peu Léon 1° à l'écart. Pragmatique, celui-ci choisit l'alliance avec Constantinople pour abattre Alexandrie.

Au printemps 449 il écrivit à Flavien sa fameuse lettre connue sous le nom de **Tomos** (*ou Tome*) de Léon exposant sa théorie de l'Incarnation. Les positions contradictoires de Théodose II, ses velléités despotiques, la rigidité des deux patriarches rendirent la situation incontrôlable. Les querelles descendirent dans la rue. Alors se produisirent des faits regrettables, indignes de la charité chrétienne, comme c'est souvent le cas lorsque les conflits des Grands impliquent le peuple. Forts de la condamnation du patriarche de Constantinople, qu'ils traduisirent comme une approbation de leur hérésie et du soutien de l'empereur, les partisans d'Eutychès rouèrent de coups le malheureux Flavien. Théodose II, considérant que celui-ci, en réunissant un concile en 448 sans prendre son avis, s'était rebellé contre lui, expulsa le chef de l'Eglise byzantine qui mourut la même année, en 449, des suites de ses blessures. En exilant les patriarches qui n'avaient pas les mêmes opinions que lui Théodose croyait faire preuve d'autorité et maintenir son pouvoir sur l'Eglise. A l'époque où il était nestorien il avait déjà déposé et banni, sur les conseils de Théodoret de Cyr, saint Cyrille d'Alexandrie. Il lui reprochait la condamnation de Nestorius au concile d'Ephèse en 431. Puis revenant sur sa décision, au moment où il laissait tomber les nestoriens, il avait rappelé le même saint Cyrille[702].

Le concile du pape Léon, l'avènement de Marcien, l'union Rome-Constantinople contre Alexandrie

A la suite de la mort tragique et misérable de Flavien, Léon 1° convoqua un concile à Rome (450). Il anathématisa Eutychès et Dioscore. Voilà qui était fort habile de la part du pape de Rome. Flétrir le pape d'Alexandrie en le confondant avec un hérésiarque avéré revenait à

---

[702] Biographie Universelle, T. 6, p. 57.

accuser le Siège d'Alexandrie de favoriser le monophysisme eutychien. Nul en Occident ne s'est inquiété de savoir comment et pourquoi le patriarche d'Alexandrie aurait protégé ou accepté la doctrine d'Eutychès, tellement adverse et incompatible avec la formule de saint Cyrille d'Alexandrie. Il faut admettre que Dioscore, en faisant condamner Flavien, avait lui aussi suspecté à tort le patriarche de Constantinople de nestorianisme. A la différence de Léon, s'il avait été injuste envers Flavien il n'avait pas englobé l'Eglise byzantine tout entière dans l'accusation.

En 431 le patriarche de Constantinople, Nestorius, avait aussi été anathématisé sans que cela ne rejaillît sur le siège. Par son comportement, tout aussi inflexible et malhabile que ceux de Flavien et de Dioscore, le pape Léon poussait le concile de Rome de 450 à couper une des branches majeures de l'Eglise universelle. Il est vrai, qu'à son tour, il cherchait à se substituer aux patriarches d'Alexandrie dans l'arbitrage dogmatique. Son **Tomos** en témoigne. On commence à comprendre le malaise enveloppant l'Eglise d'Orient, si attachée à l'unité, et provoquant sa méfiance envers tout ce qui adviendra par la suite.

Le 28 Juillet 450 Théodose II mourait des suites d'une chute de cheval. Sa soeur Pulchérie, nommée Augusta dès 414, fut unanimement proclamée impératrice d'Orient. Elle avait 52 ans. Elle offrit sa main et le partage du pouvoir au vieux sénateur Marcien. Mariage platonique. En contrepartie du titre d'empereur qu'elle lui donnait, Pulchérie avait demandé à Marcien de respecter son voeu de chasteté. En réalité Marcien gouverna seul. Pulchérie se consacrant entièrement à la construction, à l'entretien de nombreuses églises, de plusieurs hospices et à l'assistance aux pauvres. Elle ne survécut que trois ans à son frère et mourut en 453 après avoir distribué ses richesses aux nécessiteux[703].

L'avènement de Marcien ouvrait des horizons à Léon 1°. La décadence de l'ancienne Rome ne permettait pas aux conciles tenus en cette ville de faire appliquer leurs décisions. Il fallait passer par l'empereur byzantin. Afin de mettre un terme définitif à l'eutychianisme et donner du poids à sa sentence le pape de Rome dut, lui aussi, observer la procédure habituelle pour obtenir la réunion d'un concile.

Marcien comprit tout le bénéfice qu'il pourrait en retirer. Unissant dans un premier temps Rome et Constantinople contre Alexandrie il renforcerait l'importance de la nouvelle Rome. A la suite de quoi Léon 1° serait contraint de se soumettre au patriarche byzantin donc à Marcien.

---

[703] Biographie Universelle, T. 5, p. 86, T. 6, p. 59; P. Pierrard, p. 201.

On sait que le patriarche de Constantinople était entièrement inféodé au bon vouloir du temporel. La tentative du malheureux Flavien pour secouer cette tutelle s'était soldée par son martyre.

Le pape de Rome tenait le raisonnement inverse. En faisant baser les décrets du concile sur son Tomos, adressé à Flavien, il prendrait le pas sur tous les chefs d'Eglise. Grâce à cette autorité morale il espérait contrebalancer les vues de l'empereur d'Orient et prendre l'avantage sur le siège de Constantinople. D'un commun accord Léon et Marcien décidèrent de convoquer un concile présumé oecuménique à Chalcédoine. Afin d'éliminer l'Eglise égyptienne, Marcien exila Dioscore qui mourra en 454.

«Constantinople et Rome s'allièrent alors pour combattre l'ennemi commun; et l'on vit le bras séculier de Marcien consacrer le prétendu succès de Chalcédoine contre le siège d'Alexandrie»[704].

Il va sans dire que les Egyptiens ne furent pas invités au concile puisqu'on avait décidé d'en faire des hérétiques.

En ce qui concerne les Arméniens le meilleur moyen trouvé par Marcien pour s'en débarrasser fut de leur refuser son soutien contre les païens d'Iran. Disparus dans la tourmente mazdéenne ils n'auraient plus à faire entendre leur voix dans le concert de l'orthodoxie.

Quant à l'Eglise syriaque, déjà attaquée par les nestoriens, elle sombrerait dans l'hérésie et ne serait plus en état d'apparaître comme un des piliers de l'Eglise universelle. Arméniens, Egyptiens, Syriens éliminés, et l'Eglise universelle réduite à deux il ne resterait plus à Marcien qu'à réunir les deux Rome sous son sceptre.

Décidément pour l'époux de l'impératrice Pulchérie, vieux politicien sans scrupules, le concile de Chalcédoine tombait à point nommé. Il ne se doutait pas que les Arméniens, après trente-sept années de guerre et de résistance, triompheraient d'un ennemi beaucoup plus puissant qu'eux. Que grâce à leur ténacité ils soutiendraient les Syriens, permettant au patriarche d'Antioche de rester dans l'orthodoxie. Malgré tous ses agissements l'empereur ne pourrait pas davantage mettre hors-la-loi les Egyptiens. Le pape de Rome non plus ne se soumettrait pas à ses diktats.

Une fois l'accent mis sur ces intrigues, conduisant à fragmenter l'Eglise, tentons de ne pas réduire les actes du concile de Chalcédoine à la seule compétition entre les Sièges. Il se proposait de résoudre un problème doctrinal important concernant l'Incarnation. Quoique la solution définitive eût été trouvée à Ephèse vingt ans auparavant. Il suffisait de la rappeler pour faire pièce aux élucubrations d'Eutychès.

---

[704] M. Ormanian, p. 26.

Malheureusement les Pères conciliaires de Chalcédoine s'avéraient incapables de s'abstraire des conflits de suprématie dominant les recherches christologiques.

Le concile s'ouvrit le 8 Octobre 451[705]. Si toutes les Eglises avaient été invitées pour débattre et jeter l'anathème sur le sénile hérésiarque Eutychès et son monophysisme il n'y aurait eu aucune équivoque. L'Eglise, malgré des animosités personnelles hélas bien humaines, aurait tout de même maintenu pour les siècles à venir un front uni.

Il se trouve qu'il y avait des chefs d'Eglise désireux d'imposer leur primauté à tous au lieu d'accepter, en toute piété, de gérer leurs zones géographiques dans le respect des autres.

Pendant près de seize siècles cette volonté de préséance a prévalu et prévaut encore dans une partie de l'Eglise universelle. Sans aucun succès. La simple raison, sinon la charité chrétienne, n'a pas encore pris le dessus.

Le Tomos de Léon, les difficultés sémantiques, la question des natures du Christ

Les Pères de Chalcédoine fondèrent leur approche christologique sur le fameux Tomos de Léon 1°. On y relève de bonnes affirmations, et d'autres moins claires en raison de leurs fluctuations philosophiques.

A la profession d'Eutychès affirmant que le Christ est engendré de deux natures avant l'union mais qu'après celle-ci il ne reconnaît qu'une seule nature, Léon 1° répond: «*Il est aussi impie de dire qu'avant l'incarnation le fils unique de Dieu a été constitué de deux natures, qu'il est néfaste d'affirmer que, après que le* logos *se soit fait chair, il n'y a en lui qu'une seule nature*»[706].

Aucun chrétien ne peut être en désaccord avec cette remarque du pape de Rome. Si on en était resté à cette formulation la condamnation eût été sans ambages et sans équivoque. Puis le Tomos de Léon dérive en explication de texte dans laquelle chacun peut puiser ce qu'il veut. Les termes latins, dépourvus de la finesse et de la souplesse des locutions grecques, manquent de précision; ils ouvriront la voie aux contresens. Rappelons qu'il ne s'agissait que d'une lettre adressée par un chef d'Eglise à un de ses égaux, et non pas d'un énoncé dogmatique. L'ennui

---

[705] M. Ormanian, p. 27.

[706] C. Tresmontant, p. 221.

c'est que le concile de Chalcédoine s'en est largement inspiré sans tenir compte des complications de langage.

Le Christ enseignait en araméen, dialecte sémitique apparu en Israël au V° siècle avant J.-C. au retour de la déportation des Juifs à Babylone. Aujourd'hui encore les Eglises syrienne et indienne s'expriment en araméen. Les tournures araméennes furent traduites en grec par les apôtres qui surent en conserver le sens dans un idiome indo-européen. L'Eglise arménienne utilisa l'araméen et le grec avant d'en faire la synthèse à partir de 404-406 avec l'invention de l'alphabet par saint Mesrob Machtots. A Alexandrie, Constantinople et Rome la langue écrite du christianisme fut le grec. Le premier, au II° siècle, le Berbère Tertullien publia, en Afrique du Nord, ses écrits polémiques et apologétiques en latin. Le Tomos de Léon dut être traduit en grec au concile de Chalcédoine. Point de départ des incompréhensions mutuelles entre Eglises augmentant la confusion des canons conciliaires. Mais pourquoi à partir de Chalcédoine ? La traduction du grec en latin, en arménien, en syriaque des édits des trois premiers conciles oecuméniques n'avait point provoqué de difficultés ni suscité de pareilles discussions. Il est vrai qu'à Nicée (*325*), à Constantinople (*381*) et à Ephèse (*431*) les conciles oecuméniques énoncèrent la vérité sans se perdre dans les méandres scolastiques. Ils avaient respecté la liberté de chacune des Eglises. Si des hérésiarques et quelques-uns de leurs sectateurs avaient été rejetés leurs systèmes n'avaient pas contaminé une seule Eglise en son entier. La rigidité imposée par Chalcédoine favorisera les schismes à venir, et comme il faudra bien permettre aux théologiens chalcédoniens de s'exprimer on en arrivera à une certaine confusion entre dogmes et doctrines. Alors qu'il eût suffi de se reporter à la distinction faite entre dogme et doctrine par l'Eglise arménienne pour permettre un rapprochement.

«Certes, une différenciation paraît tout-à fait naturelle et elle devait s'accentuer davantage au cours des temps sous l'influence des conditions diverses que créent la géographie, la langue, la civilisation et enfin les moeurs de chaque pays.

Malheureusement ce n'est pas la différenciation belle et utile, de ce genre, qui se développa: la rivalité existant entre les sièges épiscopaux se transforma en haine, dès qu'ils s'apprêtèrent à commenter les questions dogmatiques et à imposer, avec une prétention injustifiée, leurs interprétations à ceux qui ne les partageaient pas. Ils auront même l'audace de recourir au bras séculier, d'abuser de la puissance politique, pour poursuivre leurs adversaires, au préjudice de l'unité et de l'universalité de l'église du Christ»[707].

Afin d'octroyer à leur assemblée le qualificatif *«oecuménique»* les Pères de Chalcédoine, qui ne représentaient que deux Eglises sur cinq, accusèrent à tort d'hérésie eutychienne les autres Eglises qu'ils n'avaient pas invitées à se joindre à leurs travaux.

«Les trois premiers conciles avaient discuté les controverses concernant Dieu le père, le Fils et le Saint-Esprit et donné une solution décisive, dans des formules très précises. Le problème qui se posait au concile de Chalcédoine ne présentait d'intérêt que pour les théologiens subtils qui, revenant sur l'enseignement de Nestorius, voulaient introduire plus de précision dans le mystère de l'incarnation, à savoir dans le mode de l'union des deux natures de Jésus-Christ ... Les membres du concile de Chalcédoine ne se contentèrent pas de la formule cyrillienne, qui avait pourtant été adoptée et confirmée au concile d'Ephèse. Ils reprirent la question des deux natures. Faut-il dire que l'opposition faite à Cyrille, en fait le coup qu'on voulait porter au prestige du siège d'Alexandrie?»[708].

A Ephèse *(431)* saint Cyrille, avec l'assentiment de l'Eglise universelle, avait bien précisé que **les deux natures de Jésus de Nazareth, la Divine et l'humaine, toutes deux parfaites, étaient prises dans une union harmonieuse extraordinaire**. Les Pères de Chalcédoine ne pouvaient pas récuser les canons du troisième concile oecuménique. Remettre en question la formule de Cyrille, **Une nature unie dans le Verbe incarné**, n'était pas possible. Ils savaient tous que saint Cyrille n'avait pas dit qu'il y eût une seule nature en Christ mais bel et bien deux natures, la Divine et l'humaine, unies dans le même Jésus-Christ. La profession cyrillienne était dirigée contre la théorie de Nestorius qui enseignait que le Seigneur était constitué d'une Divinité et d'une humanité séparées. La subtilité consistait à laisser croire que l'union des deux natures, selon la formule de Cyrille, pouvait être une espèce de monophysisme. De là à propager l'idée de la confusion avec l'hérésie eutychienne pour ceux qui n'adhéraient pas aux édits de Chalcédoine n'était plus qu'un jeu d'enfant pour les casuistes.

Eutychès avait uni les natures jusqu'à faire pratiquement disparaître, après l'Incarnation, l'humanité dans la Divinité; telle une goutte de miel se dissolvant dans l'océan. Alors que pour saint Cyrille les deux natures

---

707 *L'Eglise arménienne*, Pub. officielle du catholicossat des Arméniens à Antelias, p. 12.

708 *L'Eglise arménienne*, Publication du catholicossat d'Antelias, p. 12-13.

existent sans se confondre ni se mélanger dans une **union harmonieuse extraordinaire.**

Le concile de Chalcédoine basa ses décisions sur le Tomos de Léon pour condamner Eutychès ce qui est bien. Mais il introduisit une nouvelle notion pouvant se concevoir comme une séparation de la Divinité et de l'humanité en Christ. Que dit le Tomos de Léon ?

«*Cette nativité-ci, temporelle (cette naissance-ci, temporelle) n'a rien ôté à cette nativité-là, divine et éternelle. Elle ne lui a rien apporté. Mais elle s'emploie tout entière à réparer l'homme, qui avait été trompé*»[709].

A première vue aucun chrétien ne pourrait trouver à redire à cette affirmation. Toutefois à y regarder de plus près on peut se trouver devant un dilemme. Quand le pape de Rome dit «*tout entière*» s'agit-il des deux natures unies dans le même Christ ou seulement de la nature humaine consacrée, elle, «*à réparer l'homme*» ?

Le Tomos de Léon prête toujours à interprétation quand on y relève ceci: «*Car chacune des deux natures maintient sans défection ce qui lui est propre*»[710].

Cela devait réjouir les nestoriens très actifs dans les coulisses du concile, comme ils le furent en 431 à Ephèse. Théodoret de Cyr, élève de Théodore de Mopsueste et condisciple de Nestorius, avait déjà agi contre saint Cyrille à Ephèse. Il avait mis tout en oeuvre pour que les Trois-Chapitres n'y fussent pas condamnés. Les germes de la controverse pointent davantage quand on arrive au passage suivant du Tomos de Léon: «*Chaque nature (ici: forma) opère, en communion avec l'autre, ce qui lui est propre: le* logos (verbum) *opère ce qui est du* logos*, la chair réalise ce qui est de la chair. L'une de ces réalités* (unum horum) *étincelle, brille, par les miracles; l'autre tombe sous le coup des injustices qui lui sont faites*»[711].

Nous ne voulons pas faire au pape Léon 1° un procès d'intention. Après tout cette lettre qu'il adressait à Flavien était destinée à enclencher le processus d'élimination du monophysisme eutychien. Mais dans son désir d'influer sur une formulation dogmatique, Léon 1° favorisait, peut-être à son insu, une autre hérésie condamnée, elle, à l'unanimité en 431: le nestorianisme. Le concile de Chalcédoine fit de cette exégèse papale le fondement de ses canons. Il rétablit même Théodoret sur son siège

---

[709] C. Tresmontant, p. 217; les extr. du TOMOS de Léon ont été pris dans C. Tresmontant.

[710] C. Tresmontant, p. 219.

[711] C. Tresmontant, p. 220.

épiscopal de Cyr amnistiant par là le plus fervent et le plus habile défenseur du nestorianisme. Il ne condamna pas davantage les Trois-Chapitres, fondement de l'hérésie nestorienne, que le catholicos saint Sahac 1° avait dénoncés dès 435 dans sa lettre au patriarche de Constantinople, Proclus. Comment soutenir que le concile de Chalcédoine ne fut pas sous influence nestorienne quand les Pères conciliaires ajoutèrent de surcroît à la formule éphésienne: «*Ces deux natures, tout en restant unies, conservent leurs caractéristiques*» ? Autrement dit la nature divine opérerait selon ses inclinations, et la nature humaine oeuvrerait selon les siennes.

Nous avons dit qu'il fallait transcrire en grec à Chalcédoine le Tomos écrit en latin. Ce qui tenait de la gageure. Ne nous étonnons pas si les traductions en arménien seront tout aussi difficiles.

Un exemple: quand Léon 1° dit «*natura*» traduit-il le grec «*physis*» ? «*Le mot latin* natura, *que nous avons traduit, comme tout le monde, par «nature», recouvre le grec* physis. *Mais, bien entendu, ici, le mot «nature» n'a pas le sens qu'il a dans la langue de Cyrille. Il ne signifie pas une nature concrète, un être concret, mais une nature au sens abstrait: ce qu'est un être, c'est-à-dire son essence .. c'est-à-dire que, dans ce texte,* natura *et* substantia *sont à peu près synonymes.* Substantia *est ici synonyme d*'essentia»[712].

Pourtant le mot «*natura*» qui, selon l'éminent théologien, a un sens abstrait veut désigner la nature divine et la nature humaine unies en une seule personne.

«*Ces deux natures, la divine et l'humaine, se réunissent en une seule «personne». Nous avons traduit ainsi, comme cela était à peu près fatal, le latin* persona. *Mais toute la question est de savoir ce que Léon entend exactement par* persona»[713].

Cherchons **persona** dans notre vieux Gaffiot d'écolier; on y trouve: «persona, ae, *f*., 1. *masque de l'acteur* ‖ 2. *rôle, caractère [dans une pièce de théâtre]* ‖ 3. *[fig.] rôle, caractère, personnage*: personam tenere *Cic.*, tueri *Cic., jouer, tenir un rôle*; gravitatis personam sustinere *Cic., se charger d'un rôle de rigueur*; civitatis personam gerere *Cic., représenter, incarner la cité* ‖ 4. *caractère, individualité, personnalité*: personae, quae proprie singulis est tributa *Cic., la personnalité impartie en propre à chacun de nous*».

On peut se poser la question de savoir comment fonder un dogme clair et précis sur des termes aux significations multiples favorisant plutôt les commentaires philosophiques.

---

[712] C. Tresmontant, p. 218.

[713] C. Tresmontant, p. 218.

«*Faut-il aller plus loin avec le texte du pape Léon ? Faut-il rechercher une signification plus métaphysique ? C'est ce qu'il nous paraît difficile d'établir*»[714].

Et c'est en se fondant sur de tels propos métaphysiques qu'on a accusé les Arméniens de n'avoir rien compris aux déclarations du concile de Chalcédoine. C'est en tout cas ce que veut démontrer François Tournebize: «*Le texte du pontife portait que chacune des deux natures du Christ, avec la participation de l'autre, opère ce qui lui est propre, le Verbe ce qui est du Verbe, et la chair ce qui est de la chair, l'une fait les miracles et l'autre souffre les affronts. Ces termes l'une et l'autre nature, furent traduites par* vomn iev vomn. *Or,* vomn *signifie quelqu'un, c'est-à-dire la personne plutôt que la nature. Par conséquent, ce mot deux fois répété pour exprimer* l'une et l'autre nature *du Christ, décrite par Léon le Grand, donnait à croire que ce pape et les Pères de Chalcédoine qui l'approuvaient avaient admis, avec Nestorius, deux personnes en Jésus-Christ*»[715].

Le français, qui dérive en grande partie du latin, ne peut rendre clairement, nous l'avons vu, les mots «*natura*» et «*persona*» même en les traduisant par nature et personne. Peut-on reprocher à l'arménien, dont la racine est le sanscrit, de ne pas transposer avec précision des mots au sens original indéterminé. Nature se dit en arménien «*pnoutioun*». «*Pnoutioun*» signifie aussi: essence, substance, personne, caractère. Les théologiens arméniens ont préféré «*vomn*» à «*pnoutioun*» afin d'éviter le reproche que l'analyse sémique fait au «*natura*» de Léon. François Tournebize, malgré toute sa bonne volonté, est bien embarrassé pour affirmer que la Divinité et l'humanité en Jésus-Christ ne sont pas séparées selon le Tomos de Léon. Depuis Ephèse on admettait qu'elles étaient prises dans une «*union harmonieuse extraordinaire*». Il est forcé d'admettre que le pape de Rome en précisant que chaque nature du Christ «*opère ce qui lui est propre*» fait agir chacune d'elle selon sa propre inclination.

Pour l'Eglise arménienne: «*Les deux natures n'ont pas perdu leurs caractéristiques propres et leur plénitude, mais elles n'agissent pas séparément, autrement nous aurions un dualisme, et l'incarnation n'aurait pas eu lieu*»[716].

---

[714] C. Tresmontant, p. 218.

[715] F. Tournebize, p. 88-89.

[716] G. Guaïta, *Karékine 1° catholicos de tous les Arméniens*, p. 114.

Que l'on dise «*vomn*» ou «*pnoutioun*» ce qui est essentiel c'est que Jésus-Christ est Dieu et homme, que sa Divinité et son humanité sont toutes deux parfaites c'est-à-dire accomplies, complètes, entières. Que la nature divine n'agit pas selon son penchant et l'humaine selon le sien. C'est le même Dieu incarné qui fut crucifié, enseveli, ressuscita le troisième jour, descendit aux enfers et monta au ciel. Voilà le dogme affirmé et admis à Ephèse en 431 par l'orthodoxie. Pourquoi revenir sur cette vérité ? S'il fallait un concile oecuménique pour condamner Eutychès et son monophysisme il eût suffi d'anathématiser l'hérésiarque sans entrer dans des commentaires délicats de l'Incarnation. Pourquoi les Pères de Chalcédoine avaient-ils éprouvé le besoin d'ajouter à la formule de saint Cyrille que chaque nature possédait sa propre opération ? Ils ouvraient la porte à des spéculations fort éloignées d'une appréciation dogmatique.

«*Que l'on puisse dire de l'homme ce qui est de Dieu, dans ce cas exceptionnel, et qu'on puisse dire de Dieu ce qui est de l'homme, c'est ce qu'on appelle la communication, à l'intérieur de cet être qui est Jésus de Nazareth, des «propriétés»: les propriétés de la nature divine, les propriétés de la nature humaine, communiquent. Elles sont bien distinctes. Mais à cause de l'unité du sujet qui les assume, on peut dire de lui tout ce qui appartient en propre à la divinité, et tout ce qui appartient en propre à l'humanité*»[717].

Depuis un millénaire et demi les chalcédoniens, s'appuyant sur le concept de «*communication entre les natures*», se sont évertués à faire entendre que, de ce fait, la séparation n'existait pas. Après avoir distinctement défini ce qui appartient **en propre** à la Divinité et ce qui est **en propre** à l'humanité ils se tirent d'affaire par un artifice de rhétorique en ajoutant que ces **propriétés** communiquent. Nestorius, qui séparait la Divinité et l'humanité du Christ: «*enseignait l'existence d'une simple unité morale entre ces deux natures*»[718].

On décèle, à chaque détour, dans les expressions du concile de Chalcédoine l'emprise des nestoriens.

«*La conception que le pape se faisait de l'union des deux natures, dont chacune, selon lui, conservait ses facultés propres, et avait son opération propre, paraissait de nature à corroborer moins la thèse de Cyrille que celle de Nestorius*»[719].

---

[717] C. Tresmontant, p. 223.

[718] M. Ormanian, p. 24.

[719] *L'Eglise arménienne*, catholicossat d'Antelias, p. 13.

Force est de reconnaître que le langage du pape Léon 1° oscille au gré de son raisonnement. Son vocabulaire frise l'abstraction. A trop chercher à expliciter et analyser les natures du Christ il est amené à les traiter séparément. Il entre, dès lors, dans la voie du commentaire, ce qui est utile pour débattre d'un sujet avec des étudiants en théologie mais périlleux pour un concile destiné à énoncer le dogme avec la plus grande netteté possible afin de ne pas désorienter le fidèle, et, avec lui, l'Eglise tout entière. Cette ambiguïté conduisit les Eglises adhérant exclusivement à la formule de saint Cyrille d'Alexandrie à refuser de se soumettre aux directives de Chalcédoine.

«Si dans le mystère de l'incarnation, la divinité et l'humanité, c'est-à-dire les deux natures, avaient conservé la dualité, cette circonstance eût fait perdre à la passion de Jésus-Christ son caractère théandrique, et à la rédemption sa raison suffisante. Dès lors, on serait tombé dans la doctrine de Nestor. De toutes les espèces d'unions qui peuvent, je crois, servir de comparaison à l'union surnaturelle en Christ, celle de l'âme et du corps satisfait le mieux notre esprit. Car on ne saurait nier l'unité de la nature humaine, malgré la distinction de l'âme et du corps»[720].

Le pouvoir temporel brise l'unité de l'Eglise, le patriarche d'Antioche informe le catholicos arménien

L'assemblée de Chalcédoine était destinée à servir les desseins de l'empereur Marcien. Son ambition serait déçue. Ce concile qu'il avait favorisé allait aboutir au premier schisme de l'Eglise universelle. La première phase de la stratégie de Marcien avait consisté à éliminer Alexandrie et à *«oublier»* Arméniens et Syriens. Profitant de la tenue de la réunion de Chalcédoine il passa à la seconde étape: imposer la prééminence du patriarche de Constantinople sur le pape de Rome. Ce que celui-ci refusait. On voit que le débat christologique ne passionnait pas l'empereur. Il briserait l'Eglise si elle ne se pliait pas à ses diktats. Doit-on s'accommoder de scissions davantage fondées sur un désir de domination que sur de minimes divergences doctrinales ? S'informer des causes qui présidèrent aux ruptures, chercher à mieux se comprendre après des siècles *«d'indifférence, de méfiance et même d'hostilité mutuelle»*, comme le rappelle la prière pour l'unité de l'abbé Couturier de Lyon, n'est-ce pas préparer les retrouvailles ? Tous les chrétiens ont en commun le message de Jésus de Nazareth le Fils unique de Dieu, le Messie, **une nature unie dans le Verbe incarné**. L'Ethiopien qui lit

---

[720] M. Ormanian, p. 83.

l'Evangile en guèze, l'Egyptien qui utilise le grec dans la liturgie copte, le Syrien et l'Indien qui récitent les textes sacrés en araméen, le Libanais et le Palestinien qui le disent en arabe, l'Arménien, le Grec, le Latin, le Slave, l'Africain, le Réformé et les peuples qui dépendent d'eux parcourent les mêmes chapitres de l'Ancien et du Nouveau Testaments divisés en versets identiques. Ils sont pourtant incapables d'aller les uns vers les autres fraternellement. Quand cela se produit c'est bien timidement, sans entamer les questions fondamentales, en cousins éloignés. Nous pensons à un moyen de donner au mot oecuménisme son sens véritable et sa vitalité. Il faudrait que toutes les Eglises confondues reprennent sur un pied d'égalité les discussions à partir de Chalcédoine. Qu'elles étudient, conservent, ajoutent, élaguent ce qui a été promulgué et édicté dans les conciles particuliers, dits oecuméniques, jusqu'au XX° siècle. Que les successeurs des apôtres puissent enfin à revenir à la paix pastorale et retrouver l'unité perdue depuis 451.

« La vérité n'est pas dans le nombre; l'évangile est là pour témoigner que c'est au pusillus grex *que le Père Céleste promit son héritage »*[721].

Quelle puissante Eglise aura-t-elle assez d'humilité chrétienne pour oser faire le premier pas ? Sachant bien que: *« L'orthodoxie, nous l'avons déjà noté et nous le vérifierons souvent, n'est pas une question de majorité. Elle n'est pas une question de suffrage universel. Elle ne s'établit pas en comptant des voix. Elle peut être portée par un tout petit nombre. Il y a même plus de chances a priori pour qu'elle soit reconnue d'abord par un tout petit nombre, plutôt que par un grand nombre ... »*[722].

En 451 les Arméniens, en fer de lance de l'Eglise, se battaient pour conserver leur foi et celle des rhéteurs de Chalcédoine.

« La chrétienté arménienne n'eut pas l'occasion de prendre immédiatement position dans la querelle, parce qu'en 451, lors du concile de Chalcédoine, elle se trouvait aux prises avec l'invasion des Perses et que la même année, à la bataille d'Avaraïr, Vardan Mamikonian et ses compagnons donnaient leur vie pour la défense du christianisme »[723].

S'appuyant sur les décisions du concile de Chalcédoine, semblant accréditer leur thèse, les nestoriens relevaient la tête. Ils furent chassés hors de l'Empire byzantin. Ils se réfugièrent en Mésopotamie où le monarque sassanide autorisa leur prosélytisme en milieu syrien.

---

[721] M. Ormanian, p. 93.

[722] C. Tresmontant, p. 235-236.

[723] .R. Grousset, p. 234-235.

Trop heureux de nuire à l'Eglise syriaque le roi des rois espérait ainsi couper les chrétiens, Syriens et Arméniens de son Empire, de l'Eglise byzantine; ainsi que l'analyse René Grousset: «... *le nestorianisme avait pris un développement considérable dans l'Eglise syriaque et en particulier dans les communautés syriaques de Perse qui, en 484, au concile de Beit-Lapat, s'y rallièrent officiellement. Le docteur nestorien Bar Çauma (+ v. 495) obtint la faveur des rois Pêrôz et Valâch. Le nestorianisme finit par devenir la seconde religion officielle de l'empire perse, non certes que les Sassanides, toujours ardemment mazdéens, l'aient admis sur un pied d'égalité quelconque avec la religion de Zarathouchtra, mais parce qu'ils trouvaient un avantage politique à voir l'hérésie nestorienne creuser un fossé infranchissable entre leurs sujets chrétiens et l'orthodoxie byzantine*»[724].

Le patriarche d'Antioche mit en garde le catholicos arménien contre les agissements des hérétiques qui infiltraient de plus en plus l'Eglise syrienne. Il l'informa de la tenue du concile de Chalcédoine, qu'il accusait d'avoir permis la propagation du nestorianisme en Perse. Les Nestoriens ne pourront jamais s'introduire chez les Arméniens et Bar Çauma, venu en Arménie dans cette intention, sera reconduit à la frontière par Nerchabouh Ardzrouni[725]. Nous étions en 491. Les premiers échos du concile de Chalcédoine parvenaient en Arménie quarante ans après sa tenue. A partir de 451, et jusqu'en 490, cinq catholicos s'étaient succédés à la tête de l'Eglise arménienne: Hovsep 1° martyrisé en Iran, Melité 1°, Movses 1°, Kud 1° et Hovhannes 1°. Dans la tourmente mazdéenne qui s'abattait sur l'Arménie chrétienne ils durent maintenir la foi dans le peuple opprimé grâce à leur action et à l'exemple de leur sainteté. Connus pour leurs grandes compétences théologiques ils ne purent consacrer du temps aux spéculations métaphysiques de Léon 1°. Ils étaient, eux, à la pointe de l'Eglise militante et combattante. Après que l'envahisseur perse ait été repoussé, Babken 1° d'Othmous monta sur le siège de saint Thaddée en 490. Un an plus tard il apprenait qu'un concile s'était tenu à Chalcédoine. A cette époque les empereurs byzantins avaient déjà récusé les édits promulgués par l'assemblée de Chalcédoine, et le pape de Rome hésitait à lui accorder le qualificatif d'oecuménique.

«*Mais le succès, à vrai dire, n'était ni réel ni solide. Le concile de Chalcédoine, entre autres, avait reconnu la préséance du siège de*

---

[724] Labourt, *Le Christianisme et l'Empire perse*, p. 131-144; Christensen, p. 286-267, 292-293; in R. Grousset, p. 235.

[725] T. Ardzrouni, II, 2, p. 73; BAR HEBRAEUS, *Chronicon ecclesiasticum*, ed. ABBELOOS et LAMI, sect. II, col. 71; ASSEMANI, III, 393; in R. Grousset, p. 235.

Constantinople, mais Rome refusait de la reconnaître dans la crainte d'être attaquée à son tour subtilement; il établissait une distinction entre les canons admissibles et les canons inadmissibles d'un même concile. L'épiscopat du monde gréco-romain s'était partagé en deux camps, et les ouailles se livraient à des manifestations violentes; le scandale d'avoir favorisé le nestorianisme gagnait du terrain, et la subtile distinction établie entre la dualité des personnes et la dualité des natures, ne suffisait pas à tranquilliser les esprits. Les décrets de Chalcédoine restaient ainsi en suspens; ils n'étaient point admis par tous»[726].

Quand les évêques syriens et arméniens apprirent que, se fondant sur le Tomos de Léon, les Pères de Chalcédoine admettaient que la nature divine du Seigneur faisait les miracles alors que l'humaine souffrait les offenses ils y décelèrent des concessions au nestorianisme.

«*Le bruit se propageait que les Pères de Chalcédoine, en rejetant le monophysisme d'Eutychès, étaient tombés dans l'erreur opposée, celle de Nestorius, qui reconnaissait deux personnes en Jésus-Christ. Ce qui donnait encore plus de crédit à ces imputations calomnieuses, c'est que le concile de Chalcédoine avait omis d'examiner et de condamner les écrits de Théodore de Mopsueste, d'Ibas d'Edesse et de Théodoret de Cyr, suspects de nestorianisme*»[727].

Le moins que l'on puisse dire est que les Pères de Chalcédoine, par leurs omissions et leurs formules équivoques, n'avaient pas favorisé la clarté et l'objectivité. Prenant acte de l'opposition des empereurs et des réticences de Rome, le catholicos Babken 1° et ses évêques, arméniens, géorgiens et aghouans, refusèrent d'entrer dans les méandres des interprétations de Chalcédoine. Ils anathématisèrent Eutychès, et s'en tinrent à la formule cyrillienne. Au début du VI° siècle un synode tranchera la question.

«*Les Arméniens, scrupuleusement fidèles aux principes anti-nestoriens de S. Sahak, ne pouvaient consentir à aucune transaction de doctrine*»[728].

La question de l'Incarnation avait trouvé sa réponse à Ephèse en 431. L'accusation de monophysisme eutychien pèse encore aujourd'hui sur l'Eglise arménienne. Elle se répète d'ouvrages prétendus spécialisés en encyclopédies dont les rédacteurs, sans consulter des théologiens intègres ou ceux de l'Eglise calomniée, se copient les uns les autres.

---

[726] M. Ormanian, p. 26.

[727] F. Tournebize, p. 88.

[728] M. Ormanian, p. 27.

Tout au long des siècles les pères de l'Eglise arménienne ont repoussé cette diffamation. Citons un passage du catholicos Nersès IV Glayetsi (*ou Chnorhali*) au XII° siècle; il nous est rapporté par François Tournebize: «*... que l'expression «d'une seule nature dans le Christ» était employée par les Arméniens, non dans le sens d'Eutychès, mais dans le sens orthodoxe, déjà expliqué par saint Cyrille d'Alexandrie et approuvé depuis par l'Eglise universelle*: «*Nous reconnaissons, dit-il,* une nature dans le Christ; *mais cette unité n'est ni la fusion imaginée par Eutychès, ni la mutilation rêvée par Apollinaire ... mais seulement l'*unité de personne ... *En effet, nous maintenons distinctement les propriétés des deux natures. Nous employons le terme* une seule nature *pour affirmer l'union indivise, ineffable du Verbe avec l'humanité. Au reste nous ne refusons pas d'employer l'expression* deux natures*, s'il s'agit d'affirmer ainsi non pas leur division* (en deux personnes) *dans le sens de Nestorius, mais leur distinction* (en tant que natures) *contre les hérésies d'Eutychès et d'Apollinaire*»[729].

Si l'Eglise arménienne doit être dite monophysite parce qu'elle a adhéré à la formule de saint Cyrille d'Alexandrie alors, les Eglises byzantine et romaine sont monophysites au même titre, ayant accepté, comme les Arméniens, les Egyptiens et les Syriens, la définition cyrillienne de l'Incarnation. Après tout le pape de Rome Léon XIII a bien proclamé saint Cyrille docteur de l'Eglise en 1883[730].

En résumé, le concile de Chalcédoine, réuni dans le but de condamner Eutychès et son hérésie, marque le début des luttes d'influence dans l'Eglise. A cette occasion les Sièges de Rome et de Constantinople cherchèrent à supplanter celui d'Alexandrie dans l'orientation des conciles.

Le pape de Rome à travers son «*Tomos*», en particulier, voulut se substituer au pape d'Alexandrie dans la prééminence dogmatique. Il fut soutenu par le pouvoir impérial afin d'éliminer les Eglises orientales, à défaut de les dominer, l'empereur Marcien escomptant, dans un second temps, imposer la primauté de Constantinople sur Rome.

La lettre de Léon à Flavien inspira les travaux des Pères conciliaires, les entraînant dans des définitions qui parurent, aux yeux des Eglises orientales, remettre en question l'orthodoxie éphésienne.

---

[729] *S. Nersetis Glaiensi opera*, 2 vol., imp. des Pères Mekhitaristes, Venise, 1883; in F. Tournebize, p. 240-241.
Apollinaire professait que le Verbe avait pris un corps mais pas une âme. Pour lui, la Divinité ayant présidé à toutes les actions de Jésus-Christ avait pris les fonctions de l'âme.
[730] P. Pierrard, p. 67.

«*Une autre raison du rejet des conclusions du concile de Chalcédoine fut l'objet même de la définition dogmatique ... Rompant avec cette règle, on vit le concile de Chalcédoine entrer dans la voie des explications et chercher à déterminer les circonstances ou les modalités de l'incarnation, ou de l'union de la divinité et de l'humanité en Christ. Or, à aucun moment, l'explication d'un fait dogmatique ne peut faire l'objet d'une définition ou la matière d'un dogme. Les explications ne servent qu'à fournir la matière des études. C'est aux écoles et aux docteurs, et non pas aux conciles oecuméniques, qu'incombe le soin d'expliquer les dogmes. L'autorité de l'église universelle ne peut exercer le rôle d'une faculté scholastique*»[731].

C'est ce qui arrive quand le temporel prend le pas sur le spirituel.

Un prochain ouvrage développera le rôle de l'Eglise arménienne dans l'oecuménisme.

---

[731] M. Ormanian, p. 80-81.

Achevé d'imprimer par Corlet Numérique - 14110 Condé-sur-Noireau
N° d'Imprimeur : 720211 - Mai 2017 - Imprimé en France